新 アジア英語辞典

本名信行・竹下裕子 編著

DICTIONARY OF ASIAN ENGLISHES

三修社

はじめに

1．英語の現在

英語は現在，世界で最も広範囲に使われ，最も有効な国際交流言語になっている．英語の話し手は母語話者よりも非母語話者のほうが圧倒的に多く，しかも非母語話者どうしの英語コミュニケーションが増えている．これは世界各地で起きている現象で，言語史上まれにみる出来事といってよい．

すなわち，日本人の観点からいうと，英語は英米人とだけ話すことばではなく，ドイツ人ともスウェーデン人とも，インド人ともフィリピン人とも，アラブ人ともトルコ人とも，アフリカの人とも南米の人とも交流するのに有効なことばなのである．英語は多国間，多文化間コミュニケーションの言語になっている．

ただし，世界の人びとはだれでも，いつでも，どこでも，まったく同じ英語を話しているわけではない．英語は実に多様な言語なのである．英語を母語とするアメリカ人やイギリス人がそれぞれ独特の英語を話しているように，英語を母語としないアジアの人，ヨーロッパの人，アフリカの人，南米の人もさまざまな特徴のある英語を使っている．専門家はこのような英語状況を，世界諸英語（World Englishes）と呼んでいる．英語は複数形の似合うことばなのである．

事実，英語が国際化したということは，アメリカ人やイギリス人などの母語話者の英語がそのままの形で，世界中に広まったということではない．むしろ，それは多くの非母語話者がそれぞれの歴史的，社会的，文化的必然性に合わせて，いろいろな形で英語を使うようになっている姿を指しているといえよう．

2．普及と変容

このことは，普及と変容の関係を考えれば，よくわかる．ものごとが普及するためには，変容が求められる．たとえば，マクドナルドがインドに出店したいとする．インドはヒンドゥー教徒が多いので，牛は神聖な動物であり，牛肉を食することはタブーになっている．しかし，インドのマクドナルド店は，インド人のお気に入りのスポットになっている．

どうしてだろうか．そこではビーフの代わりに，マトンやチキンのバーガーを出しているからである．マクドナルドがビーフに固執すれば，インドに出店できなくなる．反対に，マトンやチキンでも立派なバーガーになる．

ことばもこれに似ており，英語が世界に広まるとすれば，世界に多様な英語が発達することになる．英語の国際化は，必然的に英語の多様化を意味するのである．多様化は国際化の原動力なのである．この意味で，英語の今日的問題は多様化抜きには考えられない．英語のさまざまな変種を大事にしなければならない理由はここにある．

むしろ，英語は多様であるからこそ共通語になれるということができる．従来，共通語には「画一，一様」というイメージがつきまとっていた．しかし，よく考えてみると，多様な言語でなければ，共通語の機能ははたせないのである．アメリカ英語の発音，語彙，文法，表現が世界共通英語として強制されることになれば，英語は広範囲に普及することはない．

3．アジアの英語

英語はアジアの言語でもある．英語はアジア各地の街角，商店，学校，官庁，そして職場で，頻繁に使われている．アジアにはインド（12億），アセアン（5億），中国（13億）という地政学的ブロックが存在し，英語は地域言語と役割を分担しながら，きわめて重要な国内・国際言語になっている．

事実，アジアの英語人口は8億ともいわれ，英米の合計人口をはるかに超える．同時に，アジア諸国は英語教育に力を入れている．特に興味深いことは，英語教育を小学校から開始していることである．インド，シンガポール，フィリピンなどの英語を公用語としている国々ではずっと以前からからそうであったが，最近ではタイ，インドネシア，中国，韓国などでもこの傾向がみられる．

アジア諸国の英語教育をみるうえで，ひとつ注意しなければならないことがある．それは，英語教育の目的を，英米文化の理解や受容におくのではなく，自己表現，技術革新，経済発展，国民統合，そして広域コミュニケーション言語の獲得においている点である．そのために，英語は脱英米化され，再文化化され，さらに多文化化される．

以前に英米の植民地であった国の人びとは独立にあたって，英語を使うと旧宗主国の文化を引き継ぐことになり，独自の国民性を育成できないのではないかと危惧していた．しかし，彼らは自国の状況に合った独自の英語パターンを創造することによって，この問題を解決できることに気付いた．それは，基本的には，現地の言語と文化の影響を受けた英語ということである．

このようにして，インド人はインド人らしい「インド英語」，シンガポール人はシンガポール人らしい「シンガポール英語」，マレーシア人はマレーシア人らしい「マレーシア英語」，フィリピン人はフィリピン人らしい「フィリピン英語」を，それぞれ話すようになったのである．もちろん，中国人，タイ人，インドネシア人，ベトナム人，そして日本人の英語にも，各自独特の構造的特徴がある．

こうしたアジア英語には，英米英語とは違う部分がかなりあり，それは発音，語彙，文法，意味，表現，コミュニケーションスタイルなどの広い分野にわたっている．しかし，だからといって，アジア英語を劣等視するのは，完全な間違いである．これらは違いであって，優劣とはなんら関係がない．アジアの人びとは英語を「もうひとつのことば」として使うことによって，これらの違いを生み出しているのである．

4．本書の意義

日本人は他のアジアの人びとと，英語で交流する機会がますます増えている．このことは日本の貿易構造が端的に示している．日本の輸出入の規模はアジアが最大で，次に米国，そして欧州連合と続く．日本企業はほぼ 6 万社を超える海外拠点を持っており，その大多数はアジアに集中している．

日本企業が海外に派遣する要員も，アジア地区が最大で，米国と欧州連合をぐんと引き離している．そして，日本人は毎年 2 千万人近くが観光で海外に出かけるが，その行先の半数はアジア諸国である．海外からの日本観光客はアジアからが一番多い．また，NGO や ODA の活動を通じて，アジアにおける文化交流，環境保全，開発協力なども拡大している．

私たちの多くはこうした営みのなかで，アジア諸国の人びとと出会い，交流を持つようになる．そして，その最初のことばはたいがいの場合，英語である．私たちはアジアにおける英語コミュニケーションの問題を本格的に考えるべきであろう．そのためには，英語はアジアの言語であることをはっきりと自覚する必要がある．

実際，アジア人どうしだとお互いに非母語話者なので，気軽に英語を話せるようになる．ネイティブ・スピーカーの規範をあまり意識しないので，緊張感が薄れ，自由に話せるのである．日本の英語教育では，この事実をもっと重要視する必要がある．それは英語を世界の国際言語であると考える視点からくる．

前述のように，アジアの英語には，発音やアクセントをはじめとして，語句の意味や用法に独特のものがある．アジア諸語から持ち込んだ語彙もたくさんある．また，英語と現地語の要素が組み合わさったものもある．これらを正しく理解して，有意義な英語コミュニケーションをはかるためには，それなりの準備が求められる．

本書はアジアの英語変種として最も広く使用されているインド英語，シンガポール・マレーシア英語，フィリピン英語，そして最近発達が目覚ましい中国英語を題材として，そのなかでも日常よく使われる語句を収集し，それに解説を加えたものである．人口移動により，これらの語句は特定の地域にかぎらず，アジアの広域で聞かれるものが多い．

本書では，読者の便を考えて，多くの語句に例文をつけた．例文のなかには，時制，数，冠詞，前置詞などの用法にも英米英語とは違うものもある．これらはたいがい著者が現地で調査した会話文であり，アジア英語の一面を示している．また，随所にコラム記事を挿入し，こういった現象がなぜ生じるかを示した．

本書の執筆にあたっては，著者は各自のフィールドワークの成果を最大限に注ぎ込んだ．同時に，巻末の参考文献にあげたような，各地で出版されている辞典類も大変参考になった．また，音声表記にはカタカナを採用した．現地の人びとの発音とアクセントはおおまかながら，カタカナでなんとか表記できると考えられるからである．ただし，アジア諸国は多言語社会なので，どの国の英語の発音もこれが絶対ということはない．母語の影響により，記載以外の発音もいろいろあることに注意されたい．

なお，本書の前身は『アジア英語辞典』（三省堂，2002 年）である．前書が絶版になったのを機に，陣容を入れ替え，見出し語を見直し，新たな解説を加え，三修社より『新アジア英語辞典』として出版されるはこびになった．末筆ながら，本書の編集に多大の協力をいただいた同社編集部の三井るり子氏に心から感謝の意を表したい．

本書は，日本人のアジア英語コミュニケーションを応援するために，一般社団法人グローバル・ビジネスコミュニケーション協会（GBCJ）の刊行物として計画された．本書が，アジアにかかわりを持つ多くの方々の英語コミュニケーションに，少しでもお役に立つよう心から願っている．

2018 年

編著者　本名信行

竹下裕子

目次

第1章　インドの英語 …… 12
第2章　シンガポール・マレーシアの英語 …… 80
第3章　フィリピンの英語 …… 196
第4章　中国の英語 …… 258

コラム INDEX

1. インドの英語 …… 24
2. インド英語の特徴 その1 …… 40
3. インド英語の特徴 その2 …… 54
4. インド英語の特徴 その3 …… 78
5. シンガポールの英語 …… 92
6. シンガポール英語のいろいろ その1 …… 110
7. シンガポール英語のいろいろ その2 …… 126
8. シンガポール英語のいろいろ その3 …… 140
9. マレーシアの英語 その1 …… 156
10. マレーシアの英語 その2 …… 170
11. マングリッシュの楽しさ …… 192
12. フィリピンに花咲く英語 …… 210
13. フィリピン英語の特徴 その1 …… 226
14. フィリピン英語の特徴 その2 …… 240
15. フィリピン英語のジョーク …… 256
16. 中国の英語政策 …… 262
17. 中国社会を映し出す語句や表現 …… 266
18. 中国英語の文法と構文 …… 270
19. ニホン英語のきざし …… 275
20. That restaurant is delicious. を考える …… 277

本書の構成

1. 見出し語

インド英語，シンガポール・マレーシア英語，フィリピン英語，中国英語に特徴的にみられる単語・語句を収録．総見出し語数は約 1,350．見出し語を地域ごとにアルファベット順に配列した．

2. 発音

発音はカタカナで表記し，[　　　] に入れた．アクセントは太字にしている．現地の人の発音をなるべく忠実に再現しようとしたものである．

3. 語義

見出し語に対する日本語訳を示した．補足的な説明は (　　　) に入れて加えた．

4. 語源・用法・文法事項・文化的背景などの説明

見出し語に関する語源・用法・文法事項・文化的背景などの説明を，必要に応じて [　　　] に示した．

5. 用例

日常的によく使われる例文を挙げ，日本語訳を直後に (　　　) に入れて示した．

6. 相互参照

相互参照は cf. を用いて必要に応じて記載した．

7. 国名の表示

見出し項目が使われる国を〈　　　〉に入れて示した．

第1章
インドの英語

accelerate the car ［アク**サ**ルレイト　ディ　カール］

アクセルを踏む，スピードを出す． ► Accelerate the car as we are getting late for the meeting.（スピードを出して．会議に遅れますよ）**〈インド〉**

---

adapter ［ア**デ**プタル］

電源コード． ► It becomes very uncomfortable if I don't carry adapters while travelling to other countries.（他国に旅行するとき，電源コードを持っていかないと，とても不便です）**〈インド〉**

---

adhaar card ［ア**ダ**ール　カルド］

アダール・カード（インドの新 ID カード）．［2009 年に発効したインド人の新身分証明書．12 ケタの数字で日本のマイナンバーに似ている．adhaar はヒンディー語で「基礎」の意味］ ► My daughter living in Australia will have to get her adhaar card made in her next visit to India.（私の娘はオーストラリアに住んでいますが，今度帰国の際に新 ID カードを申請する必要があります）**〈インド〉**

---

air firing ［エアル　**ファ**イアリング］

空に向かって銃を撃つ． ► Yesterday there was news of air firing at India Gate.（昨日インド門で空に向かって発砲のニュースがありました）**〈インド〉**

---

airdash ［**エア**ルダッシュ］

飛行機で駆け巡る． ► Mr. Modi, the Indian prime minister, airdashed to areas suffering from high floods.（インドのモディ首相は大洪水に見舞われた地域を飛行機で駆け巡った）**〈インド〉**

---

aiyo ［**アイ**ヨ］

あれまあ. [驚き, 嘆きの感嘆詞. 南インド, スリランカでよく使われる] ► Aiyo! She looks so beautiful on the stage! Just like a fairy! (あれまあ！ 舞台の彼女はなんと美しいこと！ まるで妖精のよう！) 〈インド〉

---

allopathy [エロペティ]

逆症療法 (アロパシー). [西洋医学のこと. 1810年に同類療法 (homeopathy ホメオパシー) を考案したサミュエル・ハーネマンが, それと他の医学療法を区別するために作った表現] ► I use homeopathy to treat cough and cold but also believe in other alternative medicines like allopathy. (咳と風邪の治療に同類療法を用いますが, 逆症療法のような別の療法も効くと思います) 〈インド〉

---

almirah [アルミラ]

キャビネット, 戸棚. [語源はおそらくポルトガル語の影響を受けた16世紀半ばの英語と思われる] ► My almirah is generally clean. (私の戸棚はたいてい清潔です) 〈インド〉

---

almost complete [オールモスト　コムプリート]

ほぼ完了. [相手を安心させようとする言い方. 実際は, 完了までに間がある] ► Please wait for a while, it is almost complete. (もう 少しお待ちください. ほぼ完了です) 〈インド〉

---

alphabets [エルファベッツ]

文字. ► Can you say your alphabets? (アルファベットの文字を言えますか) [「学校に行ったのかい」の意味] 〈インド・シンガポール・マレーシア・フィリピン〉

---

am in the morning [エム　イン　ディ　モルニング]

朝. [am に morning を追加するのはヒンディー語の影響] ► I will meet her at 9 am in the morning. (彼女を朝9時に迎えに行き

ます）〈インド〉

---

anticlockwise ［アンティクロックヴァイズ］

反時計回りで. ► While exercising, repeating exercises in clockwise and anti-clockwise is correct.（運動するときには，エクササイズを時計回りと反時計回りで繰り返すのが正しいやり方です）〈インド〉

---

any doubts? ［エニー　ダウツ］

質問はありますか. ► Now I have explained my business history. So, any doubts?（私のビジネス経験は以上のとおりです．質問はありますか） cf. doubt 〈インド〉

---

anyways ［エニヴェイズ］

いずれにせよ. ► What are your plans, anyways?（とにかく，あなたのプランはどのようなものですか）〈インド〉

---

arranged marriage ［アレンジド　メリッジ］

見合い結婚.［親や家族が当初から子どもに合うと思って定めていた結婚］ ► In India, arranged marriages are preferred more than love marriages.（インドでは，見合い結婚のほうが恋愛結婚よりも好まれています） cf. love marriage 〈インド〉

---

as per ［アズ　パル］

～のとおりに. ► As per my last letter, I am sending you my quotations.（前回の手紙でお伝えしたとおり，見積をお送りいたします）［ビジネスレターの常套句］〈インド〉

---

at all ［エト　オル］

まったく～でない.［語尾に使い否定を強調する］ ► I too don't like him at all.（私も彼が大嫌い）〈インド〉

---

at the rate ［エト　ディ　レイト］

@マーク. ► My mail ID is Ravi at the rate big company dot com.（私のメールアドレスは Ravi@bigcompany.com です）cf. mail ID〈インド〉

@ ［エト　ディ　レイト］

（いくらの値段）で. ► I bought this sari @200 rupees.（このサリーは 200 ルピーでした）〈インド〉

---

at weekends ［エト　ヴィケンヅ］

週末に（on weekends）. ► Let us go and play badminton at weekends.（週末にバドミントンをやろう）〈インド〉

ATM machine ［エイティーエム　マシーン］

ATM 機（現金自動預け入れ払い出し機）.［英米英語では machine をつけない］► I will join you after getting some money from the ATM machine.（ATM 機でお金をおろしてから行きます）〈インド〉

---

autorickshaw ［アウトリクショ］

自動 3 輪のタクシー，オートリキシャ.［rickshaw は 2 輪の人力車にモータを付けたもの］► Sitting in an autorickshaw and roaming around in the city used to be fun earlier, but now it is not a good idea because of excessive pollution.（以前はオートリキシャで市街を巡るのは楽しかったが，今では止めたほうがよいです．なにしろ，公害がただごとではありませんから）〈インド〉

---

avail ［アヴェィル］

手に入れる. ► I love to avail government subsidies given to me.（役所の助成金をぜひとも手に入れたいです）〈インド〉

---

avatar ［アヴァタル］

（天国からこの世に現れた）神の化身.［サンスクリット語］► The Buddha is considered to be an avatar of a Hindu god.（仏陀はヒンドゥー教の神の権化です）〈インド〉

---

baba not a baby ［ババ　ナット　ア　ベイビー］

ただの赤ちゃんではなく男の子（baba）.［男尊女卑の名残］

► Congratulation, your wife has given birth to a baba not a baby.（おめでとう．男の子だってね）〈インド〉

---

back ［バック］

ago と同じ. ► "So when did you buy this car?" "Oh, years back."（「で，この車いつ買ったの？」「数年前さ」）I went for a Chinese dinner three days back.（3日前に中国料理のディナーに行きました）〈インド〉

---

backside ［バックサイド］

後部. ► Sanjeev, can you open the backside? I'd like to get some stuff from the garage.（サンジェーブ，トランク開けてくれない．ガレージから出したいものがあるの）〈インド〉

---

bandh (hartaal) ［バンドゥ（ハルタール）］

労働者のストライキ，抗議．企業，官庁，商店等の正常業務停止.［bandh, hartaal（hartal もある）はヒンディー語で「閉鎖」］

► Oh my god! Another bandh within a month!（おやまあ！1か月のうちにまたストライキか！）We can often experience traffic jams because of bandhs.（閉鎖で交通渋滞がよくおきます）〈インド〉

---

bandobast ［バンドバスト］

配備，規制.［ウルドゥー語］► He wondered why there is

strict police and traffic bandobast.（彼は警官が出て交通規制をしている理由が知りたかった）〈インド〉

bang opposite ［バング　オポジット］

真向い．［Bang!（バン！）の音で一寸の狂いもないという意味．ヒンディー語の直訳］ ► My house is bang opposite the cinema hall.（私の家は映画館の真向いにあります）〈インド〉

batch ［バッチ］

一緒に授業や訓練を受けるグループ． ► We are from (the) same school. Which batch are you from?（私たちは同じ学校出身です．あなたたちはどのグループですか）〈インド〉

batch mate ［バッチ　メイト］

グループ仲間． ► He will listen to you if you take my letter as he is my batch mate.（彼は私と同じグループの仲間だから，私の手紙を持っていけば話を聞いてくれますよ）〈インド・フィリピン〉

bath ［バト］

シャワーのこと． ► I take a bath every day in the morning.（毎朝，シャワーを浴びます）〈インド〉

belong to ［ビロング　トゥ］

出身である． ► I belong to Delhi.（デリー出身です）〈インド〉

bhava ［バーヴァ］

パールシーのコミュニティ出身者（の俗語）．［パールシー（Parsi）は 8-10 世紀にペルシャからインドに逃れてきたゾロアスター教の子孫．ムンバイ近郊に住む］ ► These bhavas are really cool guys.（彼らバーヴァは本当にかっこいいやつらだ）〈インド〉

bike ［バイク］

オートバイ．［自転車は cycle］ ► Boys love riding bikes, especially with their girlfriends.（少年たちは，特にガールフレンドと一緒にバイクに乗るのがたまらなく好きだ）〈インド〉

bill ［ビル］

（1）チラシやビラ，小さな貼り紙． ► "Stick no bills"（チラシ，貼るべからず）The bills pasted on the walls outside my hall are atrocious.（玄関の外の壁に貼られたチラシは不快極まりない）（2）請求書（check）． ► Please get the bill as I am done.（お勘定を持ってきてください．もう食べ終わりました）〈インド〉

biodata ［バイヨデイタ］

履歴，略歴． ► I have put in my biodata, let us see what happens.（私の略歴を提出したので，成り行きを見ていましょう）〈インド〉

biscuit ［ビスキット］

クッキー，クラッカー． ► Please have the biscuits. It is (They are) good with the tea.（クッキーをどうぞ．お茶に合いますよ）［インド英語では It is も They are も両方可］〈インド〉

black money ［ブラック　マニー］

ブラックマネー．［所得申告をせず税金も支払わずに得たお金．たいがいは現金］ ► Half of India's economy runs with black money if you know what I mean!（インド経済の半分はブラックマネーで動いています．わかるでしょう）〈インド〉

Blighty ［ブライティ］

英国（Britain）．［インドが英領のころ駐屯地にいた英兵が故国を慈しんで言ったことば．ヒンディー語・ウルドゥー語の vilāyatī 'foreign'（外国の）とも関連］ ► Blighty! When are you leaving for London?（英国か，いつロンドンに発つの？）〈インド〉

bong ［ボング］

ベンガル人の（の俗語）． ► That new bong chic in office is really attractive.（あの新人ベンガル人は本当に粋で魅力的です）［chic = chicken（人，やつ）］〈インド〉

---

bumper sale ［バンパル セイル］

大売出し．［maha（=very big）sale，white sale（まがい品を売らない本物のセール），red sale（赤札スペシャルセール）などの言い方もある］ ► This time of the year has many bumper sales in the market as it is the festival season.（毎年今頃市場ではたくさんの大売出しがあります．お祭りの季節なので）〈インド〉

---

bunk school ［バンク スクール］

学校（授業）をサボる． ► Oh, let us bunk school (classes) today and go for a movie.（今日は授業をサボって映画に行こうよ）〈インド〉

---

burger ［バルガル］

丸いパンにはさんで食べるパテ（の通称）．［ビーフバーガーではない］ ► I love the veggie burger made in our canteen.（うちの食堂のベジバルガルが大好きです） cf. canteen〈インド〉

---

canteen ［ケンティン］

カフェテリア． ► Let's go (to) the canteen. We can finish our chat and have tea too.（カフェテリアに行こう．話もできるし，お茶もできます）［go の後の to が抜けることがある］〈インド〉

---

cantonment (cantt) ［ケントンメント （ケント）］

軍管区． ► Cantonment areas are very neat and clean.（軍管区地域はよく片付いていて清潔です）〈インド〉

---

capitation fee ［ケピテション　フィー］

人頭費.［正式な授業料に加え，教育機関が「寄付」に見せかけて課す費用］ ► Many engineering colleges in India take capitation fees.（インドの多くの技術系の大学はたいがい人頭費を取ります）〈インド〉

car lifter ［カール　リフタル］

車泥棒. ► Delhi has recently reduced its number of car lifters, thanks to better policing.（デリーでは最近，車泥棒の数が減っています．警備がよくなったためです）〈インド〉

cash memo ［ケッシュ　ミモ］

小売店のレシート. ► I need cash memo to claim reimbursement from the office.（会社に請求するので店のレシートが必要です）〈インド〉

casual leave ［ケジュアル　リーブ］

規定の休暇（病気治療のためなど）以外の休み. ► I am not allowed casual leaves in my present job.（今の職場では規定の休暇以外の休みは許されません）〈インド〉

cent percent ［セント　パルセント］

100%，完全に.［cent = hundred］ ► I have given my cent percent to my work.（私は 100%，仕事に没頭しました）〈インド〉

cent percent full value

［セント　パルセント　フル　ヴァリュー］

100% の価値.［ヒンディー語の直訳．cent = 100］ ► I highly recommend doing that course as it gives cent percent full value.（あの授業はとったほうがいいですよ．100% の価値があります）〈インド〉

central government
[**セ**ントラル　**ゴ**ルメント（**ガ**ヴァルメント）]

中央政府，連邦政府（federal government）． ► In India, the central government has the highest powers.（インドでは，中央政府がもっとも強い権力を持っています）**〈インド〉**

centre table [**セ**ンタル　テイブル]

コーヒーテーブル（coffee table）． ► Please leave my tea on the centre table and leave.（お茶をコーヒーテーブルに置いたら部屋を出てください）**〈インド〉**

chador [**チャ**ダル]

チャードル．[ショール，ベールのこと．chuddar，chudder，chuddah とも] ► There used to be a custom in old India, where a brother puts a chuddar on his dead brother's wife (widow), which symbolized that he is marrying her.（インドの古い習慣では，兄弟が死ぬとその妻（未亡人）にベールをまとわせ，自分が彼女と結婚することを示した）**〈インド〉**

challan [チャ**ラ**ーン]

政府からもらう正式な支払受領書．[ヒンディー語] ► I got a challan today at the traffic light.（今日，信号のところで交通違反のキップをもらってしまいました）**〈インド〉**

chalta hai [**チャ**ルタヘ]

何でもあり，気楽な，やる気のない．[ヒンディー語] ► Chalta hai yaar! Even if you have not finished the report, he will not even remember to ask.（どうでもいいですよ！レポートを書き終えていなくても，彼はどうせ忘れてしまってたずねもしないでしょう） cf. yaar **〈インド〉**

chappal ［チャッパル］

スリッパ.［ヒンディー語］ ► Where are my chappals?（私のスリッパはどこですか）〈インド〉

chawl (kholi) ［チョール （コーリ）］

アパート，住居.［ヒンディー語］ ► These chawls are very dingy.（これらのアパートはかなり薄汚れています）〈インド〉

chemist ［ケミスト］

薬局（pharmacy）. ► I have four chemists in my neighborhood.（うちの近所には 4 軒の薬局があります）〈インド〉

chintz ［チンツ］

インドさらさ（更紗）.［派手な花模様などのあるさらさ木綿］ ► Around 1600, Portuguese and Dutch traders took Indian chintz to Europe.（1600 年ころ，ポルトガルとオランダの商人はインドさらさをヨーロッパに持ち帰った）〈インド〉

chit ［チット］

手紙，メモ. ► He sent a chit to his boss for permission to enter his room.（彼はボスにメモを書いて，入室の許可を求めた）［ボスは力関係の誇示にこの習慣を使うことがある］〈インド〉

ciggy ［シギ］

タバコ（の俗語）. ► Hey Ravi, let us take a quick ciggy break.（おい，ラビ，ちょっと一服しようよ） cf. fag 〈インド〉

clean chit ［クリーン チット］

無実の罪を晴らすこと，無罪の判決. ► Politicians often get clean chit in courts.（政治家は裁判で無罪判決を受けがちです）〈インド〉

close (open) the fan (light...)

[クローズ (オープン) ダ ファン (ライト)]

スイッチ，扇風機，ライトなどを消す (つける)． ► Please close the fan when you leave the room and open it when you come back. (部屋を出るときは扇風機を消してください．帰ったらつけてください)〈インド・シンガポール・マレーシア・フィリピン〉

club [クラブ]

(1) ふたつを合体させる． ► He clubbed the resources and created a website. (彼は有り金を合わせてウェブサイトを造りました)
(2) ナイトクラブ． ► Tokyo is famous for clubbing. (東京はナイトクラブで有名です)〈インド〉

coat [コート]

上着 (jacket)． ► I love my boss's coats very much. (ボスの上着はかっこいいよ)〈インド〉

co-brother (co-sister)

[コー ブラダル (コー シスタル)]

(男性から見て) 妻の姉妹の夫，(女性から見て) 夫の兄弟の妻．[南インドで多く用いられるインド英語の親族名称．一般英語は brother (sister)-in-law．義理の兄弟・姉妹] ► My boss's right hand man is his co-brother. (私のボスの右腕は彼の奥さんの姉の夫です)〈インド〉

colony [コロニ]

近所． ► Mr. Das lives in my colony. I can give him these papers on your behalf. (ダス氏は近所です．あなたにかわって書類を届けてもいいですよ)〈インド〉

come home [カム ホーム]

(話し手の) 家に来る. ► Come home tomorrow. We have a prayer. (明日, 私の家に来てください. お祈りをします) 〈インド〉

coming station ［カミング　ステイション］

次のバス停, 鉄道の駅, または旅路における次の滞在場所.

► I will get down at the coming station. (次の駅で降ります) 〈インド〉

column 1 インドの英語

インドにおける英語の歴史は大変古く, 多くのインド人は英語を得意としている. 1947 年に独立したあとも, 英語は多くの公用語に加えて準公用語として残り, 社会生活のなかで重要な働きをはたしている. 英語教育は小学校から導入されているし, 英語で授業をする小学校もかなりある. しかも, 英語ができないことで不利にならないようにと, できるだけ多くの生徒に英語学習の機会を提供しようとしている.

現在は, 英語に堪能で, IT (情報技術) に長けたインド人は世界で引っ張りだこになっている. 合弁会社の設立, 人員の往来が前にもまして, 頻繁になっている. 日本人もこれから, インド英語に出会う機会は多くなるだろう.

インドは多様性の渦巻く社会である. 街には, 人, 牛, 輪タク (cycle-rickshaw), オート３輪タクシー (auto-rickshaw), そして大小, 新旧のいろいろな車が行き交う. このモザイク模様はニューデリーやカルカッタのような大都市でも見られる.

街の屋台では, いろいろな香辛料のにおいが食欲を誘い, 横丁では香(こう)のかおりが気分をやわらげる. 最初は無秩序に感じるが, しばらくすると不思議なことに, 整然としているように思えるようになる. インド英語もこんな感じで, いろいろな要素

convent English [コンヴェント　イングリッシュ]

上質な英語. [英語を使う女子修道院 (西洋の伝道者が経営する) で教育を受けたおかげで身についた会話力] ► His English pronunciation sounds very polished as his education is in convent English. (彼は上質な英語で教育を受けたから, 英語の発音がとても洗練されています) cf. correct English 〈インド〉

---

convent-educated [コンヴェント　エジュケイティド]

が入り交じっている.

インド人は文学, とりわけ詩を愛する. 英語の学習でも, 18世紀や19世紀の英文学を教材にする. そのため古典的で, 文学的なことばを好む. old は ancient, pretty は comely, happy は blithe, eat は consume, home は place of residence となったりする.

彼らの英語が丁寧だとか華麗だとかと言われるのは, このような傾向を指してのことだろう. また, "May I know your good name, please?" という言い方もよく耳にする.「お名前をおうかがいしたいのですが」の意味だが, your good name には思わず恐縮してしまう. しかし, こう言われて, 悪い気はしない.

アメリカ人やイギリス人が言わない表現だからといって, これを変な英語とみるのは禁物である. おもしろいことに, このようなイギリス臭のとれた英語は, インド国外でけっこう評判がよい. アラブ諸国はインド政府に英語教師の派遣を依頼している. インドは英語教師の輸出国なのである. インド人の英語運用能力の高さは, 非母語話者 (ノンネイティブ・スピーカー) のよき手本となるだろう.

英語が主な指導言語の学校で教育を受けた.［修道女の経営とはかぎらない］► Children of rich people in India are convent-educated.（インドの裕福な家の子どもは英語が主たる指導言語の学校で教育を受けます）〈インド〉

cooling glasses ［クーリング　グラシイズ］

サングラス. ► I love buying expensive cooling glasses, but I often lose them.（高いサングラスを買うのが好きですが，よく失くします）〈インド〉

corporate ［コルポレイト］

企業，会社. ► These days political parties are toys in the hands of corporates.（最近，政党は企業に管理されたおもちゃです）〈インド〉

correct English ［カレクト　イングリッシュ］

文法的に正しい英語. ► I speak correct English because I am convent-educated.（私は英語で教育を受けたので，文法的に正しい英語を話します） cf. convent-educated 〈インド〉

cot ［コット］

ベッドの枠組. ► My cot is becoming uncomfortable.（私のベッドの枠組の具合が悪くなっています）〈インド〉

country made ［カントリー　メイド］

（銃やアルコールを指して）ライセンスや許可なしで作られた. ► Poor people drink country made whisky.（貧しい人びとは無許可で作られたウイスキーを飲みます）〈インド〉

cousin-brother (cousin-sister)

［カズン　ブラダル　（カズン　シスタル）］

親は異なるが，非常に近しい関係で育ったために，兄弟や姉妹のようにみなしている親戚. ［南インドで用いられる］ ► I have 11 cousin-brothers and cousin-sisters.（私には 11 人の兄弟・姉妹というべき人がいます）〈インド〉

---

cover ［カバル］

封筒. ► I need to put the stamps on the cover before posting it.（投函前に封筒に切手を貼らなくてはなりません）〈インド〉

---

creche ［クレッシュ］

託児所. ［イギリス英語より（フランス語起源）］ ► I used to leave my son in a creche when he was young.（息子が子どものころは託児所にあずけていました）〈インド〉

---

crib ［クリブ］

文句を言う. ► Stop cribbing. The exams are over. Do better next time.（文句を言うのはやめなさい. 試験は終わりました. 次回, もっといい成績を取りなさい）If you crib, the company will take away the bonus.（文句を言うなら, 会社はボーナスを出しませんよ）〈インド〉

---

crore ［カロール］

1 千万ルピー. ► I want to make my first crore soon.（早く 1 千万ルピー稼ぎたい） cf. lakh 〈インド〉

---

cum ［カム］

と（and）. ► I had a breakfast cum lunch today.（私は今日, 朝食兼昼食をとりました）〈インド〉

---

cupboard ［カップボルド］

飾り戸棚. ► Please close the cupboard after putting the clothes.（洋服を入れたら戸棚を締めてください）〈インド〉

---

curd ［カルド］

ヨーグルト． ► This curd is not tasty.（このヨーグルトはおいしくない）〈インド〉

current ［カラント］

電気． ► Yesterday there was no current in my house for one hour.（昨日，家で１時間の停電がありました）〈インド〉

current came ［カラント　ケイム］

電気が復旧する． ► Thank God, finally the current came after 2 hours.（有難いことに，２時間後に電気が復旧しました）〈インド〉

cushy ［クシー］

気楽で，快適な．［インド人はこの語源をクッションと思いがちだが，ヒンディー語・ウルドゥー語起源説もある］ ► Indians love to do cushy jobs, especially in government positions.（インド人は気楽な仕事を好む．特に政府の役職では）〈インド〉

custodial death ［カストディアル　デツ］

警察の留置所内の自殺や殺人． ► Indian jails witness many custodial deaths because of aggressive police officers.（インドの刑務所では，攻撃的な警官のせいで，多くの拘留中の死者が出ます）〈インド〉

cut the call ［カット　ダ　コール］

突然電話を切る． ► I am so upset because he did not listen to me completely and just cut the call.（彼が私の言うことを最後まで聞かずに電話を切ったので気分を害しています）〈インド〉

cut the queue ［カット　ダ　キウ］

列に割り込む． ► In India, it is quite often to see people cut

the queue.（インドでは，列に割り込む人をよく見かけます）〈インド〉

dance on ［ダーンス　オン］

（曲に）合わせて踊る．［インド英語では to よりも on を使う．ヒンディー語の影響］► Yesterday, in the party, we danced on so many Bollywood numbers.（昨日パーティでボリウッド映画の曲に乗って踊りまくった）〈インド〉

dearness allowance ［ディアルネス　アラオエンス］

生活防衛手当．［インフレによる損失を補填するために雇用主から従業員に支払われる現金］► Life is so expensive that it is difficult to live even with the dearness allowance.（生活にはとてもお金がかかるので，雇用主からの現金支給があっても生活するのは大変です）〈インド〉

deemed university ［ディームド　ユニヴァルシティ］

政府が学位を認めていない私立の教育機関． ► Indraprastha University used to be a deemed university. Now it is a public university.（インドラプラシャ大学はみなし大学でした。現在は公立大学になっています）〈インド〉

dekho (dekko) ［デコー］

見ること，観察すること，好奇心から見ること．［ヒンディー語］► You know, Ravi, I had a dekko at the confidential file in the boss's office.（ねえ，ラビ，上司の部屋で秘密のファイルを覗いたんだよ）〈インド〉

desi ［デイシ］

現地の，インドの．［洗練されていないというニュアンス．ヒンディー語］► He is such a desi. Look at the way he eats!（彼はまったくインド人だな．彼の食べ方を見てごらんよ）〈インド〉

designation ［デジグネション］

職位. ► What is your designation in your new job?（新しい仕事の職位は何ですか）〈インド〉

---

devi ［デヴィ］

女神.［ヒンドゥー教の女神，特に Siva（シヴァ）の配偶者．サンスクリット語］ ► Vijaya gets very annoyed when her husband calls her "devi-ji," because she knows that he is mocking her.（ヴィジャヤは夫が彼女のことを女神様と呼ぶとイライラします．からかっていることが見え見えなのです）cf. ji 〈インド〉

---

dharma ［ダルマ］

法，徳，規範.［ヒンドゥー教･仏教の原理．法にかなった正しい行動，法帰依の意味．サンスクリット語の dharma より．ラテン語の firmus も同義］ ► I am following my dharma, i.e. the righteous path.（私は自分の規範，すなわち正しい道を歩んでいます）〈インド〉

---

dhoti ［ドティ］

ドティ（インドの男子が用いる腰布）. ► It's beautiful to see Indian men wearing dhoti in traditional parties held outside India.（外国のパーティでインドの男子がドティを巻いているのを見ると，なんと美しいことかと思います）〈インド〉

---

dicey food ［ダイシー　フード］

あやしげな，危ない食べ物. ► Do not eat roadside food as it is dicey.（道端で売っている食べ物は避けたほうがいいですよ．危ないから）〈インド〉

---

dickey ［ディッキ］

自動車のトランク. ► Please get the packets out of the

dickey before mom sees them.（母さんに見つかる前に，荷物をトランクから出しておいて）**〈インド〉**

diploma-holder ［ディプ**ロ**マ ホルダル］

短大の修了者.［大学卒は graduate，大学院卒は post-graduate］► Boss's business partner is just a diploma-holder.（上司のビジネスパートナーは短大しか出ていません）**〈インド〉**

discuss about ［ディス**カ**ス アバウト］

話し合う.［英米英語では discuss のあとに about をつけないが，インド英語ではこれが定番．他の非母語話者英語にも同様の用法が見られる］► When will we discuss about our daughter's wedding?（娘の結婚式の相談はいつにしましょうか）**〈インド・シンガポール・マレーシア・フィリピン〉**

dismissed from (the) job

［**ディ**スミスド フロム （ダ） **ジョ**ブ］

解雇された．► He has become very nasty ever since he was dismissed from his job.（彼は仕事を解雇されてからはずっと荒れ模様です）**〈インド〉**

do ［**ドゥ**ー］

必ず～してください.［強調の do．ヒンディー語（'zaroor'）の影響］► Do read the email I sent you earlier.（先に送信したメールをぜひ読んでください）**〈インド〉**

do one thing ［ドゥー **ヴァン** ティング］

こうしたらどう.［サジェスチョンのことば.「私の提案どおりにやってごらんなさい，苦境の解消に役立つかもしれませんよ」の感じ．ヒンディー語の直訳］► "My computer keeps getting hung." "Do one thing. Clear your history. Delete your cookies. Defrag your hard drive. Run a virus check. Restart your

computer." (「パソコンがフリーズしちゃった」「こうしたら，ヒストリーを消し，クッキーを削除し，ハードドライブをデフラグする．ウィルススチェックをかける．そしてリスタート」) Do one thing, apologize to the boss. He might reduce the penalty. (頼むから，上司に謝りなさいよ．罰則を軽くしてくれるかもしれないよ)
〈インド〉

---

do the needful [ドゥー ダ ニードフル]

必要なことをする．[インド英語の定番．現在ではやや古い] ► As per our detailed conversation on the phone, kindly do the needful. (電話で詳細を打ち合わせたとおりに，必要なことをしてください) All I want to say to you is: Do the needful. (いいかい，必要なことはなんでもやりなさいよ) cf. as per 〈インド〉

---

doubt [ダウト]

明確にするべき疑問．► (At the end of a meeting) "Any doubts?" "Yes, I have a doubt" ((会議の終わりに)「何か疑問点はありますか」「はい，質問があります」) cf. any doubts? 〈インド〉

---

drawing pin [ドロイング ピン]

画鋲． ► Oh my God! I got hurt because I stepped on a drawing pin lying on the floor. (ウッ，痛い，床の画鋲を踏んじゃった) 〈インド〉

---

dress [ドレス]

衣服一般． ► In India if a man says "I got a new dress," he likely bought a new shirt. (インドでは男性が「新しい服を買いました」と言ったときは，新しいシャツを指すことが多い) 〈インド〉

---

dress circle [ドレス サルクル]

(劇場の) 二階席． ► I have often watched Bollywood movies sitting in the dress circles. (ボリウッド映画を二階席で

見たもんです）〈インド〉

duly ［ディウリ］

完全に，自分の義務にしたがって． ► I have duly completed the work.（仕事はすっかり終わらせました）〈インド〉

dustbin ［ダストビン］

ごみ箱，くずかご． ► Remove your dustbin.（ごみ箱をどけなさい）〈インド〉

eat my brain ［イート マイ ブレイン］

とても気に障る．［someone's brain も可］ ► She is eating my brain since morning but I can't say a word because she is boss's daughter.（彼女は朝から気に障わることばかりするのに，上司の娘なので一言も言えないんですよ） I hate my colleague because she eats my brain with her personal talks.（いつもうっとうしい個人的な話をするので，同僚が嫌いです）〈インド〉

eleven number bus ［イレブン ナンバル バス］

11 番バス，歩き．［2本の足をバス路線番号にみたてたジョークから］ ► If I am late for the bus, I will take the eleven number bus.（バスに遅れたら，歩いて行きます）〈インド〉

elocution ［イロキウション］

演説法，パブリックスピーキング． ► My son got a prize in elocutions.（息子はスピーチのクラスで賞をいただきました）〈インド〉

engaged ［エンゲイジド］

（電話が）お話し中（busy）． ► I am trying his phone. It is coming engaged.（彼に電話していますが，ずっとお話し中です）［try someone's phone=call someone］〈インド〉

enthu ［エントゥー］

熱中して，熱意ある． ► I like that Ravi is quite enthu about his new job. （ラビが新しい仕事にとても熱心なのはいいことだと思う）〈インド〉

---

even ［イーヴン］

～も（また）(also, too). ［名詞・動詞・形容詞の前や文末に追加される］ ► Even I am working at the University office. （私も大学事務局で働いています） I told him to behave properly even. （彼にお行儀をよくするようにとも言いました） I like his purple shirt even. （私は彼の紫のシャツも好きです）〈インド〉

---

eveninger ［イヴァニンガル］

夕刊． ► These days eveningers do not have juicy news. （最近，夕刊には，面白い話が載りません）〈インド〉

---

expired ［アクスパイルド］

亡くなる，息を引き取る． ► My father expired. （父は亡くなりました） I am sorry to know that your father is (has) expired. （お父上の訃報にお悔やみ申し上げます）〈インド〉

---

fag ［ファグ］

タバコ（の俗語）. cf. ciggy 〈インド〉

---

fair ［フェアル］

白い肌の． ► I hate the girls who have an attitude about themselves, especially the fair skinned ones. （私は偉ぶった態度の女性が嫌いです．特に，白い肌の人とか）〈インド〉

---

filter coffee ［フィルタル　コーフィー］

豆を使って入れたコーヒー．［インスタントコーヒーに対して］

► I love drinking my South Indian filter coffee.（自分で入れた南インドの豆のコーヒーが好きです）〈インド〉

finger bowl ［フィンガル　バウル］

フィンガーボウル.［お湯にレモンを加えたもの．食後に指を洗う］

► That restaurant's finger bowls were more elegant than their tableware.（あの店のフィンガーボウルは食器よりも優雅です）〈インド〉

finger chip ［フィンガル　チップ］

フレンチフライのこと. ► I love finger chips of McDonald's.（マクドナルドのフライが好き）〈インド〉

firangi ［フィランギ］

外国人.［foreigner より］ ► I don't like how people love to talk to firangis.（私は人びとが外国人と話したがる様が気に入りません）〈インド〉

flick ［フリック］

盗む. ► Someone flicked my pen.（誰かが私のペンを盗んだ）〈インド〉

flyover ［フライオーヴァル］

立体交差高架. ► Recently there was a news of a flyover collapsing because of bad construction material used.（最近，立体交差の崩落のニュースがありました．建築資材不良が原因とのこと）［a news はアジア各地で見られる］〈インド・フィリピン〉

footpath ［フットパト］

歩道. ► Please teach your children to walk on the footpaths.（子どもに歩道を歩くよう指導してください）〈インド〉

foreign(-)returned ［フォリン　リタルンド］

海外旅行から帰国した人.［しばしば敬意を表す］► He acts so pricey just because he is foreign-returned.（彼は海外旅行に行ってきたというだけで，金持ちぶった行動をします）〈インド〉

---

freeship ［フリーシップ］

大学の授業料免除.［経済的に弱い立場の者に与えられる］► I know a high government official who studied on freeship.（授業料免除を受けて大学を卒業した政府の高官を知っています）〈インド〉

---

fresher ［フレシャル］

初心者，フレッシュマン，新人. ► I am a fresher in this industry.（私はこの業界では初心者です）〈インド〉

---

front bencher ［フラント　ベンチャル］

（教室などで）前の席に座る人. ► I was always a front bencher in school.（私は学校ではいつも前の席に座りました）〈インド〉

---

full stop ［フル　ストップ］

ピリオド. ► You need a full stop here. This is an official document. You need to be extra careful.（ここにピリオドが必要です．公式文書ですから．細心の注意を払わなくてはいけません）〈インド〉

---

funda ［ファンダ］

エッセンス，基本.［fundamental より］► My fundas of life are really clear.（私の人生の基本は実に明瞭です）〈インド〉

---

gentry ［ジェントリー］

人びと. ► That route has good gentry, so the drive will

be fun and not smelly or noisy.（そのルートには上流階級が住んでいるので，ドライブは気持ちいいです．嫌な臭いもしないし，騒々しいこともないです）〈インド〉

get down ［ゲット　ダウン］

（車を）降りる．► Please get down now and enter the shop. I will park the scooter and come.（ここで降りて店に入ってて．スクータを止めてから行きます）〈インド〉

get fired ［ゲット　ファイアルド］

怒鳴られる．［解雇されるという意味ではない］► He got fired for smoking a cigarette before his father.（彼は父親の前でタバコを吸って叱り飛ばされた）cf. dismissed from (the) job 〈インド〉

geyser ［ギーザル］

湯沸し器．► Please remember to switch off the geyser after taking bath.（シャワーを終えたら，湯沸し器のスイッチを切るのを忘れないように）cf. bath 〈インド〉

ghee ［ギー］

澄ましバター．［ヒンディー語］► I love the taste of sweets made in ghee.（私は澄ましバターで作ったお菓子の味が大好きです）〈インド〉

give (an) exam ［ギヴ　（アン）　イグザム］

試験を受ける（take (an) exam）．［現地語の影響でインド人は give と teke の区別が苦手．そのため，たがいにとりかえて使うことがある］► I want to rest now as I gave (an) exam in the morning.（今は休みたい，朝試験があったので）My daughter hates giving her exams.（娘は試験を受けるのが大嫌いです）cf. take a class 〈インド〉

go to(for) shopping

[ゴー　トゥ（フォル）　ショッピング]

買い物に行く.［英米英語では to や for をつけない．ヒンディー語の影響］► Mother always goes to(for) shopping in the morning.（母はいつも朝買い物に行きます）〈インド〉

Godman　[ゴッドマン]

神のふりをした男．► These days the frauds of these Godmen are coming out in public.（このところ教祖を名乗る者のインチキさが公にされている）〈インド〉

godown　[ゴーダウン]

倉庫．► A lot of illegal business goes on in these big godowns in Mumbai.（多くの不正ビジネスがムンバイの巨大な倉庫のなかで行われている）〈インド・シンガポール・マレーシア〉

goggles　[ゴッグルズ(ス)]

サングラス．► I like to buy goggles but do not really wear them.（サングラスを買うんですが，あまり使いません）cf. cooling glasses 〈インド〉

good name　[グッド　ネイム]

お名前.［ごく普通に使う．インド英語の定番］► What is your good name?（お名前はなんですか）〈インド〉

goonda　[グーンダ]

ならず者，悪党.［ヒンディー語］► Women will have to empower themselves to deal with these roadside goondas.（道ばたのならず者に対処するには，女性は法的な権限を獲得しなければならないでしょう）〈インド〉

got over ［ゴット　オーヴァル］

終わった，無くなった．► The ketchup got over.（ケチャップが無くなった）〈インド〉

government of India undertaking

［ゴルメント（ガヴァルメント）オヴ　インディア　アンダルテイキング］

インド政府所有の会社．► The company has money because it is a government of India undertaking.（あの会社は，インド政府所有なので，金があります）〈インド〉

gratuity ［グラチュィティ］

立派な行いに対する報酬．［チップとは異なる］► My mother got a good amount as her gratuity at the time of her retirement.（母は定年退職のとき，立派な働きに対する報酬として，かなりの額をもらいました）〈インド〉

gujju ［グジュー］

グジャラート出身者（の俗語）．［ヒンディー語］► Gujjus are great businessmen.（グジャラート出身者はビジネスが上手です）〈インド〉

guru ［グル］

グル，リーダー，権威．► Prof. Amartya Sen is one of the gurus of Indian Economics.（アマルティア・セン教授はインド経済学のグルのひとりです）〈インド〉

gyan ［ギャーン］

無視（の指示）．［ヒンディー語］► Don't give gyan, yaar!（無視しないでくださいよ，ね）cf. yaar〈インド〉

hanky panky ［ハンキー　パンキー］

いかがわしい. ► If you do any hanky panky, I will report you to the boss.（いかがわしいことをすれば，ボスに言います）
〈インド〉

hard drink ［ハルド ドリンク］

アルコール. ► Indians love to have hard drinks before dinner, which is bad for health.（インド人は夕食前にアルコールを飲みますが，健康には悪いです）［インドではすべての宗教（特にヒンドゥー教）でアルコールはタブー．ただし，アルコールはすべての宗教，階層で飲まれている．重要なのは飲みすぎないこととされている．人間関係も作用し，親近者どうしではアルコールが気軽に飲まれることが多い．政府高官やビジネスエリートが出席する公的なパーティーでは，男性がティッシュにくるんだグラスでウィスキーをたしなんでいる光景が見受けられる］〈インド〉

Have you taken your food?

［ハヴ ユー テイカン ヨル **フ**ード］

column 2 インド英語の特徴 その１

インド人はまず，インド国内で，インド人どうしで英語を使う．

その結果，インド人にとって便利なインド英語が発達する．彼らはおしなべて独特の発音・抑揚を使う．学校では先生は，think の th の発音では「舌先を上歯と下歯の間にはさみ，摩擦する」と教える．でも，生徒が [t] としても，先生は気にしない．多くのインド人，しかも教育を受けたインド人がこのように発音するからだ．

インド式の発音で興味深いのは，「文字どおりの発音」である．Wednesday を［**ウ**ェドネスデー］と発音する人は，けっこう

ご飯を食べましたか. [take = eat] ► I left some on the table. Have you taken your food? (テーブルに用意しておきましたが, 食べましたか) **〈インド〉**

---

having [ハヴィング]

持っている. [英米英語では have は進行形をもたないが, インド英語では定番] ► I am having a lot of work now that I returned from a sick leave of three days. (今仕事で大変. なにしろ3日も病欠したので) **〈インド・シンガポール・マレーシア〉**

---

hawala transaction [ハヴァラ トランザクション]

不法決済. [当局の目に触れずに資産を移動させること. 銀行を通すと税金や手数料がかかる. hawala はヒンディー語 hawale (「人」に預けた) より派生. Our lives are in the hawale of God. (私たちの命は神の庇護のもとにある) 不法決済の方法 (hawala) としては, A氏はB氏にある金額を預け, B氏はそれを (国や都市を越えて) C氏に渡し, それぞれ手数料を得る. 膨大な金額が hawala で移動

いる. シンガポールやマレーシアに居住するインド人も同じである. 特に, インド人どうしで話すときに, こうなる. 同じように, mechanism を [**メ**カニズム] ではなく, [**メ**カニスム] にすることもある. John's や needles の –s は [z] ではなく [s] になりがちである.

語彙の面でも, インド英語には, インド風の使い方がある. bungalow は日本人がイメージする山小屋ではなく, 郊外の高級住宅をさす. 広い庭があり, 軒の深いベランダ付きの平屋が普通である. garden house はお金持ちの別荘といったところ. hotel も, 特に南インドでは, レストランや食堂をさす. 同じ語句でも, インド風の使い方があるので, 注意が必要である.

している] ► I have heard of many hawala transactions among Indian traders working from across countries.（インドの貿易商の国際間不法決済の話はたくさん聞いたことがあります）〈インド〉

head bath [ヘッド　バト]

ヘッドシャワー. ► I take head bath only twice in a week.（頭は週2回しか洗いません） cf. bath 〈インド〉

high nose [ハイ　ノーズ]

優越感をひけらかす，富と権力を持つ人びとの態度. [日本語の「鼻が高い」と重なるところがある] ► Mrs. Sharma has a high nose as she sends all her three children to the most expensive schools.（シャルマ夫人は鼻高々です．3人の子どもを全員最も教育費の高い学校に入れています）〈インド〉

highway [ハイヴェイ]

高速道路. [英米英語では highway は公道もしくは幹線道路のこと] ► I love driving on the Jaipur highway as it is very neat and clean.（ジャイプル道をドライブするのが好きです．路線は整然としていて清潔感があります）〈インド〉

history sheeter [ヒストリー　シーター]

犯罪歴のある人. ► These days in India, many history sheeters have become politicians.（今日インドでは犯罪歴のある人がたくさん政治家になっている）〈インド〉

hoarding [ホールディング]

屋外の広告掲示板. ► It is so annoying to have a huge hoarding in front of my house.（家の前に巨大な広告掲示板があり，実に迷惑千万です）〈インド〉

holiday ［ホリデイ］

休暇. ► So, what's your plan for the holidays?（で，あなたの休暇の計画は？）〈インド〉

---

homely ［ホームリー］

有能な（主婦），心地よい（場所）. ► The atmosphere in their house was very homely.（彼らの家の雰囲気はとても居心地がよかったです）〈インド〉

---

hotel ［ホテル］

レストランを指すことが多い. ► These days I have my dinner at the hotel near my house.（このところ家の近くのレストランで夕食をとっています）〈インド〉

I am like this only

［アイ　エム　ライク　ディス　オンリー］

これが本当の自分です. ［ヒンディー語由来の言い方］ ► Whether you like it or not, I am like this only.（あなたが好むと好まざるにかかわらず，これが本当の私です） cf. they are like that only〈インド〉

I am not getting you

［アイ　エム　ナット　ゲティング　ユー］

分かりません. ► Please repeat as I am not getting you.（すみません，もう一度お願いします．ちょっと分からないので）〈インド〉

I will just be coming

［アイ　ヴィル　ジャスト　ビ　カミング］

すぐ行きます. ［just は「すぐに」の強調］ ► Please don't be angry while waiting for me as I will just be coming.（待たせてますが怒らないで．すぐ行きます）〈インド〉

---

in service ［イン　セルヴィス］

働いている，勤労者（サラリーマン）である．［経営者ではないことをいう］ ► My father is in service.（父はサラリーマンです）
〈インド〉

in the family way ［イン　ダ　ファミリー　ヴェイ］

妊娠している． ► Please accept some sweets as my wife is in the family way.（お菓子をどうぞ，妻がおめでたなんです）
〈インド〉

in the same boat ［イン　ダ　セイム　ボート］

同じ経験をする．［「呉越同舟」とは違う］ ► I am having a cold and I can see that you are in the same boat too.（風邪を引いています．あなたも同じようですね）〈インド〉

incharge ［インチャルジ］

マネージャー，スーパーバイザー．［in-charge もある］ ► I do not really like my new office in-charge as he is too bossy.（今度のマネージャーは好きになれない．威張りくさっている）
〈インド・シンガポール・マレーシア〉

inflammable ［インフラマブル］

可燃性の． ► The truck in front of our car has inflammable stuff in it.（うちの車の前のトラックは可燃性の素材を積んでるね）〈インド〉

intimate ［インティメト］

知らせる． ► I will intimate back to you.（あとでお知らせします）Please intimate me about your next move.（次の手を教えてください）〈インド〉

invigilator [インヴィジレイタル]

試験監督. ► These days Delhi University pays good remuneration to the invigilators.（昨今，デリー大学では試験監督の報酬はいいです）〈インド〉

is there [イズ デアル]

（市場などが）そこにある. ► [There is the market. よりも，この言い方が普通．ヒンディー語の影響] The market is there, if you go on your left.（市場はすぐそこです．左に行ってください）〈インド〉

issue [イッシュー]

子ども. ► Are you married? Do you have any issues?（結婚してますか．お子さんはいますか）〈インド〉

jack [ジャック]

てこ，ジャッキー，影響力，コネ. ► I know I will not face much problem in getting my adhaar card as I have a good jack in the office.（私は新しい ID を取るのに問題はないはず．会社に有力なつてがあるので）cf. adhaar card 〈インド〉

ji [ジ]

～さん，～様（呼称）.［名前の後につけて，敬意を示す．男女を問わず，氏名の両方につけられる．警官には sir ji（サルジ）と呼びかける］ ► Sharma ji（シャルマさん） Anamika ji（アナミカさん） Dr. Sharma ji（シャルマ博士様） Recently, I had the honor of meeting Gandhi ji's grandson.（最近ガンジー師のお孫さんにお会いする機会を得ました）〈インド〉

join duty [ジョイン デューティ]

仕事につく，出社する. ► I will join duty soon after

December.（12月過ぎたらすぐに仕事につきます）〈インド〉

jug ［ジャグ］

ピッチャー，水差し． ► This jug is full of lemonade.（ピッチャーにはレモネードがいっぱいあります）〈インド〉

jugaad ［ジュガール］

代わりの手段．［ヒンディー語．インドでは，物事が制度的，合法的，組織的にいかないときに，人びとは別の方法を使う．例えば，緊急に長距離列車の切符が必要になったとする．窓口で購入するなどの通常の手段では必要な切符が入手できない場合は，知り合いの政府の役人に頼んで割り当て分を回してもらうなどの方法を考える］ ► He got his job because of jugaad and not on his merit.（彼は能力ではなく，別の手段で仕事を手に入れた）〈インド〉

jumper ［ジャンパル］

セーター（sweater）のこと． ► Please pass me my jumper as I am feeling cold.（セーターをとってくれる．寒いな）〈インド〉

junglee ［ジャングリー］

野蛮な，がさつな振る舞いをする人．［jungle に住む人から］ ► He does not know how to behave in a meeting. He is such a junglee!（彼は会議での振る舞いがわかっていない．まったくがさつな奴だ！）〈インド〉

karma ［カルマ］

カルマ，因果応報．［ヒンドゥー教の概念．サンスクリット語］ ► Your success is a direct result of the karma of your past deeds.（あなたの成功は過去の行為の因果応報の直接的結果です）〈インド〉

kind attention ［カインド　アテンシャン］

傾聴. ► May I request your kind attention please?（皆さん，ちょっと聞いてください）〈インド〉

kindly ［カインドリー］

どうぞ（please）.［インド英語の定番］► Kindly accept these gifts.（どうぞこのプレゼントをお受け取りください）〈インド〉

kindly adjust ［カインドリー　アジャスト］

すみません，ご面倒をおかけします.［インド英語の定番］► I cannot do much about it, kindly adjust.（そのことについてはあまりお力になれず，すみません）［コンマがないことも多い］〈インド〉

lakh ［ラク］

10万. ► I have a salary of a lakh rupees.（私は10万ルピーの給与をもらっています） cf. crore 〈インド〉

lathi charge ［ラーティー　チャルジ］

警察や軍隊が街頭で抗議する群衆を警棒で排除すること.［lathiはヒンディー語で棍棒のこと］► These days police uses water cannoning along with lathi charge to dispel crowd on the roads.（最近，警察は警棒と放水で群衆を排除します）〈インド〉

level(-)best ［レヴァル　ベスト］

自身の最高（の）. ► I tried my level-best to make him change his mind but couldn't.（私は彼が決心を変えてくれるようにベストを尽くしましたが，失敗でした）〈インド〉

lift ［リフト］

エレベーター. ► I hate going up the stairs, so I will come in the lift.（階段を上りたくないので，エレベーターで行きます）〈インド〉

local self-government

[ローカル　セルフ　**ゴ**ルメント(**ガ**ヴァルメント)]

地方自治体. [住民の意志で組織される村レベルの体制. ヒンディー語 panchayati raj より] ► He considers himself to be a big boss as his brother is a governor in the local self-government. (彼は自分を偉いと思っています. なにせ, 兄が地方自治体の長だから) **〈インド〉**

---

long [**ロ**ング]

(背が) 高い. My God, these days the heroines are so long. They are even longer than the heroes. (おやまあ, 最近のヒロインは背が高いね. ヒーローよりも高いね) **〈インド〉**

---

loot [**ル**ート]

盗み (む). ► The police was able to retrieve all the loot from the thieves. (警察は盗難にあった物品のすべてを回収できた) **〈インド〉**

---

lorry [**ロ**リ]

トラック. ► The messages written behind lorries in India are very interesting. (インドではトラックの後ろに張られていることばは興味深いです) [たいがいは, 神や母や家族への愛を述べる. My mother's wishes are with me. (私は母の意志に従う) I am driving safely to reach home to my beloved quickly. (安全運転で早く愛する家族のもとに帰ります) God is Great. (神は偉大なり) など] **〈インド〉**

---

love marriage [**ラ**ヴ　メリッジ]

恋愛結婚. ► Generally, Indians have a negative attitude towards love marriages. (一般に, インド人は恋愛結婚には否定的です) cf. arranged marriage **〈インド〉**

Ltd. ［リミティッド］

有限会社（company limited）. ► My father had a Ltd. company in 1995.（父は 1995 年に有限会社を設立しました）〈インド〉

maha deal ［マハ　ディール］

お買い得品，絶好の機会.［ヒンディー語］► I got the television in half price. It was a maha deal because of the festival season.（テレビを半額で買いました. お祭りの季節だったので，大特価品でした）cf. bumper sale 〈インド〉

maharaja ［マハラジャ］

藩王.［ヒンディー語・サンスクリット語］► In olden days, maharajas were very pleasure-loving and had a lavish life-style.（昔，藩王は快楽を求め，豪華な生活をしていた）〈インド〉

maid ［メイド］

メイド.［普通，通いで複数の家の世話をする］► My maid is very talkative.（うちのメイドはとてもおしゃべり）〈インド〉

mail ［メイル］

e メール. ► I'll send you a mail.（あなたに e メールを送りますね）〈インド〉

mail ID ［メイル　アイディー］

e メールアドレス. ► What's your mail ID?（あなたの e メールアドレスは？）〈インド〉

main city area ［メイン　シティ　エリア］

ダウンタウン.［近代化される以前の旧市内］► Authentic local spices and other things are generally available in the main city area shops.（本物の地産の香辛料や他の品物はダウンタ

ウンの店で入手できます）〈インド〉

make a move ［メイク　ア　ムーブ］

移動する，帰る時間である．► I am tired of sitting in this cafe, let's make a move.（このカフェにいるのはもう十分．行こう） OK, I will now make a move.（よし，もう帰ろう）〈インド〉

make out ［メイク　アウト］

理解する．► I can't make out what you are saying.（あなたが何をおっしゃっているのか理解できません）〈インド〉

make someone to ［メイク　サムヴァン　トゥ］

～させる．［英米英語ではこのような場合に to を使わないが，インド英語では定番．ヒンディー語の影響］► My mother made me to study hard.（母は私に猛勉強させた）〈インド〉

Mallu ［マル］

ケララ出身者（の俗語）．► My boss is a Mallu. I hate Mallus. They are so difficult.（私の上司はケララ出身です．ケララ出身者は苦手です．とても気難しいです）［インドではコミュニティ間の不平不満をよく口に出す］〈インド〉

mantra ［マントラ］

マントラ，呪文．［ヒンディー語・サンスクリット語］► I use the advice of my financial consultant as a mantra to become prosperous.（私は財務コンサルタントのアドバイスを呪文のようにとなえて，経済的安定の道を模索しています）〈インド〉

mark ［マルク］

成績．► This year my son did not get good marks in his final exams.（今年は息子の最終試験の成績はよくなかったです）〈インド〉

marriage and wedding

[メリッジ　アンド　ヴェッディング]

結婚と結婚式. [インド人は marriage と wedding を混同しがち. ヒンディー語では分離していない] ► A marriage is the rest of your life with your spouse; a wedding is simply the day(s) of ceremony and celebration. (marriage は配偶者との生活, wedding は挙式と祝賀の日(々)のこと) 〈インド〉

---

masala movie [マサーラ　ムーヴィー]

マサーラ映画. [ボリウッド用語では一定のテーマがあり, それに歌や踊りを混ぜ合わせた映画のこと. masala は混合スパイスのこと]

► I enjoy masala movies much more than parallel cinema. (私はマサーラ映画のほうがパラレルシネマよりも好きです) cf. parallel cinema 〈インド〉

---

material [マティリアル]

生地. ► I love the latest clothing material available in the market that is a copy of the Korean stuff. (最近市場に出回っている衣服の生地は気に入っています. 韓国製のコピーですが) 〈インド〉

Maths [マッツ]

数学. ► I do not know how I will teach Maths to my son. (息子にどうやって数学を教えたらいいのかわかりません) 〈インド〉

---

matriculation [メトゥリクレイション]

中等教育を卒業すること. [10年生修了時に大規模な試験がある]

► My servant has done matriculation and it shows in her manners and talks. (私の召使は高校を卒業しましたが, それが彼女の振る舞いや話し方に出ています) cf. servant 〈インド〉

---

mess ［メス］

寄宿舎の食堂. ► These days the food in the mess is awful.（最近，寄宿舎の食堂のご飯は最悪です）〈インド〉

---

mess up ［メス　アップ］

へまをする. ► I seriously messed up in office yesterday.（昨日会社でへまをしてしまった）〈インド〉

---

missed call ［ミスド　コール］

空電話.［相手が取らないと分かっている電話］► Give me a missed call and I will call you back. That way, you can save your money.（空電話をくれれば，掛けなおします．料金が節約できるでしょう）〈インド〉

---

mixie ［ミクシー］

ミキサー，ブレンダー. ► I am planning to give her a mixie as her marriage gift. It will be useful.（彼女の結婚祝いにミキサーをあげようと思っています．役に立ちますから）〈インド〉

Mogul ［ムガル］

ムガール帝国（の）.［インド史最大のイスラム王朝（1526－1858）．英米英語では mogul で「重要人物，権力者」の意味も］► Many Muslims in India still romanticize about the life in the Mogul times.（インドのイスラム教徒は今でもムガール時代の生活を感傷的に話す）〈インド〉

---

monkey cap ［マンキー　キャップ］

モンキーキャップ.［鼻と口以外を隠した帽子］► On any December morning in Delhi, one can see many men walking wearing monkey caps. It's very cold.（デリーでは12月になると毎朝モンキーキャップをかぶった男性を見かけます．寒

いですから）〈インド〉

mother promise ［マダル　プロミス］

誓う，約束する．［father promise や God promise も可］ ► I will give the money back, mother promise.（お金は必ず返します．母に誓って約束します）〈インド〉

mug ［マグ］

詰め込む（cram）． ► Indian exams can be passed by mugging the answers.（インドの試験は答えを詰め込んでいれば合格さ）〈インド〉

mug up ［マグ　アップ］

試験前に一夜漬けの勉強をする，丸暗記する． ► I am so tired as I have been mugging up the whole night yesterday.（昨夜ずっと一夜漬けの勉強をしていたので，とてもくたびれています）［英米英語では現在完了形は過去を表す語句と共起しないが，インド英語ではふつう］〈インド〉

my own two eyes

［マイ　オン（ウォン）　トゥー　アイズ］

目の前で，この２つの目でたしかに見た．［ before (in front of) my own two eyes もある．ヒンディー語の影響］ ► The car accident happened before my own two eyes.（自動車事故は目の前で起きた）〈インド〉

myself is … ［マイセルフ　イズ］

私は〜（名前）です．［自分のことをしっかりと言うときに使う］ ► Myself is Anamika. It is nice to meet you.（私はアナミカです．お目にかかれてうれしいです）〈インド〉

myself only ［マイセルフ　オンリー］

自分で.［only は強調のため］► I myself only found the solution to that problem.（自分の手で問題の解答を発見しました）〈インド〉

nirvana ［ニルヴァナ］

超越（解脱）の境地，悟り，安らぎ.［因果応報と輪廻の縛りから解き放たれること．仏教用語］► It is interesting to use the concept of nirvana for the resolution of worldly problems.（解脱の概念が世俗の問題の解決に使われるのは興味深い）〈インド〉

no more ［ノー モル］

今はない，死亡した．► My father is no more.（父は亡くなりました）〈インド〉

no? ［ノー］

column 3 インド英語の特徴 その２

インド英語には，インド諸言語起源の語句がいろいろと点在している．アユルヴェーダ（ayurveda）は日本でも知られるようになったが，インドの伝統医学のことである．ここから ayurvedic medicine（アユルヴェーダ式薬品）や ayurvedic massage（アユルヴェーダ式マッサージ，ハーブオイルを塗りこむマッサージ）という言い方が生まれている．

会話では，アッチャー（achcha）という間投詞をよく耳にする．「はい」「あれまあ」「そうですね」といった意味で，“I'll be waiting for you at six in the lobby.”（6 時にロビーで待っています）“Achcha.”（わかりました）といった具合に使う．日本人も英語を話すときに「うん」「えーと」などと言うが，これと似ている．

〜か？［語尾で疑問文を作る］► You are coming for dinner to my house tonight, no?（今夜拙宅に夕食に来ますか）〈インド〉

non-veg ［ノンヴェジ］

（あらゆる種類の）肉． ► I want to invite you to dinner. Do you take non-veg?（夕食にご招待したいのですが．お肉は召し上がりますか）〈インド〉

non-veg joke ［ノンヴェジ　ジョーク］

わい談．［肉食人間がするものといわれている］► I don't like non-veg jokes in office.（職場のわい談にはうんざりです）〈インド〉

note ［ノート］

紙幣（bill）． ► Please give me 10 Rs. notes as I do not have the change to give to the autorickshaw wala.（10ルピーの紙幣をください．オートリキシャさんに払う小銭がないので）

　masala（マサーラ）は混合スパイス，混合カレー粉のことだが，これが転じて「混じった」という意味でさまざまに使われる．masala film（マサーラ映画）は歌と踊り，涙と笑い，恋と活劇をちりばめた娯楽映画で，インド映画（Bollywood）の代名詞となっている．masala music（マサーラ音楽）はいろんなジャンルのミックスしたフュージョンのこと．

　インド英語にはまた，インド人がこしらえた語句や表現がたくさんある．インドではインド人どうしが英語を使うために，インド人の感じ方を反映した語彙が必要になる．groundnut（地下に生えたナッツ，落花生のこと），cheap and best（安いけど最高），Rats are exercising in my belly.（ネズミがお腹で運動している．I am hungry. のこと）など．

cf. autorickshaw / wala 〈インド〉

one by two ［ヴァン　バイ　トゥー］

２で割る．［１つのもの（食べ物や飲み物）を２人で同じ量に分ける］ ► I just had a cup of tea so I do not want a full cup, but we can have one by two.（今しがたお茶を飲んだので１杯分は入りません．半分ずつにしましょう）〈インド〉

order for ［オルダル　フォル］

注文する．［英米英語では order のあとに for をつけないが，インド英語ではこれが定番］ ► Let us order for pizza.（ピザを注文しよう）〈インド〉

out of station ［アウト　オフ(オブ)　ステイシャン］

市外にいる，自宅を離れて． ► Sorry I can't talk right now, I'm out of station.（ごめん，今話せないの．市外なの） My father was in the army. He always lived out of station.（父は軍人でした．いつも自宅とは別のところにいました）〈インド〉

oversize ［オーヴァルサイズ］

大きすぎる． ► This jacket is oversize. I will give it to my brother.（このジャケットは大きすぎる．兄にあげよう）〈インド〉

page 3 people ［ペイジ　トゥリー　ピープル］

社交界の名士（淑女）．［インドの新聞では社交界のビッグイベントは３ページにあることから］ ► Mrs. Zohra has a high nose as she belongs to the group of page 3 people.（ゾーラ夫人は偉ぶっています．社交界の名士というわけです） cf. high nose 〈インド〉

paining ［ペイニング］

痛む．［インド英語は進行形をよく使う］ ► My leg is paining.（足が痛みます）〈インド〉

palm greasing [パーム　グリージング]

わいろをつかませること.［「手の平に油を塗り込む」はヒンディー語から］► In India, palm greasing is a corrupt technique to get out of fines.（インドでは，わいろという不正な手段を使って罰則を逃れることができます）〈インド〉

---

parallel cinema [パラレル　シネマ]

パラレルシネマ.［社会問題に焦点を当てた映画．ハチャメチャなボリウッド映画と区別される］► I am proud of some great movies made and the way our parallel cinema is growing.（私は秀作がいくつか制作されていること，パラレルシネマが着実に発達していることを，うれしく思っています）〈インド〉

---

pashmina [パシミナ]

パシミナ.［ヤギの毛で織った高級生地．ヒンディー語．元はペルシャ語］► I want to visit Kashmir to buy some genuine pashmina shawls.（カシミールに行って本物のパシミナ・ショールを買いたい）〈インド〉

---

pass out [パス　アウト]

卒業する. ► He passed out of Delhi University in 2005.（彼はデリー大学を 2005 年に卒業しました）〈インド〉

---

past performance [パスト　パルフォルマンス]

これまでの業績. ► I got this promotion based on my past performance.（私のこの昇格はこれまでの業績に基づいています）〈インド〉

---

pen drive [ペン　ドライヴ]

メモリースティック. ► I have eleven pen drives.（私は 11 本のメモリースティックを持っています）〈インド〉

---

peon ［ピーオン］

小使い，用務員．［会社や学校で使い走りをする人．ポルトガル語］ ►I still remember the face and personality of my school peon.（私は今でも学校の小使いさんの顔と人柄を正確に覚えています）〈インド〉

---

petrol pump ［ペトロル　パンプ］

ガソリンスタンド． ► That petrol pump is cheating as its price is higher than others.（あのガソリンスタンドはずるいことをしているよ，ほかのところよりも値段が高い）〈インド〉

PG accommodation ［ピージー　アコモデイション］

大学院生用宿舎．［PG とは post-graduate（students）のこと］ ► Sudha does not want to live with her parents anymore, she wants to live in a PG accommodation.（スダーはもう親とは離れたいと思っており，大学院生用宿舎に入るつもりです）〈インド〉

---

pickle ［ピクル］

ピクルス．［いわゆる酢漬けではなく，野菜や果物の油で炒めたペーストで，長期間の保存と使用が可能．料理の味を引き立てる］ ► I love the pickles made by my mom.（母が作ったピクルスが大好きです）〈インド〉

PIN code ［ピン　コード］

郵便番号（Postal Index Number）．［6 桁］ ► What is your PIN code?（郵便番号を知らせてください）〈インド〉

---

pin drop silence ［ピン　ドロップ　サイレンス］

完全な静寂．［あまりにも静かなのでピンが落ちるかすかな音さえも聞こえるというイメージ］ ► The room had pin drop silence as soon as the boss came in.（ボスが来たとたん，オフィスはシーンと静まり返った）〈インド〉

pizza-shizza, chicken-shicken

［**ピ**ザ　シザ，**チ**キン　シキン］

ピザ，チキンのこと．［パンジャビ語の話し手の特徴．語頭の［p］と［ch］が［sh］になる．また，pizza-shizza の繰り返しで話し手の聞き手に対する親近感などを強調する］► Hey? Are you not having any pizza-shizza? If you don't want that, have some chicken-shicken.（ピザ食べないの？ これがいやなら，チキンにしたら）/ We had pizza today. How about chicken-shicken tomorrow?（今日はピザだったね．明日はチキンにしようか）〈インド〉

plus 2 ［**プ**ラス　トゥー］

プラス 2．［特定の分野に特化した 11 年生と 12 年生の上級中等教育機関．短大（junior college）とも呼ばれる．インドの教育制度では，初等教育 1 〜 5 学年，上級初等教育 6 〜 8 学年，中等教育 9 〜 10 学年，上級中等教育（ジュニアカレッジ）11-12 学年になっている．大学学士課程は 3 年間］► Ask him to get a mechanic's job. He will understand as he has done plus 2.（彼に機械工の仕事に就くように言ってください．プラス 2 をやったんだから，分かるはずです）〈インド〉

ply ［プ**ラ**イ］

（バスなどが）通行する．► Let's take the bus that plies from Delhi University to India Gate.（デリー大学からインド門に行くバスに乗りましょう）〈インド〉

point (power point) ［**ポ**イント（**パ**ヴァル　**ポ**イント）］

コンセント．► Today morning I got a shock when I touched the power point.（今朝コンセントに触れたら感電してし

まいました）cf. today morning 〈インド〉

politicization ［ポリティサイゼイション］

政治化，政局化． ► Politicization of any situation is a forte of Indian politicians.（いかなる出来事をも政治化することはインド政治のおはこです）〈インド〉

polo neck sweater ［ポロ　ネック　スヴェタル］

タートルネックのセーター． ► I love this blue polo neck sweater you are wearing.（あなたが着ている青いタートルネックはすてきですね）〈インド〉

poori ［プーリ］

プーリー．［油で揚げたインドのパン．puri とも］ ► My friend was surprised to know that the word poori for a type of Indian fried bread is used in English, both in Britain and America.（私の友だちはプーリーがインドの揚げパンの意味で，イギリスでもアメリカでも英語として使われているのに驚いていました）〈インド〉

potato wafer ［ポテイト　ヴェファル］

フライドポテト． ► Lays' potato wafers are the best.（レイズのフライドポテトは最高です）〈インド〉

pram (perambulator) ［プラム（パラムブレイタル）］

乳母車，ベビーカー． ► Remove the baba's pram from the room.（ボクちゃんの乳母車を部屋から出しなさい）cf. baba not a baby 〈インド〉

prepone ［プリポーン］

繰り上げる，前倒しする．［postpone の類推］ ► Please prepone the meeting as I must reach my son's school on time for his sport event.（会議を繰り上げてください．息子の運動

会のために時間通りに学校に行かなければならないので）〈インド〉

president's rule ［プレジデンツ　ルール］

大統領の統治．［インドでは非常時以外，大統領は統治権をもたない］ ► If the political situation remains the same in the country, India will very soon have president's rule.（政治状況に変化の兆しが見られなければ，インドはまもなく大統領統治に入るだろう）〈インド〉

promenade ［プロムネイド］

大通り． ► I was excited to meet him yesterday in the promenade.（昨日大通りで彼に出会い驚きました）〈インド〉

proper food ［プロパル　フード］

家庭料理．［外食（restaurant food）と区別する］ ► I have been out of my home for long. I really miss proper food.（長期間自宅を離れているので，家庭料理がなつかしいです）〈インド〉

property dealer ［プロパルティ　ディーラル］

不動産業者． ► Property dealers make a lot of money in India.（インドでは不動産業者は大儲けします）〈インド〉

provision (kirana) store

［プロヴィザン（キラナ）　ストール］

雑貨店．［kirana はヒンディー語で「雑貨」］ ► It is very convenient to live in an area which has (a) provision store nearby.（近くに雑貨店がある地域に住むのが便利ですよ）〈インド〉

pseudo-secular party

［シウドセキュラル　パルティ］

名前だけの世俗政党．［実際は宗教政党］ ► These days all parties in India are pseudo-secular.（近年インドのすべての政

党は名前だけの世俗政党です）〈インド〉

pucca ［パッカ］

永久に続く．［ヒンディー語］ ► This deal will be pucca once we both sign the contract.（いったん契約書にサインすれば，この取引は永久に続きます）〈インド〉

punch ［パンチ］

フルーツパンチ．［理想的には 5 種類のフルーツジュースと砂糖と水を混ぜた飲み物．ヒンディー語の panch（5の意味）から］ ► Ladies in India often like to have punch instead of hard drink.（インドの女性はお酒よりパンチを好む） cf. hard drink 〈インド〉

puncture ［パンクチャル］

パンク． ► Can you imagine? I had two punctures in my car yesterday!（信じられますか，昨日，タイヤが 2 本もパンクしたんです！）〈インド〉

pundit ［パンディット］

専門家．［英米英語では学者やジャーナリストを指すことが多い．サンスクリット語より］ ► It is hilarious to watch the boss to act like a pundit of marketing, even though he knows nothing about it.（ボスがマーケティングの専門家のように振舞うのには笑ってしまう．実際は何も知らないんだ）〈インド〉

Punju ［プンジュ］

パンジャブ出身者（の俗語）． ► Punjus are fun as bosses.（パンジャブ出身者を上司にすると楽しいです）〈インド〉

purse ［パルス］

財布． ► You have dropped your purse on the floor.

Please take it.（財布を落としましたよ．はい，どうぞ）〈インド〉

put a mail ［プット　ア　メイル］

メールを送信する．► I have understood the details. However, please put a mail too.（詳細は分かりましたが，メールでも送信してください）〈インド〉

put the phone down ［プット　ダ　フォン　ダウン］

電話を切る．► I got very disturbed when he put the phone down without letting me finish my talk.（彼が私の話を最後まで聞かずに電話を切ったことに腹が立った）cf. cut the call〈インド〉

put up ［プット　アップ］

生活する，過ごす．► Where are you putting up these days?（最近どこにお住まいですか）〈インド〉

query ［クエリ］

質問．► So, do you have any query?（では，ご質問はありますか）〈インド〉

queue ［キウ］

人の列．► I hate standing in long queues.（長い列に並ぶのは大嫌いです）〈インド〉

raj ［ラージ］

統治，王国，王様．［ヒンディー語 rajja・サンスクリット語 rājan より．ともに王の意味．現在では男性の名前にも］► Indian people were largely unhappy during the British raj.（インド人はイギリス統治の時代にはおおむね不幸であった）〈インド〉

rest is fine ［レスト　イズ　ファイン］

あとは心配なく（今時間がなくこまかいことは言えないが，すべてうまくやっています）． ► Dear Papa, please send some money in my account as I need to buy some new books and stationary. Rest is fine. Regards.（お父さん，新しい本と文具を買いたいので口座にいくらか振り込んでください．元気なのでご心配なく．さようなら）〈インド〉

return back ［リ**タ**ルン　バック］

戻る．［普通は return に back をつけない．ヒンディー語の影響］
► I returned back from Mumbai only yesterday.（つい昨日ムンバイから戻りました）〈インド〉

reverse the charges ［リ**ヴァ**ルス　ダ　**チャ**ルジズ］

料金を逆転させる．［コレクトコールのこと］ ► I remember in early 2000, we used to talk on phone which had the facility of reversing the charges.（2000 年の初め，よくコレクトコールで電話をしたことを覚えています）〈インド〉

revert ［リ**ヴァ**ルト］

戻る． ► Kindly revert in case of a query.（質問がある場合には，戻ってきてください）〈インド〉

rowdy sheeter ［**ラ**ウディ　シータル］

長い犯罪歴を持つ人．［新聞でよく用いられる］ ► In India, it is no surprise to have a rowdy sheeter as a politician.（インドでは，長い犯罪歴を持つ人が政治家になっていても驚きではありません）〈インド〉

rubber ［**ラ**バル］

消しゴム． ► I need to correct this mistake. Kindly give me the rubber.（間違っちゃった．消しゴム貸して）〈インド〉

rupee ［ルピー］

ルピー．［インド，パキスタン，スリランカなどの通貨］► It is sad that the value of Indian Rupee against the US dollar is still quite low.（インドのルピーの価値が US ドルに対して依然として低いのは悲しい）〈インド〉

sahib ［サーヒブ］

～さん，～さま．［ji よりもていねいな言い方．職業・職階にも，商人が客を呼ぶときにも使う．ウルドゥー語起源］► Director sahib（所長さん）Sahib, how about these watches?（お客さん，時計はどう？）Doctor sahib heard my problem very patiently and gave a suitable medicine, even though he did not know me.（お医者さんは私の病状をよく聞いて，ぴったりの薬をくださった．私は知り合いでもないのですが） cf. ji 〈インド〉

sale ［セイル］

ガレージセール．［店舗のセールは discount sale］► I bought the fridge at very cheap rates from the sale.（冷蔵庫はガレージセールで格安で買いました）〈インド〉

saloon ［サルーン］

髪を切ってもらう場所． ► I must go to the saloon before the party begins.（私はパーティーが始まる前に髪を切りにいかなくてはなりません）〈インド〉

same to same ［セイム トゥ セイム］

まったく同じ．［ヒンディー語の影響］► I have the same shirt. It is same to same.（同じシャツを持ってます．まったく同じです）〈インド〉

say (said) ［セイ （セッド）］

頼む (ask). [ヒンディー語の影響] ► My mother said me to go to the market. (母は私に買い物に行くよう頼みました) My wife says to me to get a high salary. (妻はもっと稼げの一点張りです) 〈インド〉

scheme [スキーム]

構想, 計画. ► What do you think about the new government scheme for helping poor children? (貧しい子どもたちを助けるための新しい政府の構想をどう思いますか) 〈インド〉

schooling [スクーリング]

プラス2までの教育. [school は大学を含まない. MBA の学生に "How is school going?" と言わないように] ► My son has finished his schooling and now he is in the university. (息子は高校を終えて, 今は大学に通っています) cf. plus 2 〈インド〉

servant [サルヴァント]

家事使用人 (domestic help). ► He is a rich man and he has four servants at home. (彼は金持ちなので, 自宅に4人の使用人を雇っています) 〈インド〉

shoe-bite [シュー バイト]

靴づれ, まめ. ► I can't walk for long as I have a shoe-bite. (あまり歩けないんです. 足にまめができちゃって) 〈インド〉

sleep in the afternoon

[スリープ イン ディ アフタルヌン]

午睡する. ► My mother cannot do without sleeping in the afternoon. (母は必ず午睡をとります) 〈インド〉

snap [スナップ]

写真. ► Let's take some snaps before we leave. (帰る前に

写真を撮りましょう）〈インド〉

soft drink ［ソフト　ドリンク］

炭酸飲料. ► Soft drinks are so bad for our health but they are so tasty.（炭酸飲料は健康に悪いが，飲みやすいね） cf. hard drink 〈インド〉

sports shoe ［スポルツ　シュー］

スポーツシューズ.［スニーカー，ランニングシューズ，アスレティックシューズなどスポーツに関係するすべてのシューズを指す］

► These days sports shoes are so expensive.（昨今，スポーツシューズの値段は高くなっています）〈インド〉

stall ［ストール］

（劇場の）天井さじき，バルコニー. ► Dress circles in the movie theatres give a lot of privacy as compared to the stalls in the front of the hall.（映画館では二階席のほうが天井さじきよりもプライバシーが保てます）［hall = screen］ cf. dress circle 〈インド〉

stand from a constituency

［スタンド　フロム　エ　コンスティテュエンシ］

選挙区から立候補する. ► This election time, I am interested in standing from my constituency.（今回の選挙では，地元から出るつもりです）〈インド〉

stand on someone's head

［スタンド　オン　サムヴァンス　ヘッド］

強要する.［ヒンディー語の直訳］ ► I get most of things done by my husband by standing on his head.（ほとんどの仕事を夫に無理やりにやらせます）〈インド〉

standard ［ステンダルド］

学年．► I am going into 8th standard.（私は８年生になろうとしています）〈インド〉

status family ［ステイタス　ファミリ］

ステータスのある家族（家柄）．［ステータスは宗教，階級，財産，職業などで形成される］► It would be a proud thing for us if our daughter gets married to that boy as he belongs to a status family.（娘があの少年と結婚すれば私たちは誇り高いよ．なにしろステータスのある家柄だから）〈インド〉

sweet ［スヴィート］

スイーツ．砂糖と澄ましバターで作った料理全般．► Please have sweets as my son had passed his exams.（息子が試験に合格したので，スイーツを召し上がってください）〈インド〉

take a class ［テイク　エ　クラス］

授業（講義）をする．［英米英語では「授業を受ける」の意味だが，インド英語では「授業をする」の意味にもなる．インド英語では，現地語の影響で，give と take の区別が厳密ではない］► I am so tired today after taking a very long class.（ずっと授業をしていて今日はくたくたです）cf. give (an) exam〈インド〉

take a lift ［テイク　エ　リフト］

ヒッチハイクする．► We must discourage our young boys and girls to take a lift on the roads.（若者にはヒッチハイクをしないよう教える必要があります）〈インド〉

take leave ［テイク　リーヴ］

（1）休暇･休憩をとる．► I need to take leave on Friday.（金曜日に休暇をもらう必要があります）

(2) 場所を去る． ► I'll take leave now.（もう帰ります）〈インド〉

take tension ［テイク　テンション］

ストレスを感じる． ► I have been taking a lot of tension these days in office.（このところ，仕事場でストレスを感じています）〈インド〉

Tambram ［タムブラム］

タミル・ナードゥ州出身のバラモン（の俗語）．［Tamil Brahmin の短縮形］ ► My father will never accept my Muslim boyfriend as I am a Tambram.（私はタミル・ナードゥ人のバラモンなので，父はイスラム教徒のボーイフレンドを決して認めてくれません）〈インド〉

tariff ［タリフ］

料金． ► What's the tariff of this hotel?（ホテルの料金はいくらですか）〈インド〉

tashan ［タシャン］

スタイル，態度．［ムンバイ・ヒンディー語］ ► He shows a lot of tashan because he is so handsome.（彼はこれ見よがしにふるまっています．なにしろハンサムなので）［ハンサムな人がそれをひけらかそうとして，髪を指で掻き上げたり，シャツのボタンを上から２つはずしたりする仕草などを指す］〈インド〉

10 minutes ［テン　ミニッツ］

10 分．［インド人の 10 分は 10 分から 30 分の幅がある］

► Please reach the office directly. I will come in 10 minutes.（直接オフィスに行ってください．私も 10 分で着きます）〈インド〉

thank you ［タンキュウ］

ありがとう. [インド人は友だちどうしでは, Thank you. や Please. とはあまり言わず, 言われることも期待していない. 堅苦しいからである. それでも, Thank you. と言われると, Mention not (= Don't mention it). などと返す. You are welcome. はあまり聞かない] ► "Thank you." "Mention not." (「ありがとう」「いやいや」) 〈インド〉

the line is engaged [ダ **ラ**イン イズ エン**ゲ**イジド]

電話中. [英米英語では The line is busy.] ► I am tired of calling him on phone as his line is always engaged. (彼に電話するのはうんざりです. いつもお話し中なんです) 〈インド〉

they are like that only

[デイ アール ライク ダッド **オ**ンリー]

それしかできない. ► Even if you explain the gravity of a situation, they do not change their attitude. What to do, they are like that only! (状況の重大さをいくら説明しても, 彼らは態度を変えようとしない. 何ができると言うの. 彼らはそれしかできないのさ!) cf. I am like this only 〈インド〉

three-wheeler [トゥ**リ**ー ヴィーラル]

3輪の自動力車. [オートバイに2輪の荷台をつないで走る. インドの重要な交通機関] ► Three-wheelers can be dangerous but they are fun to ride in. (3輪力車は危険だけど, 楽しいです) cf. two-wheeler 〈インド〉

tickety-boo [**ティ**ケティ ブー]

大丈夫. [ヒンディー語で It's all right. の意味] ► After buying the sandwich, he said that "I do not have change," then surprisingly, the shopkeeper said tickety-boo and allowed him to go without paying. (彼がサンドイッチを買って小銭がないと言ったところ, 驚くなかれ, 店の主人は大丈夫と言って

お金をとらなかった）〈インド〉

tie-up ［タイアップ］

パートナーシップ，協力． ► We have a tie-up with several good distributors.（いくつかのよい流通業者と協力関係にあります）〈インド〉

tiffin ［ティフィン］

ランチ，またはランチボックス． ► I am having my tiffin, please wait for five minutes.（今ランチ中．５分待ってください）〈インド〉

tight slap ［タイト　スラップ］

強力な平手打ち． ► I wanted to give that boy a tight slap.（あの少年をひっぱたいてやりたかったです）〈インド〉

till date ［ティル　デイト］

これまで，まだ．［ヒンディー語の影響］ ► I have not tasted non-vegetarian food till date.（これまで肉料理は食べたことがありません） cf. non-veg 〈インド〉

time pass ［タイム　パス］

時間つぶし，軽薄な，つまらないもの．［快楽に罪の意識を感じていう］ ► I was not serious about my latest girlfriend. She was just a time pass.（この前のガールフレンドとは真面目につきあっていたわけではない．時間つぶしさ）〈インド〉

time waste ［タイム　ヴェイスト］

おしゃべりで人の時間を無駄にする人． ► My cousin-brother is such a time waste.（私の親戚で兄弟同様にしている奴はただのおしゃべりで人の時間を無駄にします） cf. cousin-brother. 〈インド〉

today morning ［トゥデイ　モルニング］

今朝 (this morning). ► I called you on your landline today morning but nobody picked up the phone. (今朝電話しましたが誰も応答しませんでした) ［landline (固定電話) のこと］〈インド〉

---

too ［トゥー］

とても (very). ［ヒンディー語の影響］ ► This book is too interesting. (この本はとてもおもしろい) 〈インド〉

---

too good ［トゥー　グッド］

非常によい. ► The food in the party was too good. (パーティーの食事はとてもおいしかった) cf. too 〈インド〉

---

topper ［トッパル］

クラスの最優等生. ► My father wants all his children to be toppers like him. (父は子ども全員に, 自分と同じく, 最優等生になってほしいのです) 〈インド〉

---

torch ［トルチ］

懐中電灯. ► My grandmother always keeps a torch near her pillow. (祖母はいつも枕元に懐中電灯をおいています) 〈インド〉

---

touch wood ［タッチ　ウッド］

復讐の神の怒りを買いませんように. ［おまじないで手近の木製物をたたくジェスチャー. knock on wood が普通］ ► Touch wood! You are looking gorgeous tonight. (いやなことにあいませんように！今夜は格別に素敵ですよ) 〈インド〉

---

trial room ［トゥライアル　ルーム］

試着室. ► Please do not take a long time in the trial

room as the authorities do not allow that.（試着室で長居しないでくださいね．当局がうるさいので）〈インド〉

trunk call ［トランク　コール］

長距離電話． ► There was a time when arranging trunk calls took days.（以前は長距離電話を予約するのに数日かかったものです）〈インド〉

tube light ［テューブ　ライト］

筒状の蛍光灯． ► I definitely prefer tube lights over bulbs.（白熱灯より蛍光灯のほうが好きです）〈インド〉

tuition ［テューシャン］

1対1のプライベート授業． ► I don't like to take tuitions from that guy.（私はあの男から個人授業を受けるのはごめんです）〈インド〉

two-wheeler ［トゥー　ヴィーラー］

オートバイ，スクーター． ► My brother had a two-wheeler to go to college.（兄は大学に通うのにオートバイを使っていました）cf. three-wheeler 〈インド〉

unauthorized building

［アンオトライド　ビルディング］

無認可ビル．［売買や賃貸借は可能］ ► I was so surprised to know that our office is functioning from an unauthorized building.［function from ～（～で営業する）はヒンディー語の直訳］（会社が無認可ビルにあるとは驚きでした）〈インド〉

under ［アンダル］

～の部下である． ► Usha works under Mr. Ram, who is our Boss.（ウシャはラム氏の下で働いています．ラム氏はここの社長

です）〈インド〉

updation ［アップ**デ**イション］

更新すること．［updating のインド式言い方］ ► But the paperwork for updation is too difficult.（新バージョンの書類作りはそう簡単ではありません）［インドのペーパーワークは時間がかかる］ cf. too 〈インド〉

use and throw ［**ユ**ーズ　アンド　トロー］

使い捨て． ► We do not use "use and throw" plates at homes.（家では使い捨てのお皿は使いません）〈インド〉

vernac ［ヴァル**ナ**ック］

田舎の，文化的に遅れた（洗練さに欠けた）．［vernacular の省略形］ ► Although his IT expertise is great but in his speech, he is totally vernac.（彼の IT 知識はすごいが，言い方にまったく洗練さがないね）［although-but の共起は他のアジア英語にもみられる］〈インド〉

very less ［**ヴェ**リ　レス］

非常に～より少ない．［英米英語では less の修飾語は much か far を使う］ ► There is very less pollution here.（ここの汚染は他所よりもとても少ない）〈インド〉

vessel ［**ヴェ**サル］

調理具（通常，銅鍋）． ► Empty vessels like empty people make a lot of noise.（中身が空の銅鍋は，空っぽの人間のごとく，大きな音を立てる）〈インド〉

vest ［**ヴェ**スト］

アンダーシャツ． ► It was so funny when he took off his shirt as his vest had holes.（彼がシャツを脱いだとき笑えたね．

下着が穴だらけでした）〈インド〉

visiting card ［ヴィジティング　カルド］

名刺．► This is my visiting card. It was very nice to meet you.（私の名刺です．お目にかかれてうれしいです）〈インド〉

vote bank politics ［ヴォート　バンク　ポリティクス］

選挙民に好印象を与える政治．［vote bank は票田のこと］► Indian politicians operate using vote bank politics.（インドの政治家は選挙民の歓心を得ようと努めます）〈インド〉

waah ［ヴァー］

ワー．［感嘆辞（wow）．ヒンディー語・ウルドゥー語］► Waah! That's a lovely answer you gave to the boss.（ワー！ボスの質問にぴったりの答えだよ）〈インド〉

waistcoat ［ヴェイストコート］

ベスト，チョッキ．► His waistcoat is even smarter than his coat.（彼のベストは上着以上にかっこいいよ）cf. coat 〈インド〉

wala ［ワラ］

～屋さん．［インド人は人を呼ぶのに，親しみをこめて仕事の名前を使う．wallah とも］► rickshaw-wala（車夫さん）autorickshaw-wala（オートリキシャさん）chai-wala（お茶屋さん）sabzi-wala（野菜屋さん）The chai-wala outside our college prepares excellent tea.（大学の外のお茶屋さんはおいしいお茶を出します）［chai お茶，sabzi 野菜］〈インド〉

weak ［ヴィーク］

気分がすぐれない．► I am going to take leave from office now as I am feeling weak.（今日は早退します．気分がすぐれません）〈インド〉

What is one to do?

[**ヴァ**ット　イズ　ヴァン　トゥ　**ドゥ**ー]

何ができるというのか. ► These days the weather is becoming unpredictable. What is one to do?（最近，天気の予測がつかないね．どうなってるのかな）〈インド〉

---

wheatish [**ヴィ**ーティッシュ]

小麦色の. ► She is very conscious of her wheatish color because her husband is fair.（彼女は夫の肌が白いので，自分の小麦色の肌をとても気にしています） cf. fair 〈インド〉

---

white money [**ヴァ**イト マニー]

ホワイトマネー.［所得を申告し税金を払ったあとのお金］

► People in service mostly have white money.（サラリーマンはたいがいホワイトマネーを受け取っています） It is so difficult to buy houses in India showing white money.（インドでホワイトマネー分だけで家を買うのはとても難しいです） cf. in service 〈インド〉

---

wind cheater [**ヴィ**ンド　**シ**ータル]

ウィンドブレーカーのこと. ► It is fun to drive the scooter in December if you wear the wind cheater.（12月にスクーターを走らせるのは快感です．ウィンドブレーカーを着ていればですが）〈インド〉

---

would be [**ウッ**ド　ビー]

婚約者. ► Meet Anamika, she is my would be. We are getting married next month.（アナミカを紹介します．私の婚約者です．私たちは来月結婚します）〈インド〉

---

write an exam [**ラ**イト　エン　エグザーム]

試験を受ける.［問題を作るという意味ではない］► I am writing my exam on Friday.（私は金曜日に試験を受けます）〈インド〉

yaar ［ヤール］

ねえ，やあ.［親しい者どうしの呼びかけのことば. ヒンディー語］

► Yaar, don't disturb me please.（ねえ，邪魔をしないでよ）〈インド〉

yesterday night ［イェスタルデイ ナイト］

昨夜（last night）. ► I saw you roaming with your girlfriend in the park yesterday night.（昨夜ガールフレンドと公園にいたでしょう）cf. today morning 〈インド〉

you nonsense ［ユー ノンセンス］

おいおい.［非難の悪態語.「コンチクショウ」「クソッタレ」に相当］

► You nonsense, don't throw garbage before my door!（おいおい，人の家の前にゴミを捨てるなよ！）〈インド〉

you people ［ユー ピープル］

皆さん方.［複数の人びとに呼びかける丁寧な言い方］► All you people will get your access code once they are set up by the admin department.（皆さん方は事務局が設定次第，アクセスコードがもらえます）［admin = administration］〈インド〉

column 4　インド英語の特徴　その３

伝統的なカースト制度も存在しており，インド英語に反映されている．intermarriage は「カーストの違う者どうしの結婚」のことである．interdine というと，「カーストの違う者どうしが食事をする」ことを指す．結婚相手を募集する新聞広告では，caste no bar（カースト制限なし）という表現がみられる．

インド人が英語使用中に作り出した表現にも，おもしろいものがたくさんある．prepone は postpone（延期する）の類推で作られており，「予定を早める，前倒しする」こと．botheration（面倒をかけること）は bother からできた名詞形で，I am sorry for this botheration.（このようなご迷惑をおかけして申し訳ありません）のように使う．

第2章
シンガポール・マレーシアの英語

ABC [エービースィ]

アメリカ生まれの中国人（American-born Chinese）. ► His Mandarin not so good because he's ABC.（彼はアメリカ生まれの華僑だから，華語がヘタなんだ）〈シンガポール・マレーシア〉

---

accident only [アクスィデン オウンリー]

たまたま，偶然に. ► I told my colleague it was accident only.（同僚には偶然だったと言ったんだ）〈シンガポール・マレーシア〉

---

actually [アクチュアリ]

本当は，本当のことを言うと. [really の代わりに使われ，文頭にくることが多い] ► Actually, hor, I don't want to go to the party.（本当はね，パーティーに行きたくないんだ） cf. hor〈シンガポール・マレーシア〉

ADO [エーディーオー]

地域主任補佐（Assistant District Officer）. ► My brother got promoted to be ADO.（兄は昇格して地域主任補佐になりました） cf. DO〈シンガポール・マレーシア〉

---

agak (agak-agak) [アガッ (アガッ アガッ)]

推測する. [マレー語] ► You simply agak how much seasoning you put in.（どのくらい調味料を入れるかは適当にやってくださいよ）〈シンガポール・マレーシア〉

---

ah [アー]

～ね，～よ，～でしょ. [シンガポール・マレーシア英語特有の終助詞] ► You Japanese ah?（あなた日本人でしょう？） You hold on ah.（[電話で] ちょっとお待ちくださいね） cf. hor / lah〈シンガポール・マレーシア〉

---

ah beng ［アー　ベン］

パッとしない中国系の男性.［中国語で教育を受け，今ひとつ常識に欠けていてパッとしない華人男性. 最近は，常識のないつっぱり兄ちゃんのことも指す. 福建語］► That ah beng is my neihghbour.（あのパッとしない奴はお隣りさんだよ）〈シンガポール・マレーシア〉

---

ah chek ［アー　チェッ］

おじさん.［年上の男性への呼びかけ. 福建語］► Ah chek, just came back from the morning exercise, is it?（おじさん，朝の体操から帰ったとこなの？）cf. ah soh / is it?〈シンガポール・マレーシア〉

---

ah kwa ［アー　クワ］

おかま.［福建語］► He's ah kwa. Laughs like a woman, you know.（あいつはおかまだよ. 女みたいに笑うんだ）〈シンガポール・マレーシア〉

---

ah lian ［アー　リエン］

パッとしない中国系の女性.［ah beng の女性版. 中国語で教育を受け，今ひとつ常識に欠けパッとしない華人女性や茶髪姉ちゃん. 流行に敏感な今どきのギャルのことも言う. 福建語］► You, so ah lian. Dress a little nicer.（まったくだらしないわねえ. もう少しきちんとした格好しなさいよ）Irene spends so much money for her clothes. Wah, so ah lian, hor!（アイリーンは洋服にすごくお金を使ってるよ. 今どきのギャルだね！）cf. wah / hor〈シンガポール・マレーシア〉

---

ah pek ［アー　ペッ］

中年のだらしない中国系男性.［福建語］► What? He's your boyfriend? So ah pek type!（えー，あの人があなたの彼氏？変な

人！）〈シンガポール・マレーシア〉

ah soh ［アー　ソー］

おばさん．［年上の女性への呼びかけ．福建語］► Ah soh, do you want me to carry your bag?（おばさん，荷物をお持ちしましょうか）cf. ah chek 〈シンガポール・マレーシア〉

aiksy ［アイクスィー］

すましている，態度が大きい． ► "He's so aiksy, you know." "Why because, he has his own company and the business is going well."（「彼すごく態度でかいよね」「しょうがないよ．会社を起こしてすごくうまくいってるんだから」）cf. why because 〈シンガポール・マレーシア〉

aircon (air-con, aircond, air-cond)

［**エ**アコン　（**エ**ア　コン，**エ**アコンド，**エ**ア　コンド）］

エアコン，エアコンがかかっている（状態）．［air-conditioner, air-conditioned より］► This house got three aircons.（この家には３つのエアコンがついてる）It's very hot today. Please open the air-con.（今日はすごく暑い．エアコンを入れてよ）His flat is fully aircond.（彼のアパートは全室にエアコンが入っている）cf. open 〈シンガポール・マレーシア・フィリピン〉

airpot ［エア**ポ**ッ］

保温ポット． ► This new airpot can keep hot water hot for hours.（この新しい保温ポットはお湯を何時間も保温できます）〈シンガポール・マレーシア〉

aiya (aiyah, aiyo) ［アイヤー　（アイヤー，アイヨー）］

あらら，えー！［aiyo はタミル語の aiyoyo に由来するという説もある］► Aiya, she's just left. She was waiting for you for a long time.（あらまあ，彼女，今出かけたわよ．ずいぶん長いことあ

なたのこと待ってたんだけど）〈(南) インド・シンガポール・マレーシア〉

ajinomoto ［アチノモト］

調味料．［もともと日本の味の素からきているが，現在では似通った化学調味料全部を指す］► Aiyo! This dish has too much ajinomoto in it.（あらら，この料理は化学調味料の使いすぎだ）cf. aiyo 〈シンガポール・マレーシア〉

alamak ［アラマー］

あらあら，あらまあ，ちぇっ．［Allah（神さま）と emak（お母さん）というマレー語の合成語と考えられる］► Alamak! You already got a baby? Time flies, is it?（あらあら，もう赤ちゃんが生まれたの？時のたつのは早いものね）cf. is it? 〈シンガポール・マレーシア〉

alphabet ［アルファベッ］

アルファベット（の文字）．［英米英語では alphabet はアルファベット全体を指すが，シンガポール・マレーシアではアルファベットの各文字のことも指す］► "How many alphabets are there in the word 'return'?" "6 alphabets."（「return という単語はアルファベット何文字でできていますか」「6 文字です」）〈インド・シンガポール・マレーシア〉

already ［オウレディ］

すでに．［シンガポール・マレーシア英語ではセンテンスの最後にくることが多い］► She is married already lah.（彼女はすでに結婚してるよ）Five hundred dollars I spent already.（もう 500 ドルも使っちゃったよ）cf. lah 〈シンガポール・マレーシア〉

also can ［オールソウ　キャン］

できる．［Yes の代わりに使われることもある］► "Can I borrow this book?" "Also can."（「この本，借りてもいい？」「いいよ」）〈シンガポール・マレーシア〉

also got [オールソウ　ガッ]

ある，いる．[一般的に疑問で使われる] ► On the list, my name also got?（リストに私の名前はありますか）〈シンガポール・マレーシア〉

---

amah [アマ]

（個人宅の）メイド，（レストランや病院の）掃除婦． ► Her house got a Filipino amah.（彼女の家にはフィリピン人のメイドがいます）〈シンガポール・マレーシア〉

---

amok [アモッ]

人殺しをするような危険で残忍な人．[マレー語] ► My brother's neighbour is an amok. He became violent all of a sudden and tried to kill kids.（弟の近所の人は危険でこわいのよ．急に暴れだして子どもを殺そうとしたんだから）〈シンガポール・マレーシア〉

AMP [エーエムピー]

イスラム教徒専門職協会（Association of Muslim Professionals）．〈シンガポール・マレーシア〉

---

amusement park [アミューズメン　パー]

お祭．[ゲームや出し物などをとりそろえ，食べ物や洋服まで売る小規模のイベント．fun fair とも呼ばれる] ► Want to go to the amusement park in Toa Payoh?（トアパヨのお祭に行かない？）cf. fun fair 〈シンガポール・マレーシア〉

---

ang mo (kwee) [アン　モー　（クィー）]

白人．[ang mo kwee は福建語で「紅毛鬼」，つまり赤毛の鬼という意味] ► Your next door neighbour is ang mo? Why does he live in HDB?（お隣りは白人さんなの？何で公団住宅に住んでる

んだろう？） cf. HDB 〈シンガポール・マレーシア〉

ang pow ［アンパウ］

小さな赤い封筒，御祝儀.［旧正月に子どもにお年玉をあげたり，結婚式などめでたい席でお金を包む時に用いられる．もともとは福建語で「赤い包み」の意味］► Prepared ang pow already or not?（御祝儀，用意した？） cf. or not? / red envelope 〈シンガポール・マレーシア〉

angkat ［アンカッ］

お世辞を言う.［もともとマレー語で「(物を) 運ぶ」の意］► Aiya, how come he always gets easy task? He knows how to angkat lah.（あれ，何でいつも彼ばっかり楽な仕事につくんだよ．ごますりが上手なんだよな） cf. aiya / lah 〈シンガポール・マレーシア〉

at the back ［アッ　ダ　バ］

後ろに.［behind と同じ用法］► He is sitting at the back of Karen.（彼はカレンの後ろに座ってます）〈シンガポール・マレーシア〉

attached to ［アタチ　トウ］

勤務している． ► My father is attached to AB Company.（私の父は AB 社に勤めてます）〈シンガポール・マレーシア〉

attap roof ［アタップ　ルーフ］

乾燥させたヤシの葉でおおった屋根.［マレーシアの村落にみられる］► The old man you just met stays in the house with attap roof.（さっき会った老人はあのヤシの葉の屋根の家に住んでいるんだ） cf. stay 〈シンガポール・マレーシア〉

auntie ［アンティ］

おばさん.［antie，aunty とも書く．自分より年上の女性の呼称．友人の母親に初めて会ったときの呼称としても使われる］

► Auntie, can I come here more often to play? (おばさん，ここにもっとしょっちゅう来て遊んでいいの？) cf. uncle 〈シンガポール・マレーシア〉

avoid [アヴォイ]

ひかえる. ► Avoid smoking in restaurants. (レストランではたばこを吸わないでください) [英米英語では No smoking ～. や Do not smoke ～. のように言う] 〈シンガポール・マレーシア〉

awared [アウェアー]

気づく，知る (be awared のように使う). [= be aware]
► The new teacher is not yet awared that students must line up at the assembly. (新しい先生は集会で生徒がきちんと並ばなきゃならないことをまだ知らないのよ) 〈シンガポール・マレーシア〉

AYE [エーワイイー]

アヤー・ラジャー高速道路 (Ayer Rajah Expressway). [シンガポールの高速道路の１つ] 〈シンガポール〉

bahasa [バハサ]

～語，言語. [サンスクリット語起源のマレー語なので，マレーシアではマレーシア語のことを指す] ► Do you speak Bahasa Malaysia? (マレーシア語を話しますか？) 〈シンガポール・マレーシア〉

bamboo clapper [バンブー　クラッパー]

竹製のカスタネットのようなもの. [昔，引き売りの麺屋が住宅地を回り歩くのに使った] ► Before, when we heard bamboo clapper we knew the noodle vendor was here. Now no more. (以前は竹を打ち鳴らす音がしたら麺屋さんが来たって分かったもんだよ. 今はもうそういうのがなくなったね) cf. before 〈シンガポール・マレーシア〉

banana ［バナナ］

白人ぶっている華人，考え方などが英米人っぽい華人．［外は黄色いが中は白いことから］► She is a banana because she was born and raised in the U.S., although her parents are Singaporean.（彼女は，両親はシンガポール人だけど，アメリカで生まれ育っているから，白人っぽいね）〈シンガポール〉

banana leaf ［バナナ　リーフ］

バナナリーフ．［バナナの葉にじかにご飯やカレーなどをのせて食べる形式の食事．もともとはヒンドゥー教のお祭などで，食物をのせる皿の代わりにバナナの葉が使われた．今ではインド料理レストランで体験できる］► We go to banana leaf lunch in Little India, can or not?（リトルインディアのバナナリーフの昼食はどう？）cf. can or not?〈シンガポール・マレーシア〉

banana notes ［バナナ　ノーツ］

使えないお金．［1940 年代の日本軍の占領時に使われていた紙幣のこと．今では使えないお金を指すようになった］► Wah, these are banana notes. Cannot use any more, lah.（ああ，これは昔のお金で，今は使えないよ）cf. wah / lah〈シンガポール・マレーシア〉

bangle ［バングル］

バングル．［金属やプラスチックやガラスでできたブレスレットやアンクレット］► Indians like to have gold bangles and Chinese like jade ones.（インド系の人びとは金のバングル，中国系の人びとはひすいのバングルが好きですよ）〈インド・シンガポール・マレーシア〉

barang barang ［バラン　バラン］

自分のもの，私有物．［軍隊でよく使われる．マレー語］► We are moving off to another location in 10 minutes time. Get your barang barang ready.（あと 10 分で次の場所に移動するから，私有物をまとめておけ！）〈シンガポール〉

basket ［バースケッ］

どうしようもない人.［basket case（無力な人）としても使われる］ ► He's a basket. I don't even talk to him any more.（彼はどうしようもない人よ．私なんかもう口もきかないわ）〈シンガポール・マレーシア〉

basket ［バースッケッ］

間抜け.［不満を言う時に使われる．bastard から派生したものと思われる］ ► Basket! You were supposed to be here half an hour ago.（何やってんだ！ 30 分前に来るはずだっただろ？）〈シンガポール〉

bedek ［ベデッ］

冗談を言う，からかう． ► He's a funny one. Always bedek only.（あいつはおもしろいやつだ．いつも冗談ばっかり言っている） cf. only 〈シンガポール・マレーシア〉

bee's wax ［ビーズ ワックス］

耳あか． ► Mind your own bee's wax! = Mind your own business.（あなたには関係ないことよ）〈シンガポール・マレーシア〉

beefbun ［ビーフバン］

ハンバーガー． ► Give me a beefbun.（ハンバーガー 1 つちょうだい）〈シンガポール・マレーシア〉

before ［ビフォー］

昔，以前． ► Before it was OK to chew gum, now cannot.（以前はガムをかんでもよかったんだけど今はダメなんだ）〈シンガポール・マレーシア〉

belanja ［ベランヂャ］

おごる，祝う．［マレー語］► Belanja me lunch today, can or not?（今日，ランチおごってよ）Your daughter just had a baby, right? When are you going to belanja?（娘さん，赤ちゃん生まれたんでしょ？お祝いはいつ？）cf. can or not? 〈シンガポール・マレーシア〉

---

better ［ベタ］

～した方がいい．［better ＋ you ＋動詞で使うことが多い］►
Better you study hard today.（今日はしっかり勉強した方がいいな）〈シンガポール・マレーシア〉

---

bigger ［ビガ］

歳が上．［反対語は smaller］► He is bigger than me.（彼は私より年上です）〈シンガポール・マレーシア〉

BKE ［ビーケーイー］

ブキット・ティマ高速道路（Bukit Timah Expressway）．［シンガポールの高速道路の１つ］〈シンガポール〉

---

black and white amah

［ブラ　アン　ホワイト　アマ(ー)］

（シンガポール人でない，主に中国大陸からきた中華系の）メイド．［黒いズボンと白いシャツを着ていることからこう呼ばれる］►
Got black and white amah, ah?（中国人のメイドがいるの？）
cf. ah / amah 〈シンガポール〉

---

black area ［ブラッ　エリア］

共産主義者たちが住んでいた地域． ► This whole area was a black area before.（以前は，このあたりは共産主義者たちが住んでいた地域です）cf. before 〈シンガポール・マレーシア〉

---

black face ［ブラッ　フェイス］

いらいらしている，機嫌が悪い． ► Watch out. The boss has a black face this morning.（気をつけな，ボスは今朝機嫌悪いから）〈シンガポール・マレーシア〉

---

bluff ［ブラフ］

うそをつく，うそ，にせもの． ► Lai Seng was with a girl last night. I'm not bluffing lah.（ライ・センがゆうべ女の子といたよ．うそじゃないって）This Rolex is a bluff!（このロ－レックス，にせものだ）cf. lah 〈シンガポール・マレーシア〉

---

blur ［ブラー］

混乱する，理解しがたい，わけが分からない． ► "Did you understand the lecture?" "No, it was all blur to me."（「講義，理解できた？」「全くわけが分からなかったよ」）〈シンガポール・マレーシア〉

---

bobo (bobor) chacha ［ボボ（ボボー）　チャチャ］

ボボチャチャ．［ヤムいもや寒天などにココナツミルクをかけた甘いデザート］ ► I want to eat bobo chacha for dessert.（デザートにボボチャチャが食べたい）〈シンガポール・マレーシア〉

---

bodo ［ボードー］

ばか，あほ，おどけたやつ． ► That newcomer is really bodo. Gotta fire him soon.（あの新人，本当にアホだな．すぐクビにしなくちゃ）〈シンガポール・マレーシア〉

---

boh sia ［ボー　シア］

常識がない，不良（女子のみに使う），売春．［もともと福建語で「音がない」という意味］ ► Those boh sia girls on the street... Don't know what to do with them!（道にたむろしている不良

の女の子たち… どうしようもないよ！）〈シンガポール・マレーシア〉

bond ［ボンド］

（国の奨学金の条件として）大学卒業後政府機関などで一定期間働く. ► I'm bonded to work for EDB because I received scholarship to go to university.（奨学金をもらって大学に行ったから，経済開発局で働かなくちゃならないんだ）cf. EDB 〈シンガポール・マレーシア〉

born ［ボーン］

（子どもを）産む. ► My sister has born a baby.（姉が赤ちゃん産んだのよ）［英米英語では give birth to］〈シンガポール・マレーシア〉

borrow ［バロウ（バーロー）］

（1）借りて使う.［英米英語では use］► Can I borrow your phone?（電話借りてもいい？）
（2）貸す.［英米英語では，borrow は「借りる」，lend は「貸す」だが，シンガポール・マレーシアでは「貸す」も borrow を使うことが多い］
► Borrow me your pen, can or not?（ペン貸してくれる？）
cf. can or not 〈シンガポール・マレーシア〉

botak ［ボタッ］

はげ，はげた人.［botak man とも使う．マレー語］► "Andy is botak, you know." "Wah, he is still young or not?"（「アンディーってはげてるんだよ」「えっ，まだ若いんじゃないの？」）cf. wah / or not? 〈シンガポール・マレーシア〉

boy ［ボイ］

ねぇ，おい（息子や男の子への呼びかけ）. ► Boy, come here.（おい，こっちおいで）〈シンガポール・マレーシア〉

bring ［ブリン］

持って行く，連れて行く．[英米英語では bring は話し手が聞き手の所へ持って行くこと，take は持って行くことを意味するが，マレー語・中国語などはその区別をしないので，しばしば混同がおこる]
► I had to bring my child to school this morning.（今朝，子どもを学校に送って行かなければならなかった）Bring there.（あそこへ持って行って）**〈シンガポール・マレーシア〉**

---

buay sai ［ブェイ **サ**イ］

できない，不可能，無理．[福建語] ► You asked her to calculate all this? Buay sai!（彼女にこれを全部計算するように言ったの？できるわけないだろう！）He buay sai help you find the book in the library!（あいつに図書館で本は見つけられないよ！）**〈シンガポール〉**

---

buaya ［ブア**ヤ**］

女性好きの男性，女たらし，ナンパ男．[マレー語で蛭（ヒル）の意味] ► Watch out for those buayas in town.（街にいるナンパ

column 5 シンガポールの英語

シンガポールは多民族都市国家で実に活気に溢れている．人口は 550 万人ほどで，中国系が 74%，マレー系が 13%，インド系が 9%，その他 4% となっている．街を歩いていてもそんなふうに感じる．シンガポールでは独立以来，中国語，マレー語，タミル語に加えて，英語を公用語の 1 つとしてきた．

しかも，英語は第一言語とされ，行政はもちろん，教育の第一媒体という地位が与えられた．英語を母語とする人がほとんどいない社会で，このような言語政策はきわめて希有なケースといえよう．英語は国内統一の言語と定義され，異民族間交流の手段として奨励された．

そして，英語教育が重要な政策となり，さまざまな試みが実

男には気をつけて）〈シンガポール・マレーシア〉

bugger ［バガー］

あいつ（男性を指す）． ► That bugger told me to come, but he's not here...（あいつが来いって言うから来たのに，自分は来てないじゃないか…）〈シンガポール・マレーシア〉

built-in ［ビルトイン］

（アパートやマンションなどの）総面積． ► This flat, built-in is about 1,500 sq.ft.（このアパート，総面積はおよそ1500平方フィートです）〈シンガポール・マレーシア〉

bull-strength ［ブルストレングス］

馬鹿力． ► Kong Mo has bull-strength. He can break this rock easily.（コン・モーは馬鹿力がある．この岩も簡単に砕くよ）〈シンガポール・マレーシア〉

施された．英語と民族言語のバイリンガル教育が強調されたが，実際は英語に多大の重点が置かれた．1980年代の後半になると，英語教育の成果が顕著に見られるようになった．ただし，その英語はシンガポール人のクセの強い，シンガポール英語であった．

それは後に，シングリッシュ (Singlish) と呼ばれるようになった．シンガポールに滞在していると，"The official language of Singapore is Singlish. It's easy and everyone understands it." と言う人によく出会う．もちろん，公用語はEnglishであってSinglishではない．日本人もここに来たら，もっと気安く英語を使ってくださいというつもりなのだろう．

bumiputra ［ブミプトラ］

ブミプトラ政策．［bumi とも言い，Bumiputra とも書く．マレーシアのマレー人優先政策．1969 年にマレーシア政府がマレー系マレーシア人の経済的立場を改善するために始めた．サンスクリット語起源のマレー語で「土地の子」，つまり「原住民」の意味］ ► The government started Bumiputra in 1969.（政府は 1969 年にブミプトラ政策を始めた）〈シンガポール・マレーシア〉

---

bungalow ［バンガロウ］

一軒家，大きな家． ► Walau, you live in a bungalow!（へぇー，一軒家に住んでるの！）You just bought a bungalow! Where got all the money?（一軒家買ったんだって．そんなお金どこにあったんだよ）cf. walau / got 〈インド・シンガポール・マレーシア〉

---

burn time ［バーン　タイム］

時間を無駄に過ごす． ► “Did you enjoy the date?” “Date? I just burned time. She was so boring.”（「デート楽しかった？」「デート？無駄な時間だったよ．彼女，つまんない人だったよ」）〈シンガポール・マレーシア〉

---

bus card ［バス　カー］

バスの定期．［bus pass に同じ］ ► Bus is coming, get your bus card ready.（バスが来たから，定期を出しておきなさい）〈シンガポール・マレーシア〉

---

bus stand ［バス　スタン］

バスターミナル． ► The big bus stand is near the station. You won’t miss it.（大きなバスターミナルが駅の近くにあります．すぐに見つかりますよ）〈シンガポール・マレーシア〉

---

bypass ［バイパス］

通りすぎる. The man who just bypassed us was the new boss.（今通りすぎた人が新しい上司よ）〈シンガポール・マレーシア〉

cabut ［チャブー］

移民する. ［マレー語］ ► I know Thian Teck is planning to cabut to Canada.（ティアン・テックがカナダに移民しようとしていることは知ってるよ）〈シンガポール・マレーシア〉

cacat ［カカッ］

ださい. ［10代の子どもが使う. マレー語］ ► Her dress is so cacat. She has no mirror at home, huh?（彼女のワンピース, ださいこと. 家に鏡ないのかしら？）〈シンガポール・マレーシア〉

call ［コール］

言いつける, ～するように言う. ► My grandmother is very old and can't move very much, so she always calls us to do things.（おばあちゃんは年とっててあんまり動けないから, いつも私たちにいろいろやるように言うのよ）〈シンガポール・マレーシア〉

called up ［コールド アプ］

徴兵の知らせがくる. ► I'm called up for NS this summer.（この夏軍隊に入ることになってるんだ） cf. NS 〈シンガポール・マレーシア〉

can ［キャン］

～できる. ［使い方に注意.「～できる？」と聞かれて,「できる, できる」と強調して返事する場合は Can can. となる.「どこでできるの？」は Where can?「どうやってするの？」は How can? となる］ ► "Turn left here, can or not?" "Cannot."（「ここ, 左に曲がれるのかね？」「できませんよ」） "Are you going to the party tonight?" "How can? I have too much to do!"（「今晩パーティー行く？」「無理だよ. やることが山ほどあるんだ！」） cf. can or not? 〈シンガポール・マレーシア〉

can die ［キャン　ダイ］

あれ～！［大変なことを表す感嘆詞として使われる］► Oh, my new job is too busy. Can die one!（新しい仕事，忙しすぎてもう大変！） cf. one 〈シンガポール〉

---

can do ［キャン　ドゥー］

まぁまぁ． ► "How was the food at the restaurant?" "Can do."（「あのレストランの食べ物，どうだった？」「まぁまぁだね」）〈シンガポール・マレーシア〉

---

can do favor? ［キャン　ドゥー　フェイヴァー］

お願いがあるんだ．［通常 ah や hor をともなう］► Irene, can do favor, ah? Can you return this book for me?（アイリーン，お願いがあるんだけど．この本返却しておいてくれない？） cf. ah / hor 〈シンガポール・マレーシア〉

---

can or not? ［キャン　オー　ノッ］

～できる？［Can you (I) ～？ではなく，肯定文の後に can or not? をつけて「～できますか？」と聞くのが一般的．答え方は主語を省いて Can. や Cannot. となる］► "Go to this party, can or not?" "Can."（「このパーティー，行ける？」「行けるよ」） "You go with me, can or not?" "Cannot lah. I'm busy."（「一緒に行ける？」「行けないよ．忙しいんだ」） cf. lah 〈シンガポール・マレーシア〉

---

carpark ［カーパー］

駐車場． ► Why don't you park your car in the carpark and meet us at the restaurant?（駐車場に車とめておいでよ．レストランで待ってるから）〈シンガポール・マレーシア〉

---

cartoon ［カートゥーン］

こっけい，不器用で気のきかない（人）． ► Alex is still trying

to chase that girl… Cartoon!（アレックスったら，まだあの娘(こ)追っかけてるの… こっけいね！） Oh, David is a cartoon, hor.（まったくデーヴィッドって不器用よね） cf. hor〈シンガポール・マレーシア〉

catch ［キャッチ］

理解する． ► Say again? I couldn't catch you.（何ですか？おっしゃってることが分からなかったんですが）〈シンガポール・マレーシア〉

catch no ball ［キャッチ　ノウ　ボール］

分からない，理解できない．［福建語の影響］ ► Don't play play like that. How many times do I have to tell you? You catch no ball.（そんなふうに怠けるな．まったく，何度言ったら分かるんだ？）［play play のように動詞をくり返し言うことによって強調を表す．また，この時の play は「何もしないで遊んでいる」という意味になる］〈シンガポール・マレーシア〉

CBD ［スィービーディー］

シンガポール中心部のビジネス地域（Central Business District）．［時間帯によっては車は進入禁止だったり，進入が有料だったりする地区］〈シンガポール・マレーシア〉

Change Alley ［チェンヂ　アリー］

チェンジアレー．［シンガポールのバザール．観光客向けの衣類やみやげ物中心の小売店が並ぶ．両替商が多いことからこの呼び名となった］ ► All visitors to Singapore should go to Change Alley at least once.（シンガポールに来たら一度はチェンジアレーのバザールに行った方がいい）〈シンガポール〉

channel 5 (channel 8)

［チャンネル　ファイブ　(チャンネル　エイ)］

チャンネル 5（英語番組），チャンネル 8（中国語番組）．

► My parents' TV is fixed to channel 8, so I watch channel 5 in my room. (両親は中国語番組しか見ないから，私は英語番組を自分の部屋で見るの) 〈シンガポール〉

cheat my money ［チー　マイ　マニィ］

ぼったくり． ► Wah lau! $30 for chicken rice, ah? That's cheat my money, lah! (えぇ？チキンライスが 30 ドル？そりゃ，ぼったくりだよ！) cf. wah lau / ah / lah 〈シンガポール〉

chee sin ［チー　スィン］

わけが分からない（人）．［もともと広東語で「からまったワイヤー（電線）」の意味］ ► My teacher is so chee sin. He can't make up his mind. (私の先生わけ分かんないよ．とにかく優柔不断なの) 〈シンガポール・マレーシア〉

cheeko pek ［チーコー　ペッ］

すけべおやじ． ► Wah, you're becoming a cheeko pek. Getting old, is it? (まったく，あんただんだんすけべになってきてるよ．年とったんじゃない？) cf. wah / is it? 〈シンガポール・マレーシア〉

cheh beh ［チェー　ベー］

大失敗，最悪．［福建語］ ► "How was your first date with Clara?" "Cheh beh. Gotta find another girl..." (「クララと初めてのデート，どうだった？」「最悪．他の女の子を探さなくちゃ」) 〈シンガポール・マレーシア〉

cheh cheh ［チェ　チェ］

お姉ちゃん．［中国語の「姐姐」の福建語読み］ ► Follow cheh cheh and go to a show. (お姉ちゃんと一緒に行って映画を見てきなさい) cf. follow 〈シンガポール・マレーシア〉

cheongsam ［チョンサム］

(両脇に大きくスリットの入った立襟の) チャイナドレス.
► She's wearing a cheongsam... So sexy! (彼女チャイナドレスを着てるよ… セクシーだね!) 〈シンガポール・マレーシア・中国〉

chicken feed [チキン フィー]

簡単. ► "Today's exam was chicken feed!" "Only for you! I had a hard time." (「今日の試験簡単だったね」「君にはね. 僕は大変だったよ」) 〈シンガポール・マレーシア〉

chicken talking to a duck

[チキン トーキン トゥ ア ダッ]

(別の言語や方言を話す人が) お互いに何を言っているか分からない(様子). [前に like a がつく. また like chicken like duck (一方は鶏, 一方は鴨) という言い方もある. 福建語の影響] ► His company got Vietnamese workers now and he always complains that the conversation in the company is like a chicken talking to a duck. (彼の会社には今ベトナム人の労働者がいて, 言葉が分からないから社内の会話がちんぷんかんぷんだって言ってるよ) 〈シンガポール・マレーシア〉

chicks [チックス]

(竹や木でできた) 窓につけるブラインド. ► The sun is really strong on this side, so must get chicks. (こっち側の日差しがすごく強いから, ブラインドつけないとね) 〈シンガポール・マレーシア〉

chili padi [チリ パディ]

セクシーな, 勝ち気な (女性の形容). (女性に限らず) 小柄でも大きな事ができる (人). [シンガポールやマレーシアで使われる. 小さいがかなり辛い chili (唐辛子) のように小粒でもピリリと辛い, いわゆる短気で勝ち気だが格好いい人の形容に使われる. cili padi とも書く] ► The new clerk is chili padi, ah. Let me ask her out.（あの新しい店員さん，セクシーだよな．デートに誘ってみようっと） cf. ah 〈シンガポール・マレーシア〉

chim (chimnology) ［チム （チムノロヂー）］

複雑で分かりにくい，こむずかしい． ► You university graduates always write chim sentences and make us feel dumb.（君たち大卒はいつもこむずかしい文章を書いて，こっちに能力がないと思わせるんだよね） 〈シンガポール・マレーシア〉

chin chai (chin chye) ［チン チャイ］

こむずかしくない，細かくない，適当に，どうでもいい，何でも（あり）．［福建語で simple の意味］ ► My husband is very chin chai. He eats anything.（私の夫はむずかしくないわよ．何でも食べるから） Aiya! Don't chin chye mop the floor.（あらら，そんな適当にモップかけするなよ） "How do you want me to cook this fish?" "Chin chai."（「この魚，どうやって料理しよう？」「おまかせします」） cf. aiya 〈シンガポール・マレーシア〉

chinaman ［チャイナマン］

お金のことしか頭にない華人男性． ► Wah, he's still very young, but such a chinaman type. He's interested in money only.（あら，彼まだあんなに若いのに，お金のことしか考えてないのね） cf. wah 〈シンガポール・マレーシア〉

Chinese helicopter ［チャイニーズ ヘリコプタ］

華語で教育を受けて，英語があまりできない人のこと．［蔑んで言うことが多い］ ► Charlie Wu? Aiya! He call himself Charlie, ah? He's Chinese helicopter and cannot even speak English, what!（チャーリー・ウー？え？彼，チャーリーって呼ばせてるの？華語教育受けて，英語できないくせに！）［口語では三単現に -s をつけないことがある］ cf. aiya / ah / what 〈シンガポール〉

chit-chat ［チッチャッ］

井戸端会議，うわさ話． ► My wife likes chit-chat with her friends.（家内は友だちと井戸端会議をするのが好きでねぇ）〈シンガポール・マレーシア〉

chop ［チョッ］

押印する．［個人の印鑑だけでなく，どのような形の印にも使われる］ ► The librarian can chop this form.（司書の方が押印してくれますよ）〈シンガポール・マレーシア〉

chope ［チョープ］

席をとる．［特に hawker centre で使われる］ ► Chope seats first. I'll go order food.（先に席とっておいてね．私は料理を頼んでくるから） cf. hawker centre 〈シンガポール・マレーシア〉

choy ［チョイ］

そんなこと言うのやめなさい．［感嘆詞．広東語］ ► Choy, you're rude to uncle.（そんなこと言うのやめなさい．おじさんに失礼でしょ）〈シンガポール・マレーシア〉

chronie ［クローニー］

変わっていて突拍子もないことをする人． ► Kea Keat is chronie. Just the other day he started singing in the middle of the street for no reason, and I was so embarrassed!（キャー・ケットは変人よ．だってこの間突拍子もなく道のまん中で歌い出したの．一緒にいて恥ずかしかったわ）〈シンガポール・マレーシア〉

cineplex ［シネプレックス］

映画館の入った建物． ► The new building near the station is a cineplex.（駅の近くの新しい建物は映画館が入ってるんだって）

〈シンガポール・マレーシア〉

CISCO ［シスコ］

警備員.［もともとは Commercial and Industrial Security Corporation の略］► Get a CISCO guard at your factory.（工場に警備員をやとった方がいいね）〈シンガポール〉

clerk ［クラー］

（事務仕事のセクションで）一番偉い人. ► If you have complaints, you must talk to our clerk.（ご不満がおありでしたら，上司にお話しください）〈シンガポール・マレーシア〉

client ［クラィエン］

（家やアパートなどの）テナント，賃借人. ► He is my client for the house in Braddel Hill.（彼は私が持ってるブラデルヒルの家を借りてるんだ）〈シンガポール・マレーシア〉

close ［クロウズ］

（電気器具のスイッチを）消す.［現地諸語の close に相当する語が電気器具のスイッチを消す意味であることから］► Don't close the light! I'm still studying.（明かりを消さないで！まだ勉強してるんだから）cf. open 〈インド・シンガポール・マレーシア・フィリピン〉

close eye ［クローズ アイ］

目をつぶる，人の失敗などを許す. ► Big mistake, but I'll close eye this time.（大失敗だけど今回は目をつぶるよ）〈シンガポール・マレーシア〉

coat ［コート］

ジャケット，上着. ► Maybe you'll need a coat because the restaurant is air-conditioned.（レストラン，エアコンがきいてるから上着が必要だと思うよ）〈インド・シンガポール・マレーシア〉

COE ［スィーオーイー］

車輛所持（能力）証明（Certificate of Entitlement）．［車を買う前に取得しなければならず，取得料は高額でよく変わる］ ► Must get a COE before buying a car.（車を買う前に COE を取らなくちゃだめだよ）〈シンガポール〉

---

coffee house ［コーフィー　ハウス］

（エアコンのきいた小規模の）食堂．［ローカルフードも西洋料理も食べられるところで，酒やコーヒーもおいてある］ ► I prefer to go to coffee house for lunch than hawker centre.（屋台よりエアコンのきいた食堂で昼ご飯がたべたいな） cf. hawker centre 〈シンガポール・マレーシア〉

---

coffee money ［コーフィー　マニ］

手数料，賄賂（わいろ）． ► I sold some vitamins for my friend and got coffee money.（友だちに頼まれてビタミン剤を売って手数料をもらった） I'm sure he gave coffee money. Or else, he wouldn't have gotten this deal.（彼，絶対賄賂使ったんだ．そうでなくちゃこの仕事もらえるわけないよ）〈シンガポール・マレーシア〉

---

coffee shop ［コーフィー　シャプ］

（チャイナタウンのような古い街並みにある）（住宅兼店舗）の小食堂．［1階が店舗で2階が住居になっている建物の1階にあるエアコンなしの小食堂．ローカルフードのみ食べられる］ ► Let's go to coffee shop for supper.（夕食は下の食堂で食べよう） cf. coffee house / shop house 〈シンガポール・マレーシア〉

---

coffeepot face ［コーフィーポッ　フェイス］

つまらなそう（にしている）． ► Go talk to him. He has a coffee-pot face, so something might be wrong.（ちょっと彼に話してみてよ．つまらなそうにしてるから，何かあるんじゃないか

と思うんだけど）〈シンガポール・マレーシア〉

colgate smile ［コルゲー　スマイル］

歯を見せてニッと笑うこと．► Give me a colgate smile!（ニッコリ笑って！）〈シンガポール・マレーシア〉

colour ［カラ］

～色［色の後につける］► green colour（緑色）pink colour（ピンク色）My wife is the woman in a blue colour dress.（私の家内はあの青いワンピースを着た人ですよ）〈シンガポール・マレーシア〉

come again ［カム　アゲン］

もう一度言ってください．［電話交換手が確認する時など］
► "Operator." "I would like to talk to Mr. Yamauchi." "Come again?"（「交換台です」「山内さんをお願いしたいのですが」「もう一度名前を言ってください」）〈シンガポール・マレーシア・フィリピン〉

come up to ［カム　アプ　トゥー］

～になる．［come to と同じように使われる］► The phone bill came up to $400 this month.（今月の電話代は400ドルにもなった）〈インド・シンガポール・マレーシア〉

commission ［コミッション］

賄賂，袖の下．► He is a good person, but always demands commission when I ask for his service.（彼は良い人ですが，私が仕事をお願いする時はいつも袖の下を要求します）
cf. percent 〈インド・シンガポール・マレーシア・フィリピン〉

conjee (congee) ［コンヂー］

お粥．► In South Asia we seldom see conjee.（南アジアではめったにお粥を見ることがない）〈シンガポール・マレーシア〉

contacts [コンタク(ツ)]

コンタクトレンズ. ► I didn't know you wear contacts. (コンタクトしてるんだ. 知らなかったよ) 〈シンガポール・マレーシア〉

coolie [クーリー]

肉体労働者. [中国語の「苦力」からきている. 最近では差別的な意味合いがあるとしてあまり使われない] ► Those coolies in the rubber estates are hard-working. (あのゴム園の労働者はよく働くよ) 〈シンガポール・マレーシア〉

cooling [クーリン]

体を冷やす(食べ物). [反対語は heaty] ► Mangosteen is very cooling, so pregnant women shouldn't eat it. (マンゴスチンは体を冷やすから妊婦は食べない方がいいよ) cf. heaty 〈シンガポール・マレーシア〉

cope up with [コウプ アプ ウィド]

対処する. [英米英語では cope with] ► I cannot cope up with this work any longer. (もうこれ以上, この仕事はできません) 〈シンガポール・マレーシア〉

correct [コレク]

(返事で) そうです. ► "You go to NUS, right?" "Correct." (「国立シンガポール大に行ってるんだよね」「そうです」) cf. NUS 〈インド・シンガポール・マレーシア〉

cough blood [コフ ブラッ]

(仕事・作業が) 大変な. ► Her students are not motivated, so very hard to teach. She must be coughing blood now! (彼女の生徒はやる気がないから教えるのが難しいんだ. 今頃彼女のびてるんじゃない?) 〈シンガポール・マレーシア〉

cow's hide ［カウズ　ハイド］

面の皮が厚い，図々しい，恥じない．［elephant's hide ともいう．福建語の影響］ ► He has a cow's hide. I told him many times not to call me, but he still does.（彼は図々しいやつだよ．電話してくるなって言ってるのに，まだしてくるんだ） cf. elephant's hide 〈シンガポール・マレーシア〉

CPF ［スィーピーエフ］

中央積立基金（Central Provident Fund）．〈シンガポール・マレーシア〉

CTE ［スィーティーイー］

中央高速道路（Central Expressway）．シンガポールの高速道路の１つ．〈シンガポール〉

cum ［カム］

～兼～．［書き言葉で and の代わりに多用される］ ► Kumar is a photocopy specialist cum library assistant.（クマールはコピー専門員兼司書補佐です） The gathering on Saturday is a PTA meeting cum study session.（土曜日の集まりは PTA の集まりでもあり勉強会でもあるんです）〈インド・シンガポール・マレーシア〉

cun ［チュン］

可愛い（女の子）．［マレー語］ ► "The new girl in your class is so cun!" "Yeah. Janice, right? Everyone's after her now."（「おまえのクラスの新しい女の子，可愛いよな」「おお，ジャニスだろ？みんな彼女のおっかけだよ」）〈シンガポール・マレーシア〉

curi ［クリ］

誰かのものをとる．［ホーカーセンターなどの席取りに使われることが多い．マレー語の curi（盗む）から］ ► I already chose that seat, so don't curi, hor!（あの席，私が確保したんだから，とらな

いでよ）cf. hor 〈シンガポール〉

curi ayam ［クリ アヤム］

ずるをする，カンニングする．［もともとのマレー語の意味は「にわとりを盗む」］ ► Why did he finish so early? Curi ayam, ah?（なんで彼，そんなに早く終わったの？何かずるしたんじゃないの？） cf. ah 〈シンガポール・マレーシア〉

curry puff ［カリー パフ］

（肉や野菜を炒めてカレー味をつけた中身の入った）一口サイズのパイ． ► Muthu's mother made some curry puffs for your snack today.（ムトゥのお母さんがおやつにカレーパイを作ってくれたよ）〈シンガポール・マレーシア〉

cut ［カッ］

（競技や競争で）誰かに勝つ，（給料などを）減らされる． ► He cut me in the golf competition yesterday. He must have practised hard in the past month.（昨日のゴルフコンペで彼に負けたよ．先月ずいぶん練習したんだな）〈シンガポール・マレーシア〉

cutrite ［カットライ］

クッキングシート．［ブランド名関係なし］ ► Please wrap this food with cutrite.（この食べ物をクッキングシートで包んでください）〈シンガポール〉

DAP ［ディーエーピー］

民主行動党（Democratic Action Party）．［マレーシアの政党名］
〈マレーシア〉

DBS ［ディービーエス］

シンガポール開発銀行（Development Bank of Singapore）．
〈シンガポール〉

death house ［デス　ハウス］

葬儀屋．［華人が利用するもので，自分の家以外で亡くなった人のお清めをする場所］► My grandfather died in the hospital and the body is now at the death house.（祖父は病院で亡くなったので，今葬儀屋さんに安置されています）〈シンガポール・マレーシア〉

departmental store ［ディパーメンタル　ストー］

デパート．［department store のこと．department の形容詞形のつもりで使っている］► If you want to buy nice suit, gotta go to departmental store.（いいスーツが買いたかったら，デパートに行かなくちゃね）〈シンガポール・マレーシア〉

dhoby ［ドウビー］

洗濯屋（の人）．［以前，シンガポール・マレーシアでは洗濯屋はインド人が多かったため，インド系の人を指してこう呼ぶこともある］
► He was a dhoby before, but he opened his own business later on and succeeded.（彼は以前洗濯屋だったけど，後に自分でビジネスを始めて成功したよ）〈シンガポール・マレーシア〉

dialect ［ダイアレク］

（中国語の）方言． ► "What dialect do you speak?" "I can speak Hokkien, Cantonese and Hakka."（「どの方言話せる？」「福建語，広東語と客家語」）〈シンガポール・マレーシア〉

die ［ダイ］

まずい（状況），どうしようもない．［Die, die. と２つつなげて使う場合が多い］► Die, die. I haven't finished the report yet.（まずいよ．あのレポートまだ終わってないんだ）〈シンガポール・マレーシア〉

dig one's nose ［ディッグ　ワンズ　ノーズ］

鼻をほじる．［英米英語では pick one's nose］► Don't dig

your nose. Dirty!（鼻をほじるんじゃないの．きたないよ！）〈シンガポール・マレーシア〉

dinner ［ディナー］

夕食．［夕方から夜にかけて食べる１日のうちで一番大きな食事．英米英語ではクリスマスなど特別な行事の際には昼間でも dinner と呼ぶが，シンガポール・マレーシアでは時間帯で考える］ ► Our dinner is always at 6:30, so don't be late.（うちの夕飯はいつでも６時半だから遅れないでね）〈シンガポール・マレーシア〉

disallow ［ディスアラウ］

～させない． ► The principal disallowed him to attend the workshop.（校長は彼をワークショップに出させなかったんです）〈シンガポール・マレーシア〉

discuss about ［ディスカス　アバウ］

～について議論する． ► Let's discuss about science.（科学について議論しよう）〈インド・シンガポール・マレーシア・フィリピン〉

DO ［ディーオー］

地域主任（District Officer）．〈シンガポール・マレーシア〉

do'wan ［ドーワン］

do not want のこと． ► I said I do'wan to do it. Do'wan means do'wan, you understand or not?（やりたくないって言ったじゃないですか．やりたくないんですよ！） cf. don't want / or not 〈シンガポール〉

don ［ドン］

大学教員．［イギリス英語ではオックスフォード大学やケンブリッジ大学の教授を指すが，シンガポール・マレーシア英語では大学教授全体を意味する］ ► NUS Don is speaking at the conference today, so you must go.（シンガポール大学の教授が会議で話すそうだから，必ず行かなくちゃだめだよ）cf. NUS〈シンガポール・マレーシア〉

---

don' mention ［ドン　メンション］

いいえ（don't mention）．► "Thanks for lunch." "Aiya, don' mention."（「ランチ，ありがとう」「たいしたことないよ」）cf. aiya〈シンガポール〉

---

column 6　シンガポール英語のいろいろ　その1

シンガポール・チャンギ国際空港で入国審査を受ける．家族なら一緒に審査をしてくれるはずで，"Can we come together?" と聞くと，"Can." と返ってくる．シングリッシュの最初の洗礼である．シンガポールでは "Can." とか "Cannot."（あるいは "No can."）は独立した語句として使用される．シングリッシュは自由奔放である．

こちらが "Can I see you on Saturday?" と言うと，相手は "Saturday cannot." と言ったりする．"How about Friday?" と聞くと，"Friday can." となる．"Can I see you on Friday?" と確かめると，"Friday can can." と言われることもある．"This way can (cannot)."（この道は行ける（行けないよ））とも言うし，"You come with me, can or not?"（一緒にくる？）という言い方もある．

シンガポール英語の語彙にはおもしろい使い方がたくさんある．まずは英米の英語と意味が違うものから．街を歩いていると，Coffee Shop という看板をよくみかける．喫茶店かなと思うと，それだけではない．実は軽食屋のことで，ホテルの 24 時間営業のレストランのことも指す．買い物をすることを market というのも面食らう．"Where do you market?"（どこで買い物するの？）のように使われる．

don't have ［ドン　ハブ］

ありません，売り切れました．► "Do you have those new stamps?" "Don't have."（「あの新しい切手ありますか？」「ないですよ」）〈シンガポール・マレーシア〉

don't pull a fast one

［ドン　プル　ア　ファス　ワン］

冗談だろ，うそだろう？［「信じがたい話をするな」の意味］

► What? They are not getting married? Don't pull a fast one!（え？彼ら，結婚しないって？冗談だろ？）〈シンガポール・マレーシア〉

don't shy ［ドン　シャイ］

遠慮しないで．［Don't be shy. に同じ］► Don't shy. Come eat.（遠慮しないで，さぁ食べて）〈シンガポール・マレーシア〉

don't want ［ドン　ワン］

いらない，～したくない．► "I'm going shopping now. Do you want to go, too?" "Don't want."（「買い物行くけど，行く？」「行きたくない」） cf. do'wan 〈シンガポール・マレーシア〉

double check ［ダブゥ　チェッ］

チェックする（check）こと．► Your order, ah, let me double check. Hold on, ah.（ご注文がどういう状況か調べますので，お待ちください） cf. ah 〈シンガポール〉

dragon year baby ［ドラゴン　イヤー　ベイビー］

運の強い子ども．［華人は龍が幸運を呼ぶと信じているので，辰年の子どもを欲しがる］► Your baby is due in February? Wah, it's going to be a dragon year baby then! Good for you!（赤ちゃん2月に生まれるの？辰年じゃない．よかったわね） cf. wah 〈シンガポール・マレーシア〉

drama ［ドラーマ］

ドラマ（特にメロドラマ）で演技しているかのような．［形容詞として］► Don't worry. It's only a small matter. No need to be so drama.（心配ないよ．大したことじゃないから．そんなに大げさにしなくていいから）〈シンガポール〉

drop ［ドロップ］

（乗り物を）降りる．［drop down とも言う］► I'll drop here, so you don't have to turn left.（ここで降りるから左折しなくていいよ）I want to drop down at Orchard Road.（オーチャード通りで降ります）〈シンガポール・マレーシア〉

drumstick ［ドラムスティッ］

（コーンに入った）アイスクリーム． ► OK, OK. I'll buy you a drumstick, so stop crying!（分かったよ．アイスクリームを買ってやるからもう泣くな！）〈シンガポール・マレーシア〉

duck's egg ［ダックス　エッグ］

（テストの）0点． ► I got duck's egg on my test today. What to do?（今日のテスト0点だった．どうしよう）cf. what to do? 〈シンガポール・マレーシア〉

dull ［ダル］

つまらない．［bored の意味で使う］► I'm dull. I have nothing to do now.（することがなくてつまらないよ）〈シンガポール・マレーシア〉

early early don' say

［アーリー　アーリー　ドン　セィ］

どうしてもっと早く言ってくれなかったの．［Why didn't you say so earlier? のこと］► " I can't go to the concert tomorrow." "Aiyah, why you early early don' say? I bought the ticket already." (「明日，コンサートに行かれないんだよ」「え？どうしてもっと早く言ってくれなかったの？もうチケット買っちゃったじゃないか！」) cf. aiyah 〈シンガポール〉

easy kachang [イーズィ　カチャン]

シンプルなことや物．[kachang はマレー語で simple の意味] ► "Thanks for your help!" "No problem. Easy kachang, lah!" (「手伝ってくれてありがとう」「何てことないよ」) cf. lah 〈シンガポール・マレーシア〉

eat [イー]

(薬を) 飲む． ► Gotta eat medicine after the meal. (食後に薬を飲まなくちゃ) 〈シンガポール・マレーシア〉

eat rubbish [イー　ラビッシュ]

(屋台などで) あれこれといろいろなものを食べる． ► "Want to go eat rubbish?" "Great. Want to go now?" (「屋台に食べに行かない？」「いいねぇ，今行く？」) 〈シンガポール・マレーシア〉

eat snake [イー　スネィ]

(会社を) さぼる． ► Last night went to a big party and today have hangover. I eat snake today. (ゆうべ大きなパーティに行って今日は二日酔い．今日は会社はさぼり) [シンガポール・マレーシア英語では，第1文のように主語を言わないことがある] 〈シンガポール・マレーシア〉

eating shop [イーティング　ショップ]

イスラムレストラン．[イスラム教徒専用の食事を出す] ► My brother started working at eating shop on Serangoon Road. (兄はセラングーンロードのイスラムレストランで働き始めたんだ) 〈シンガポール・マレーシア〉

ECP [イースィーピー]

イースト・コースト高速道路 (East Coast Parkway). [シンガポールの高速道路の1つ] 〈シンガポール〉

EDB [イーディービー]

経済発展局 (Economic Development Board). ► My friend at EDB is getting transferred to the U.S. (EDB に勤めている友人はアメリカに転勤します) 〈シンガポール〉

educate [エヂュケイ]

(誰かを) 留学させる, 勉強させる. ► My uncle educated his sons in Australia and his daughter in Singapore. (私のおじは息子たちをオーストラリアに留学させて, 娘はシンガポールで教育を受けさせた) 〈シンガポール・マレーシア〉

electronic [イレクトラニク]

電気で動く. [たいがいは electric の意味] ► I'm looking for an electronic oven. (電気オーブンを探しているんですが…) 〈シンガポール・マレーシア〉

elephant's hide [エレファンツ ハイド]

図々しい, 恥じない. cf. cow's hide 〈シンガポール・マレーシア〉

emergency [イマーヂェンスィ]

トイレ. [がまんできないという意味からとったと思われる]

► I have to go to emergency now. (今すぐトイレに行きたいんです) 〈シンガポール・マレーシア〉

England (Engrand) [イングラン]

English のこと. ► Wah, your Engrand so perfect and I couldn't understand what you said! (君の英語うますぎて, な

にを言っているのかわからなかったよ！） cf. wah 〈シンガポール〉

enter into ［エンタ　イントゥ］

（～に）入る．［enter のこと．into をつけるのは中国語の影響と思われる］ ► Looking for the manager? He just entered into the meeting.（マネージャーを探してるの？たった今，会議に入っちゃった）〈シンガポール・マレーシア〉

ENV ［イーエンヴィー］

環境省（Ministry of Environment）．〈シンガポール〉

EPF ［イーピーエフ］

従業員共済資金（Employees Provident Fund）．〈シンガポール〉

ERP ［イーアーピー］

自動電子有料道路料金加算器（Electronic Road Pricing）．［車を買う際にダッシュボードの上に取りつけられる装置．有料時間帯に CBD（シンガポール中心部のビジネス地域）に入ると自動的に料金が加算され，予め届け出てある銀行から引き落とされる］〈シンガポール〉

eskew me ［エスキュー　ミー］

すみません（excuse me）．［eskew とだけ言うこともある］ ► Eskew me. Where can I find this book?（すみません．この本はどこにありますか？）〈シンガポール〉

estate ［エステイ］

大規模農場（plantation）として使われている大きな土地．
► I own a rubber estate in Malaysia, so I go there often.（マレーシアでゴム園を経営しているので，よく行きますよ）〈シンガポール・マレーシア〉

ever ［エヴァ］

〜したことがある．［過去形の動詞と共に使われる］► I ever met the girl before.（以前彼女には会ったことがあるよ）〈シンガポール・マレーシア〉

everready ［エヴァレ**ディ**］

アルカリ電池．［有名なアルカリ電池の会社名から］► Oh, the batteries are dead. You got everready or not?（あら，電池が切れてる．アルカリ電池ある？）cf. or not? 〈シンガポール・マレーシア〉

Every cent is like a bullock cart wheel.

［**エヴ**リ　**セ**ン　イズ　ライク　ア　ブ**ロ**ッ　カー　**ウィ**ー］

ケチ（な人）．［牛車の車輪のように大切という意］► "Every time we go out to eat, he never offers to pay." "Oh, yeah. For him, every cent is like a bullock cart wheel."（「外食する時に，彼お金払うって言ったことないわよ」「そりゃそうよ，彼はケチだもん」）〈シンガポール・マレーシア〉

eye power ［アイ　パウ**ワ**ー］

お高くとまる．［use eye power と使うことが多い］► You can't help us, what? Just stand there using eye power like that?（手伝えないのか？そんな風にそこに立って偉そうにしてるのか？）cf. what 〈シンガポール〉

face ［**フェ**イス］

面子，面目，顔．［アジアでは中国語の影響で，face は respect（敬意），prestige（名声），pride（誇り），honor（名誉），integrity（高潔）などを表わす概念として，広くいきわたっている］► I failed again.... I don't know where to hide my face.（またしくじったよ．もう穴があったら入りたいよ）Why did you do that to me? I got no face now.（どうしてそんなことをしたの．私の面子は丸潰れじゃないの）You must go to his son's wedding dinner. You must give him face.（彼の息子の結婚式には出席し

なさいよ．彼の顔を立ててあげなさい）Since I don't know where to put my face in this company, I might as well leave and save what little face I have left.（会社のみんなに合せる顔がないので，退職したほうがよいかも．このままでは私は面目丸潰れ）〈シンガポール・マレーシア・中国〉

facing ［フェイ**スィ**ング］

景色，ながめ． ► Your office has a wonderful facing.（君のオフィスはながめがいいねぇ）〈シンガポール・マレーシア〉

fall flat for ［**フ**ォー　フ**ラ**ッ　フォー］

恋におちる，一目惚れする． ► When I saw her at the party I fell flat for her. Wonder if she has a boyfriend...（パーティーで会って彼女に一目惚れしちゃったんだよ．ボーイフレンドいるのかなぁ…）〈シンガポール・マレーシア〉

fat hopes ［**ファ**ッ　**ホ**ープス］

他人に何かをやってもらおうと思うこと，希望的観測． ► You got fat hopes! I don't think many people will come and help us today.（そりゃ思い過ごしだよ．今日なんか手伝いに来る人は大していないって）〈シンガポール・マレーシア〉

fellow ［フェ**ロゥ**］

（性別にかかわらず）人． ► Emily is a nice fellow. I like working with her.（エミリーはいい人だよ．一緒に仕事しやすいよ）〈シンガポール・マレーシア〉

fetch ［**フェ**ッチ］

迎えに行く，ひろう． ► "I'm arriving at 7:00 pm." "OK. I'll go to the airport to fetch you."（「午後7時に着くんだ」「分かった．じゃあ，空港に迎えに行くよ」）〈シンガポール・マレーシア〉

fierce ［フィアス］

こわい，きびしい，セクシーな.［女性のみ］► My son's teacher is fierce. She scolds children all the time.（息子の先生はきびしくていつも子どものことを叱るんだ）〈シンガポール・マレーシア〉

---

fighting film ［ファイティン　フィルム］

戦争映画.［子どもが使う］► Hey, did you watch the new fighting film yet?（ねぇ，新しい戦争映画もう観た？）〈シンガポール・マレーシア〉

---

filial ［フィリアル］

親孝行の（息子）.［filial duty (piety)（孝行）は男子に強く求められることから，一般的に息子を指す］► My son, ah, he comes here every weekend to take care of me even after he's married. So filial.（私の息子はね，結婚してからも週末は私の面倒を見に来てくれるんだよ. 本当に親孝行だよ） cf. ah〈シンガポール・マレーシア〉

---

find for ［ファイン　フォー］

～を探す.［look for ～の意味で使う］► What are you finding for? You lose something?（何を探してるの？何かなくしたの？）〈シンガポール・マレーシア〉

---

fine stones ［ファイン　ストーンズ］

石を使ったお手玉のようなゲーム. ► My daughter likes to play fine stones with her friends.（私の娘は友だちとお手玉をするのが好きです）〈シンガポール・マレーシア〉

---

finish ［フィニッシュ］

終わり，だめになる. ► Finish for you, lah.（もうダメね）［こ

れ以上やっても無理だよの意味］ cf. lah 〈シンガポール・マレーシア〉

five-foot way ［ファイヴ　フッ　ウェイ］

（shop house（住居兼店舗）の前の）歩道. ［もともとこの歩道の幅が5フィートだったことから］ ► People of that shophouse never clean the five-foot way.（あのショップハウスの人たちはぜんぜん歩道を掃除しない） cf. shop house 〈シンガポール・マレーシア〉

flatted factory ［フラティッ　ファクトリ］

（軽工業の）工場ビル. ［土地の値段が高いシンガポールでは工場建設に費用がかかりすぎるので, 複数の工場がまとまって1つのビルの中に工場を作っている. 外見はマンション(flat)のように見えるため, このように呼ばれるようになった］ ► I'm working in the flatted factory over there.（私はあそこの工場で働いているんです）〈シンガポール〉

floor ［フロー］

（建物の）階. ［上階は high floor, 下階は low floor］ ► My friend just bought a condo on the middle floor here.（友人がこの真ん中あたりの階のマンションを買ったんだ）［condo = condominium］〈シンガポール・マレーシア〉

flop ［フロッ］

試験に落ちる. ［学生用語］ ► I flopped... What to do? I get scolded at home.（試験, ダメだったの…どうしよう？家に帰ったら叱られちゃう） cf. what to do? 〈シンガポール・マレーシア〉

follow ［フォロウ］

～と一緒に行く, 車に便乗させてもらう. ［英米英語の「～について行く」とは用法が違う］ ► I follow you for work tomorrow, can or not?（明日仕事に行くとき車に乗せていってくれない？） cf. can or not? 〈シンガポール・マレーシア〉

for me ［フォー　ミー］

私に関して言えば．［as far as I'm concerned の意味］ ► For me, I'll stay home this weekend.（私なら今週末は家にいるよ）〈シンガポール・マレーシア〉

form one remove ［フォーム　ワン　リムーブ］

（マレーシアで，マレーシア語以外の言語で小学校教育を受けた生徒のための）中学1年生の特別プログラム．［マレーシア語で問題なく授業が受けられれば form one proper に入ることができる．Remove class とも言う］ ► Chee Tan is now in form one remove because he went to a Chinese school.（チー・タンは華語学校に行ったので中学1年の特別プログラムに入っています）〈マレーシア〉

free come over ［フリー　カム　オーヴァ］

ひまができたら来てよ． ► Free come over. I'm always home.（いつでも来てよ．私は家にいるから）〈シンガポール・マレーシア〉

free gift ［フリー　ギフ］

おまけ．［何か商品を購入した時に無料でもらえるもの．シンガポール・マレーシアでは商店はよくおまけをつけたキャンペーンをする］ ► Now you get a free gift at Metro if you buy more than $20.（今メトロデパートで 20 ドル以上買い物すると，もれなく何かもらえるよ）〈シンガポール・マレーシア〉

freshie ［フレッシー］

大学1年生．［アメリカ英語でも使われる］ ► This year, our freshies are very motivated to study.（今年の1年生は勉強に燃えてるね）〈シンガポール・マレーシア〉

friend ［フレン］

友だちになる. [英米英語では名詞でしか使わないが, シンガポール・マレーシア英語では（特に学生が）動詞として使う] ► I'll friend you now, so you are not lonely any more.（私があなたの友だちになってあげるから, もうさびしくないよね）〈シンガポール・マレーシア〉

fronting [フロンティング]

面している. [be 動詞と一緒に使う] ► The new hotel is fronting the beach.（新しいホテルは海に面して建ってるんだ）〈シンガポール・マレーシア〉

frus [フラス]

残念, いらいらする. [frustrated の略] ► Frus, lah! Our team lost in the football match.（最悪！うちのチーム, サッカーの試合で負けたよ） cf. lah 〈シンガポール・マレーシア〉

frus case [フラス ケイス]

フラれてばかりいる（人）. ► Wee Wen is a frus case. Maybe he's too desperate.（ウィー・ウェンは女の子にフラれてばっかりだよ. 多分, あせりすぎちゃうんだろうね）〈シンガポール・マレーシア〉

full house [フル ハウス]

いっぱい. [アメリカ英語では名詞で使われるが, シンガポール・マレーシア英語では形容詞としても使われる] ► The cinema was full house last night. Don't know why.（夕べ映画館は満員だったよ, どうしてだろう）〈シンガポール・マレーシア〉

fun fair [ファン フェア]

お祭. cf. amusement park 〈シンガポール・マレーシア〉

fut (small fut) [ファッ（スモール ファッ）]

ちび, おちび. [友人や家族をからかって呼ぶ時に使う] ► You

small fut. Move your bike. (おい，おちび，自転車動かせよ) 〈シンガポール・マレーシア〉

gabra [ギャブラ]

あせってバタバタする. ► Mrs. Hong is so gabra. It's not a big deal, you know. (ホンさんはすぐあせっちゃうんだよね．そんなに大したことじゃないのに) 〈シンガポール・マレーシア〉

gangster [ギャングスター]

不良 (青年). [一般的には男子を指すが，女子も含まれる] ► My neighbour's son is a gangster. He has tattoos on his arms and doesn't go to school any more. (近所の人の息子さんは不良なのよ．腕には入墨してるし，もう学校にも行ってないよ) 〈シンガポール・マレーシア〉

geram [ヂェラム]

可愛い，ムカつく. [マレー語] ► Your baby is so geram! (あなたの赤ちゃん，可愛いわね！) Anthony makes me really geram. (アンソニーはムカつくよ) 〈シンガポール・マレーシア〉

GES [ヂーイーエス]

金交換サービス (Gold Exchange Service). 〈シンガポール・マレーシア〉

get up (get down) [ゲッ アップ (ゲッ ダウン)]

(乗り物に) 乗る (up)，降りる (down). ► Can I get down the car here? (ここで降りられますか？) 〈シンガポール・マレーシア〉

GH [ヂーヘイチ]

総合病院 (General Hospital). 〈シンガポール〉

ghost money [ゴースト マニー]

(死人が死後の世界で使えるように) 葬式の際に燃やす紙幣に似せた紙. [シンガポール・マレーシアの華人の習慣] ► We Chinese burn ghost money for the dead people so that they can take it along to the next world. (我々華人は死んだ人があの世に持っていけるように, 紙幣にみたてた紙を燃やすんですよ) 〈シンガポール・マレーシア〉

GIC [ヂーアイスィー]

シンガポール政府投資会社 (Government Investment Corporation). ► GIC has moved from Raffles Place. (GIC はラッフルズプレイスから引っ越したよ) 〈シンガポール〉

Gimme (give me) free also don't want. [ギミ フリー オーソー ドン ワン]

タダでくれてもいらないよ！(そんなもの興味ない). ► TV game? Gimme free also don't want! (テレビゲームだって？そんなものいらないよ！) 〈シンガポール・マレーシア〉

---

girl [ガール]

ねぇ, おい (娘や女の子への呼びかけ). ► Girl, your friend is here. (ねぇ, 友だちが来たわよ) 〈シンガポール・マレーシア〉

---

give [ギヴ]

〜してあげる. [中国語の「給＋(人)＋動詞」で「人に〜してあげる」の意味になることからきていると思われる] ► Give your sister see the pamphlet. (お姉ちゃんにパンフレットを見せてあげなさい) 〈シンガポール・マレーシア〉

---

give (a person) chance [ギヴ チャンス]

もう一度やらせる. ► Teacher, give her chance. She should know the answer. (先生, もう一度やらせてあげてください. 彼女分かってるはずですから) 〈シンガポール・マレーシア〉

---

give chance ［ギヴ　チャンス］

ご理解を． ► Our manager not here yet, so give chance, can or not?（マネージャーはまだ来ていないので，ご理解くださいませんか） cf. can or not 〈シンガポール〉

---

glamour ［グラマー］

（ドレスアップして）きれい，可愛い． ► Swee Nian's wife is so glamour today.（スウィー・ニエンの奥さん，今日ドレスアップしてすごくきれいだね）〈シンガポール・マレーシア〉

---

go back ［ゴウ　バッ］

家に帰る．［get back という人もいる］ ► Wah, it's 3 o'clock already. I have to go back.（わぁ，もう３時じゃないか．帰らないと） cf. wah 〈インド・シンガポール・マレーシア〉

---

go backwards ［ゴウ　バクワズ］

昔にもどる，昔のまま，（考えが）古い． ► My parents always go backwards. They don't realize we're in the 21st century now.（私の両親は考えが古いのよ．今 21 世紀だってことが分からないみたい）〈シンガポール・マレーシア〉

---

go for a show ［ゴウ　フォー　ア　ショー］

映画を見に行く．［英米英語では go to the movies, pictures］ ► Are you going for a show with them tonight or not?（あの人たちと今晩映画を見に行くの？） cf. or not? 〈シンガポール・マレーシア〉

---

go marketing ［ゴウ　マーケティン］

買い物に行く．［英米英語の marketing（マーケティング，市場に出すこと）とは違う．go to the market からきていると思われる］ ► My mother goes marketing every morning with my aunty.（母はおばと買い物に行きます）〈シンガポール・マレーシア〉

---

go out already ［ゴウ　アウ　オールレディ］

今出かけている，不在の． ► My husband goes out already. Don't know when he gets back.（夫は今出かけていて，いつ帰るか分かりません）〈シンガポール・マレーシア〉

go starn ［ゴウ　スターン］

逆方向に行く，後ろに下がる．[go astern からきているか]

► He went starn and hit my bike so hard. He just got driver's license, is it?（彼は車で後ろに下がって，私の自転車にもろにぶつかったの．免許をとったばっかりじゃない？） cf. is it? 〈シンガポール・マレーシア〉

Go where? ［ゴーウェア］

Where are you（we）going? のこと．[Where shall we go? としても使う] ► So tonight go where and makan?（じゃ，今晩はどこに行ってご飯食べる？） cf. makan 〈シンガポール〉

godown ［ゴーダウン］

倉庫． ► The table is now in the godown. It can be delivered to your house on Friday.（そのテーブルなら今倉庫にありますから，金曜日ならお宅に配送できますよ）〈インド・シンガポール・マレーシア〉

Going where? ［ゴーイン　ウェア］

こんにちは．どちらまで？［中国語の影響］ ► "Going where?" "Oh, hi."（「こんにちは」「あら，どうも」）〈シンガポール・マレーシア〉

gone case ［ゴン　ケイス］

どうしようもない，最悪，救いようがない． ► Aiyo. My paper's a gone case. I just turned it in, but sure fail.（あー

もう．レポート最悪．提出はしたけど，絶対落ちると思う）［sure ～で「絶対～になる」という意味］cf. aiyo 〈シンガポール・マレーシア〉

gone on (a person) ［ゴン　オン］

すっかり恋におちる．［普通，片思いの時に使う］► Mo Hak is really gone on you.（モー・ハックは君にベタ惚れだよ）〈シンガポール・マレーシア〉

goondu, lah! ［グーン**ドゥ**　ラ］

つまんねぇ，やめろ，バカ，マヌケ．［口語］〈シンガポール・マレーシア〉

goreng ［ゴ**レ**ン］

（油で）炒める，はったりをかます．［マレー語］► "Alex said he's making a lot of money now." "Don't worry, lah. He

column 7　シンガポール英語のいろいろ　その2

シンガポール・チャンギ国際空港でタクシーに乗り，"Goodwood Park Hotel, please." と行き先を告げる．運転手さんは，"Goo Woo Pa [グッウッパッ] Hotel? OK." と答える．最初は聞き取れないが，何度も聞いているとだんだんと慣れてくる．シンガポール英語（シングリッシュ）では破裂音 (p/t/k/b/d/g) は語尾にくると，「ッ」になりがちである．

また，子音が重なるとき，後の方の子音がよく省略される．find, just, ask, complaint, behind あるいは told, looked では２つ目の子音は発音されない．だから projects は [プロ**ジェ**ク] のように聞こえる．こういったことはイギリス英語やアメリカ英語でも Scotland が [スコ（カ）ッラン] になったりするので，特にめずらしいことではない．

シンガポール英語では，アクセントにも特徴がある．díplomat, económic, cháracter, specífic というよりも，diplomát,

goreng only. Don't take him too seriously."（「アレックスがすごくお金儲けてるってさ」「気にすんなよ．はったりだって．あいつの言うことはあんまり信用すんなよ」）cf. lah / nasi goreng / only
〈シンガポール・マレーシア〉

got ［ガッ］

ある（存在する），持っている． ► "Does anyone have a dictionary?" "Got."（「誰か，辞書持ってる？」「あるよ」）Where got?（どこにあるの？）〈シンガポール・マレーシア〉

grandfather's road ［グランドファーダーズ ロー］

（道路で）ボケボケするな！［いかにも自分のおじいさんの代からこの道路を所有しているような態度で，自転車に乗ったり歩いたりすることから］ ► Walking in the middle of the road! Aiya,

ecónomic, charácter, spécific となりがちである．名詞＋名詞では両方にアクセントを置くので，shópping bág のようになる（英米英語ではふつうは shópping bag）．

シングリッシュの神髄は語尾，文末の lah (la とも書く) にある．語源は福建語説が有力だが，定かではない．日本語の終助詞「よ」「ね」「さ」などにあたり，非常にうちとけた雰囲気をかもしだす．"OK lah."（オーケーだよ）"Wait here lah."（ここで待っていてね）"Easy lah."（簡単さ）のように使われる．

シンガポール人は仲間どうしではシングリッシュをよく使う．これは高等教育を受けた人でも同じである．ある英語教育の大家は筆者をゴルフに誘ったあと，もう一人の同僚にも声をかけた．彼はその同僚の肘に手をふれ，"Go lah."（行こうよ）と言ったものだった．寿司と刺身は同じものかと聞かれれば，"Sushi and sashimi are different lah."（寿司と刺身は違うさ）と言えばよい．

your grandfather's road, is it?（道のまん中を歩いちゃって．まったく，ボケボケするな！） cf. aiya / is it? 〈シンガポール・マレーシア〉

green lung ［グリーン　ラング］

（高層ビル群の間にある）緑の多い場所．［芝生や緑が植えられ，仕事の合間の息抜きのためにある］ ► Let's meet at the green lung at 12 noon.（じゃ，12 時に中庭で会おう）〈シンガポール・マレーシア〉

GST ［チーエスティー］

消費税（Goods and Services Tax）． ► For GST return, please go to the Customer Service Centre.（(外国居住者の)消費税還付に関してはカスタマーサービスセンターに行ってください）［外国人旅行者などは国内で支払った消費税が出国時に空港などで還付される］〈シンガポール〉

halal ［ハラール］

ハラール．［イスラム教の祭司がお祈りを捧げた聖なる食物のこと．特に肉などの生鮮食品に使われる］ ► That new supermarket has a Halal meat section.（あの新しいスーパーにはハラールの肉売り場があるんだ）〈シンガポール・マレーシア〉

half-past-six ［ハー　パー　スィク］

頭の回転が悪い，たいしたことない．［人にも物にも使われる．発音すると "hapa sic" に聞こえるし，このように書く人もいる．起源は不明］ ► You don't keep promises, you're always late and you make stupid mistakes. That's why I say you're hapa sic.（約束は守らないし，いつも遅刻するし，バカなまちがいはするし…だからお前はダメだって言ってんだ）〈シンガポール・マレーシア〉

hall ［ホール］

（HDB「公団住宅」の）集会所．［これ以外にも基本的に人が集まる場所（屋内）のことをいう］ ► Your mum is in the hall. I just saw her there.（お母さんなら集会所だよ．たった今見かけたから）cf. HDB 〈シンガポール〉

hamper ［ハンパ］

（おくり物を入れる）カゴ．［イギリス英語ではふた付きの細長いカゴを指すが，シンガポール・マレーシア英語では形に関係なく，この意味で使われる］ ► You just put a bunch of candies in a hamper.（カゴにたくさんキャンディをつめればいいよ）〈シンガポール・マレーシア〉

handicap ［ハンディキャップ］

身体障害者.［英米英語では「障害」のことを指し「障害を持つ人」にはならない］ ► May is a handicap, but goes to a regular school.（メイは身体障害者だけど，普通の学校に行ってるんだよ）〈シンガポール・マレーシア〉

have a wash ［ハヴァ　ウォッシュ］

（食事の前に）手を洗う．［インド系やマレー系の人たちは手で食べる人が多いため］ ► Dinner is ready. Go and have a wash.（夕食ができたから手を洗ってらっしゃい）〈シンガポール・マレーシア〉

having ［ハヴィン］

～を持っている．［have(got)に同じ．インド英語では［ハヴィング］と発音］ ► We're having a vacation now.（今休暇中です） I'm having a backache, so cannot sit too long.（腰痛なので長いこと座ってられないんです） We are having two branches in Mumbai.（ムンバイに2つ支店を持っています）〈インド・シンガポール・マレーシア〉

havoc ［ハヴォッ］

すてき，ワイルドで品がない． ► "How do you like this dress?" "Wah, havoc!"（「このドレスどうかしら？」「わぁ，すご

くすてきだ」）I don't like Karen. She's so havoc. I like quiet girls.（カレンは好きじゃないよ．ワイルドすぎるもの．ぼくは静かな女の子が好きなんだ）cf. wah 〈シンガポール・マレーシア〉

hawker centre ［ホー**カー**　セン**ター**］

屋台広場．［シンガポールでは集合住宅には必ず hawker centre と呼ばれる，屋台に似た小さな店が集まるフードコートがある．値段が格安なので自分で作らずにここで食事をすませたり，テイクアウトして自宅で食べる人が多い．朝から夜遅くまで営業している店が多いのでとても便利．最近はショッピングセンターの地下などに food court と呼ばれるホーカーセンターに似た飲食店ができ，エアコン付きで人気が高い］► I'm too tired to cook. Let's go to hawker centre tonight.（今日は疲れて料理するのが面倒だから，屋台に食べに行こうよ）〈シンガポール・マレーシア〉

HDB ［ヘイチ**ディー**ビー］

住宅供給公社（Housing Development Board）．［また，この公社が作った公団住宅のことも指す］► "Where's your house?" "One of new HDB flat in Tampines."（「家どこだっけ？」「タンピネスの新しい公団住宅です」）〈シンガポール〉

health conditioin ［ヘルス　カンディ**ショ**ン］

健康状態．［英米英語では単に health という］► "How's your health condition these days?" "OK."（「最近身体どう？」「まぁまぁだね」）〈シンガポール・マレーシア〉

heaty ［ヒー**ティ**］

体を熱くする（食物）．［多量に食べると胸やけする．反対語は cooling］► Durian is heaty, so don't eat too much.（ドリアンはたくさん食べると胸やけするから，少しにしておきな）cf. cooling 〈シンガポール・マレーシア〉

heow (hiao) [ヒャウ]

セクシー.［福建語］► Your cousin is so heow. Got boyfriend or not?（君のいとこセクシーだね．彼氏いるの？）［got ~ or not? で「~持っている？」という意味になる］cf. or not?〈シンガポール・マレーシア〉

heowsified [ヒャウスィファイ]

異性をひきつけるためにセクシーにふるまう． ► "She so heowsified." "She does it intentionally. She play play with so many guys."（「彼女，セクシーだな」「わざとああいうふうにしてるんだよ．彼女，いろんな男とつきあってるんだから」）［この場合の play play は（男性と）遊び回るという意味］cf. heow〈シンガポール・マレーシア〉

hex [ヘックス]

（シンガポールやマレーシアの住所でマンションなどにつく）# 印．［#08-03 は 8 階の 3 号室を指す．#08-03 は［ヘックス ズィロ エイト ズィロ トゥリー］と読む］► Our address is #05-12, 28 Farrer Road.（住所はファラー通り 28 番地の 5 階の 12 号室です）〈シンガポール・マレーシア〉

high tea [ハイ ティー]

ハイティー.［中国料理やマレー料理などのローカル料理と西洋料理のビュッフェ形式の食事．昼前から 3 時ごろまで行われるところが多い］► I'm not eating lunch today because I'm going to high tea at 1:30.（今日 1 時半にハイティーに行くから，ランチは食べないんだ）〈シンガポール・マレーシア〉

HM [ヘイチエム]

校長（Headmaster）.［最近は Principal と言うことが多い］
► Our HM is Mr. Adam Quek.（校長はアダム・クエック氏で

す）〈シンガポール・マレーシア〉

HOD ［ヘイチオーディー］

部長（Head of Department）．〈シンガポール・マレーシア〉

home science ［ホーム　サイエンス］

家庭科．［英米英語では home economics］ ► Your mum teaches home science, so she must be a good cook.（君のお母さんは家庭科の先生だから料理が上手でしょうね）〈シンガポール・マレーシア〉

Hongkonger ［ホンコナー］

香港人．［Honkie［ホンキー］と言う人もいるが，これは差別的なニュアンスがあり，口語でしか使わない．Hongkonger は書き言葉としても使われる．英米英語では Hong Kong Chinese］ ► The owner of this building is a Hongkongner.（このビルのオーナーは香港人です）〈シンガポール・マレーシア〉

hor ［ホー］

～ね，～よ，～でしょ．［シンガポール・マレーシア英語特有の終助詞］ ► "I want to eat out tonight. OK, hor?" "No problem lah."（「今夜は外でご飯食べたいけどいいよね？」「もちろんだよ」）cf. lah 〈シンガポール・マレーシア〉

horn ［ホーン］

（車の）クラクションをならす． ► Why you horn at me like that?（なんでクラクションならすの？）The car in front of me was so slow. I horn horn horn, but never realize! Aiyo!（すぐ前に走ってる車がのろくてさぁ．クラクションならしてやったんだけど，ぜんぜん気がつかなかったよ．まったく…）［horn horn horn とくり返し言うことで，その語の意味を強調する．この場合は何度もクラクションをならしたの意味］ cf. aiyo 〈インド・シンガポール・マレー

シア〉

house number ［ハウス　ナンバ］

住所.［シンガポールでは公団住宅に住んでいる人が多いため，どの団地の何号棟の何号室と聞くことが多い］► "What's your house number?" "I stay at Block 91, #01-18 Commonwealth Drive."（「住所何だっけ？」「Commonwealth Drive の 91 ブロックの 01-18 だよ」）cf. stay / hex 〈シンガポール〉

house-boy ［ハウスボーイ］

（家の内外の手伝いをする）男性使用人.〈シンガポール・マレーシア〉

How can? ［ハウ　キャン］

どうやったって無理，うそでしょ？［How can I possibly do it? のこと］► My girlfriend wants me to go to the party on Friday. How can? I have a big exam the next day.（彼女が金曜のパーティーに行って欲しいっていうけど，無理だよ！次の日に大きな試験があるんだから）Did you hear that Chris got the award? How can?（クリスがあの賞をとったって聞いた？うそだろ？）〈シンガポール・マレーシア〉

How to? ［ハウ　トゥ］

どうやったらいいの？［How do you do it?, How should I do it? のこと］► My teacher asked me to be the leader of this project. Alamak, how to?（先生にこのプロジェクトの代表になれって言われたんだ．ああ，どうやったらいいんだろう？）cf. alamak 〈シンガポール・マレーシア〉

How? (So how?) ［ハウ（ソ　ハウ）］

どうやって～するの.［How should I go? (How do I do it?) の略］► Walau! We have six people, but I can only take four. So how, ah?（あらら，6 人いるけど，私 4 人しか連れて行か

れないよ！どうする？）cf. walau / ah 〈シンガポール〉

HUDC ［ヘイチユーディースィー］

住宅都市開発局（Housing and Urban Development Corporation）. 〈シンガポール・マレーシア〉

I tell you ［アイ　テル　ユー］

いいかい，～よね. ［言いたいことを強調する時，否定的なことや皮肉を言う時に使う．中国語の強調「我跟你講…」からきたと思われる］ ► Karen is so slow, I tell you.（カレンって，ノロいわよね）〈シンガポール・マレーシア〉

IC ［アイスィー］

身分証明書（Identity Card）. ► We need to show our IC at the Immigration.（入国審査で身分証明書を見せないといけないんだ）〈シンガポール・マレーシア〉

ice kachang ［アイス　カチャン］

かき氷.［あずき，ゼリー，コーン，ミルク，シロップなどがかかったカラフルで甘いかき氷］ ► Ice kachang is a very special dessert in Singapore and Malaysia. You can choose the topping.（アイスカチャンはシンガポールとマレーシア特有のデザートなんです．トッピングは自由に選べます）〈シンガポール・マレーシア〉

IGP ［アイヂーピー］

警察の監察長官（Inspector General of Police）. 〈シンガポール〉

incharge ［インチャーヂ］

責任者. ► I think I can get tickets for the musical because my uncle is the incharge of the production.（おじがプロダクションの責任者だから，あのミュージカルならチケット手に入ると思うよ）〈インド・シンガポール・マレーシア〉

inclusive ［インクルー**スィ**ヴ］

含まれる．[inclusive of の省略で include や including の意味で使われる] ► Rent inclusive utility.（家賃に光熱費が含まれている）[英米英語なら including utility か Utility included in the rent. となる]〈シンガポール・マレーシア〉

independent ［インディペン**デ**ン］

別になっている．[separate と同じ意味] ► This house has three bedrooms and an independent sitting room.（この家には３つのベッドルームの他に居間があります）〈シンガポール・マレーシア〉

investigate into ［インヴェスティ**ゲ**イ　イン**トゥ**］

調べる．[英米英語では investigate は前置詞 into をとらない]
► My colleague will investigate into the matter and let you know the result.（この件に関しては同僚が調べてご連絡いたします）〈シンガポール・マレーシア〉

is it? ［**イ**ズ　**イ**ッ］

～ね．[付加疑問文に使われる．シンガポール・マレーシア英語では，動詞の種類や形式にかかわらず "is it?" や "isn't it?" をつけて付加疑問文を作る] ► You just came, is it?（今来たばかりだよね？）
They are still waiting, is it?（彼ら，まだ待ってるでしょ？）
You are from Japan, is it?（あなた，日本からきたんでしょ？）
She has already left, is it?（彼女はもう出ましたよね？）〈シンガポール・マレーシア〉

itchified ［イチ**ファ**イ］

異性の注意をひくためにからかったりすることが好きな．
► Steven is itchified. He's always after girls.（スティーブンは女性の気をひこうと必死なの．いつも女の子のあとについて行くもの）〈シンガポール・マレーシア〉

jaga ［チャガ］

ガードマン，見張り番．［マレー語］ ► We have a jaga downstairs, so safe.（下に見張り番がいるからすごく安全だ） cf. watchman 〈シンガポール・マレーシア〉

JB ［ヂェービー］

ジョホールバル（Johor Bahru）．［マレーシア南端の都市］

► Many Singaporeans go to JB for shopping on the weekends.（多くのシンガポール人は週末になるとジョホールバルに買い物に出かけます）〈シンガポール・マレーシア〉

JC ［ヂェースィー］

レベルの高い高校． ► "Which JC did you go?" "Raffles."（「高校どこだっけ？」「ラッフルズ校だよ」） cf. junior college 〈シンガポール・マレーシア〉

jelak ［ヂェラッ］

もうたくさん． ► "Steamboat for dinner again?" "So jelak already."（「また夕食にしゃぶしゃぶ？」「もうあきたよ」） cf. steamboat 〈シンガポール・マレーシア〉

JKR ［ヂェーケーアー］

公共事業課（Jabatan Kerja Raya）．［Public Works Departmentのこと］〈マレーシア〉

JLN ［ヂャラン］

～通り．［Jalan（＝ Road）の略語．書き言葉］ ► My address is 32 JLN Sukachita.（私の住所はスカチタ通り 32 番地です） cf. LOR 〈シンガポール・マレーシア〉

JT ［ヂェイティー］

テレコム課，通信課（Jabatan Telekom）．［Telecommunications Department のこと］〈マレーシア〉

JTC ［ヂェイティースィー］

ジュロン地区法人（Jurong Town Corporation）．［シンガポールの工業地域ジュロンを管理している団体］〈シンガポール〉

junior college ［ヂュニア カレッヂ］

レベルの高い高校．［JC と略す］► He is teaching at a prestigious junior college.（彼は一流のジュニアカレッジで教えている） cf. JC 〈インド・シンガポール・マレーシア〉

just ［ヂャス］

たった今． ► "When did you come home?" "Just."（「いつ帰ってきたの？」「今」）〈シンガポール・マレーシア〉

K1 (K2) ［ケイワン（ケイトゥー）］

幼稚園1年目，2年目．［Kindergarten year 1，2 の略語］► My daughter is in K2 now.（娘は今幼稚園の年長です）〈シンガポール・マレーシア〉

kaki ［カキ］

知り合い．（カードゲームやマージャンの）仲間．［もともとマレー語で「足」の意味］► I'm looking for a cheap ticket to go to KL. Got any kaki in travel industry?（クアラルンプール行きの格安航空券を探してるんだ．旅行社に知り合いいる？） We need one more kaki to play mahjong.（マージャンするのにあとひとり必要なのよ） cf. KL 〈シンガポール・マレーシア〉

kampong (kampung) ［カンポン］

村落，出身地． ► I grew up in a small kampong in the Johor area.（私はジョホールの小さな村で育ちました）〈シンガポール・

マレーシア〉

kayu ［カユ］

柔軟性に欠けた，きちんとした決断ができない，女性の扱い方を知らない． ► Robert is a kayu. He took me to McDonald's for the first date and didn't even talk!（ロバートは全く女の子の扱いが分かってないんだから．最初のデートにマクドナルドにつれて行ってろくに話もしないの！） Kayu, ah, you! You're the head and can't even make appropriate decisions!（君，ぬけてるぞ．責任者なのにきちんとした決断もできないのか） cf. ah 〈シンガポール・マレーシア〉

kebaya and sarong ［ケバヤ アンド サロン］

長そでのシャツやブラウスに長丈のスカート．［マレー系の女性の伝統的な服装］〈シンガポール・マレーシア〉

kerosene lamp ［ケロスィン ランプ］

オイルランプ． ► When you go camping, make sure you have a kerosene lamp.（キャンプに行く時はオイルランプを忘れないようにね）〈シンガポール・マレーシア〉

kiasi ［キアスィ］

腰抜け．［福建語由来］ ► Outside raining only. Cannot drive, ah? So kiasi!（外，雨が降ってるだけじゃないの．運転できないって？腰抜けだなぁ！） cf. only / ah 〈シンガポール・マレーシア〉

kiasu ［キアスゥ］

負けず嫌い，欲張り，強欲．［シンガポール人の性格を一言で表すとkiasuになるといわれている．福建語］ ► You, so kiasu…You want to line up for one hour just to get a free box of tissue ah?（あなた，本当にタダに弱いわね．タダだからって，ティッシュ1箱のために1時間も並ぶんだから） cf. ah 〈シンガポール・マレーシア〉

king [キング]

（形容詞の後につけて）すごい，うまい． ► You sabo king! You always play tricks on me!（まったくだますのうまいんだから．いつも私のことからかうのよね） cf. sabo 〈シンガポール・マレーシア〉

KIV [ケイアイヴィー]

覚えておく．[keep in view の略語] ► No time to do this right now. I'll KIV it.（今すぐはこれできないよ．覚えておくから） 〈シンガポール・マレーシア〉

KK [ケイケイ]

(1) コタキナバル（Kota Kinabalu）．マレーシア，サバ州の州都．
(2) クアラカンサール（Kuala Kangsar）．マレーシア，ペラックの都市．
(3) カンダンケルバウ病院（Kandan Kerbau Hospital）．シンガポールの病院．〈シンガポール・マレーシア〉

KL [ケイエル]

クアラルンプール（Kuala Lumpur）．マレーシアの首都．〈シンガポール・マレーシア〉

Klite [ケイライ]

クアラルンプール出身の人．[KL + -ite] ► He's a Klite. No wonder he speaks good Cantonese.（彼はクアラルンプールの出身だよ．だから広東語が上手なんだ）[クアラルンプールには広東語を話す華人が多い]〈シンガポール・マレーシア〉

knock [ノッ]

板金する． ► It shouldn't take so long to knock this small dent on the door.（ドアのこの小さなへこみを直すなんてすぐさ）

〈シンガポール・マレーシア〉

koochi rat [クーチー ラッ]

ちびのやせっぽち.[タミル語の koochi (棒) と英語の rat の合成語] ► You koochi rat. What are you here for? (なんだ, ちび. ここで何やってんだ?) 〈シンガポール・マレーシア〉

kopi susu [コピ スースー]

ユーラシア系との混血.[もともとミルク入りコーヒーという意味で,混ざりあって (mixed) いることからユーラシア系との混血という意味となった] ► Oh, Angela is a kopi susu. I know her grandfather is ang mo. (あら, アンジェラはユーラシア系よ. おじいさんが白人だもん) cf. ang mo 〈シンガポール・マレーシア〉

kopitiam [コピティアム]

コーヒーショップ.[kopi tiam とも. 屋内外にあり, 軽食も出す. kopi (ポルトガル語, coffee) と tiam (中国語, 店) より] 〈シンガポール・

column 8 シンガポール英語のいろいろ その3

シンガポール英語には中国語起源のものがたくさんある. その典型は kiasu. これは福建語からきたもので, 他人に負けたくない気持ちを表す. "Why are you so kiasu?" (どうしてそんなに負けず嫌いなの). なお, この語彙は競争心のプラスの面だけでなく, 他人に譲りたくないため邪魔をするというマイナスの面も指し, シンガポール人の国民性とも言われている.

構文の面では, 反復表現が確立したパターンになっている. これは名詞, 形容詞, 動詞などを反復して使い, それによって副詞的意味が付加される. この言い方には意表をついたものがたくさんあって, いつも感心させられる. "If you go to Musta-

マレーシア〉

---

kosong ［コソン］

ゼロ，何もない． ► "What do you want to achieve in the vacation?" "Kosong."（「休み中にやりたいことは？」「別になにも」）〈シンガポール・マレーシア〉

KP ［ケイピー］

クアラピラー（Kuala Pilah）．［マレーシアの都市］〈シンガポール・マレーシア〉

KTV ［ケイティーヴィー］

カラオケテレビラウンジ（Karaoke TV Lounge）．〈シンガポール・マレーシア・フィリピン〉

---

kwa chee ［クワ チー］

乾燥させたスイカの種．［スナックとして中身だけを食べ，皮は捨て

fa Centre, everything is cheap cheap."（ムスタファ・センターではなんでもとても安いよ）"My friend from China, she likes (to) shop shop."（中国からきた知人はすごく買い物好きなの）

シンガポールでは，タクシーの運転手さんと話すと勉強になる．彼らの組合では英語教育をやっているし，日本語教育をやっているところもある．英語はよく通じる．こちらから話しかけると，丁寧にいろんなことを話してくれる．ある人はこんなことを言った．"Play play, no money. Work work, no leisure. Combination is better."（遊んでばかりいるとお金がなくなり，働いてばかりいると楽しみがない．中庸がいいね）．同感！

る．福建語］► When you go marketing, buy some kwa chee for me.（買い物に行ったら，スイカの種買ってきて）cf. go marketing 〈シンガポール・マレーシア〉

L.C. (low class) ［エルスィー（ロー　クラス）］

低階級，最低．［文字通り「低階級」を指すが，普段ならやらないことをやって恥ずかしい思いをする時にも使われる］► I slipped when I was getting down from taxi at Mandarin Hotel and stepped on my new Gucci sunglasses. So L.C.!（マンダリンホテルでタクシーを降りたとき滑って新しいグッチのサングラス踏んづけちゃった．もう最低！）cf. get down 〈シンガポール〉

labour lines ［レイバー　ラインズ］

ゴム園やヤシ園の労働者用の住宅．► We have labour lines for the workers at our rubber estate.（うちのゴム園には労働者用の住宅があるんです）cf. estate 〈シンガポール・マレーシア〉

lah (la, lar, lor) ［ラー（ラ，ラー，ロー）］

～ね，～よ，～でしょ．［シンガポール・マレーシア英語特有の終助詞］► OK lah.（オーケーよ）cf. ah / hor 〈シンガポール・マレーシア〉

last time ［ラス　タイム］

昔．［英米英語でいう「前回」の意味ではない］► Last time my parents stayed in Toa Payoh.（以前両親はトアパヨに住んでいました）cf. stay 〈シンガポール・マレーシア〉

lembu driver ［レンブー　ドライバー］

初心者ドライバー．［lembu だけで使われることもある．マレー語で「牛」という意味］► “Aiyah, she drives so slowly.” “She’s a lembu lah.”（「まったく彼女，運転がノロいんだよ」「だって初心者だからね」）cf. aiya / lah 〈シンガポール・マレーシア〉

let down ［レッ(ト)　ダウン］

(車から) おろす. ［英米英語では let out］ ► You let me down at CK Tang, can or not? (CK Tang デパートで降ろして) cf. can or not? 〈シンガポール・マレーシア〉

letter writer ［レター　ライター］

(読み書きができない人のために代行して有料で) 手紙を書く人. ［シンガポール・マレーシアには母語の読み書きができない老人(一世) が多いためにできたビジネス］ ► My mother corresponds to her relatives in Hainan through a letter writer. (母は手紙代行人のおかげで海南島にいる親戚と連絡をとっています) 〈シンガポール・マレーシア〉

lift boy ［リフ　ボーイ］

エレベーター係の男性, 用務員. ► In this building we have a lift boy to operate the lift and clean offices. (このビルにはエレベーターの操作とオフィスの掃除をする用務員がいます) 〈シンガポール・マレーシア〉

like real ［ライク　リアル］

本物みたい. ［例えば学校で生徒がまるで先生のように説明したりする時や, 演劇などで俳優のように演技がうまい時などに使う］

► Your presentation was excellent. Like real! (発表, 最高だったよ. 先生みたいだった！) 〈シンガポール・マレーシア〉

Like that ah? ［ライク　ダッ　ア］

ああそう. ► "I can't come to your house now. I'm still at work." "Like that ah? What time can you come then?" (「今君の家には行けないよ. まだ会社なんだ」「あらそう. いつ来られる？」) 〈シンガポール・マレーシア〉

link(ed) house ［リンク ハウス］

リンクハウス．［ガレージやポーチの部分の壁やフェンスを他の家と共有している家］ ► My hubby's friend bought the link house.（夫の友人がそのリンクハウスを買いました）〈シンガポール・マレーシア〉

---

little ［リトル］

少ない．［few の意．教えられる名詞でも little を使うことがある］
► There are little cars on the street now.（今，通りは車の量が少ないね）〈シンガポール・マレーシア〉

---

live-in ［リヴイン］

一緒に住んでいる，住み込みの． ► She is a live-in maid.（彼女は住み込みのメイドです）They are live-in.（彼らは同棲している［結婚はしていない］）〈シンガポール・マレーシア〉

LKY ［エルケーワイ］

リー・クアンユー（Lee Kuan Yew, 1923-2015）．［シンガポールの元首相，のちに上級相（SM），内閣顧問を務めた．主に書き言葉として使う］ ► Have you read LKY's memoir yet?（リー・クアンユーの回想録，もう読んだ？） cf. SM 〈シンガポール〉

LLN ［エルエルエヌ］

マレーシアの電力局（Lembaga Letrik Negara）．［Electricity Board のこと］〈マレーシア〉

---

lobang ［ロバン］

仕事の空（あ）き． ► "Are you interested in changing jobs?" "Why? Any lobang in your company?"（「仕事変える気ある？」「どうして？君の会社で空きができたの？」）〈シンガポール・マレーシア〉

---

long bath ［ロング　バット］

西洋式風呂おけ．［シンガポール・マレーシアではシャワーが一般的で，日本や西洋式のいわゆる風呂おけのついたバスルームはあまりない．風呂おけを入れる場合は西洋式の長いおけを使う］► Oh, you have a long bath at your new house!（へぇ，新しい家には西洋式のバスルームを作ったんだ）〈シンガポール・マレーシア〉

long time ago ［ロング　タイム　アゴウ］

過去，以前，昔．► Long time ago my grandfather worked as a fisherman.（祖父は昔漁師をしていました）〈シンガポール・マレーシア〉

longhouse ［ロングハウス］

（マレーシアのサラワクなどにある）大家族用の大きな家．

► We feel rather lonely in our HDB flat because we're originally from a longhouse in Sarawak.（私たちはもともとサラワクの大きな家に住んでいたので（シンガポールの）公団住宅ではすごくさびしい思いをしています） cf. HDB 〈シンガポール・マレーシア〉

LOR (LRG) ［ロロング］

～通り．［Lorong（＝Street）の略語．書き言葉］ cf. JLN 〈シンガポール・マレーシア〉

love letters ［ラヴ　レターズ］

（菓子の名）ラブレター．［ラングドシャのようなやわらかいビスケット生地を丸めて筒状にして焼いた菓子］► You like love letters? My mum makes it only for Chinese New Year.（ラブレターが好きなの？私のお母さん，旧正月にしか作らないのよ）〈シンガポール・マレーシア〉

LTA ［エルティーエー］

陸運局（Land Transport Authority）.〈シンガポール〉

lucky thing ［ラキ　ティン］

幸いにも，運がよいことに．［fortunately, luckily の意味］► We went to a meeting the other day and everyone there was Chinese. Lucky thing we spoke Mandarin and the business went well.（先日会議に行ったら，出席者がみんな中国人でした．でもラッキーなことに我々も北京語が話せたので商談はうまくいきました）〈シンガポール・マレーシア〉

madam ［マダム］

～さん．［旧姓を使っている既婚女性の呼称．中国系の女性は結婚後も旧姓を使いつづけることが多いため，既婚者を区別するのに使う．Mrs. は新姓を使う場合の呼称］► When you go to the shop, talk to Madam Ong.（あの店に行ったらオンさんに話してください）Now that you got married, do you go by Mrs. Teo or Madam Lim?（結婚後はティオ夫人にするの，それとも（今まで通り）リムさん？）〈シンガポール・マレーシア〉

makan ［マカン］

食事，食べる．［マレー語］► Do you want to go to the new restaurant for makan?（新しいレストランに食事に行く？）Let's go makan at 11:45.（11:45 にご飯食べようよ）〈シンガポール・マレーシア〉

make broken ［メイク　ブロウクン］

だめにする，やぶく．► My sister made broken my books, so I couldn't write the paper.（妹が本をやぶいちゃったから，レポートが書けなかった）〈シンガポール・マレーシア〉

make don't know ［メイク　ドン　ノー］

知らないふりをする．► He sure knows about it! He just

make don't know.（彼は知っているはずだよ．知らんぷりしてるだけさ）［口語での三単現の s がないことがある］〈シンガポール・マレーシア〉

make eyes ［メイク　アイズ］

女の子の気を引く． ► He makes eyes at all the girls he meets.（彼，どんな女の子にも寄って行くね）〈シンガポール・マレーシア〉

make noise ［メイク　ノイズ］

ぐちをこぼす，文句を言う，叱る． ► Stop making noise! What do you want?（ぐちるのはやめなさい．何がしたいの？）If you're late to work again, your boss is sure to make noise, ah.（また仕事に遅刻したらボスに絶対しかられるよ）cf. ah 〈シンガポール・マレーシア〉

make softer ［メイク　ソフタ］

（ボリュームを）下げる． ► Can you make softer the radio?（ラジオの音，下げてくれる？）〈シンガポール・マレーシア〉

Malaysian time ［マレイシアン　タイム］

マレーシア時間．［約束の時間に 30 分から 1 時間遅れること．Singapore time とも言う］ ► The meeting starts at 6:00. Don't keep Malaysian time!（会議は6時からだから遅れないように！）cf. Filipino time / Singapore time 〈マレーシア〉

mangkuk ［マンクッ］

ばかたれ．［もともとマレー語で「桶」を意味する．からっぽの桶のように頭の中もからっぽ，の意味から］ ► You, mangkuk! How many times do I have to tell you this?（もう，ばかなんだから．何回教えたら分かるんだ？）〈シンガポール・マレーシア〉

mansionette ［マンショネッ］

メゾネット（2階建てマンション）． ► Her new place is a

mansionette. Very spacious.（彼女の新しいところ，メゾネットですごく広いわよ）〈シンガポール・マレーシア〉

MARA ［エムエーアーエー］

（マレーシアの）人民信託委員会（Majlis Amanah Rakyat）.［People's Trust Council］〈マレーシア〉

market ［マーケッ］

買い物をする. ► My mother markets every morning and buys fresh vegetables.（母は毎朝買い物に行って新鮮な野菜を買います）cf. go marketing 〈シンガポール・マレーシア〉

MAS ［エムエーエス］

（1）マレーシア国際航空会社（Malaysian Airlines System）［通称マレーシア航空］► Joe started working for MAS as a pilot.（ジョーはパイロットとしてマレーシア航空で働き始めた）
（2）シンガポール造幣局（Monetary Authority of Singapore）.〈シンガポール・マレーシア〉

master ［マスター］

先生.［シンガポール・マレーシアのインド系の人たちが教員に対して使う呼びかけ］► Master, may I ask you a question?（先生，質問をしてもよろしいですか？）〈シンガポール・マレーシア〉

mat salleh ［マッ　サレ］

白人男性.［外国人（白人）を意味する ang mo は白人男女両方のことを指すが，mat salleh は白人男性のこと．起源は不明だが，英語の mad sailor に由来するという説がある］► Patty is going out with a mat salleh.（パティーは白人の男と付き合ってんだ）cf. ang mo 〈シンガポール・マレーシア〉

matured ［マチュア］

成熟している，しっかりしている．[英米英語では mature]

► My sister is only 15, but very matured.（妹は 15 歳ですが，とてもしっかりしています）〈シンガポール・マレーシア〉

MC [エムスィー]

診断書（Medical Certificate）．[Medical Chit とも言う] ► "I missed work all last week because I had bronchitis." "Did you submit an MC to your boss?"（「先週気管支炎で 1 週間ずっと仕事を休んだんだ」「上司に診断書提出した？」）〈シンガポール〉

MCA [エムスィーエー]

マレーシア華人協会（Malaysian Chinese Association）． ► Is there a special discount for MCA members?（マレーシア華人協会会員には特別ディスカウントがありますか？）〈マレーシア〉

MCP [エムスィーピー]

マラヤ共産党（Malayan Communist Party）．〈シンガポール・マレーシア〉

MCYS [エムスィーワイエス]

地方自治開発省（Ministry of Community Development, Youth and Sports）．〈シンガポール〉

medicine shop (medicine hall)

[メディスン ショップ （メディスン ホール）]

漢方薬専門の薬局． ► I have to go to a medicine shop in Ang Mo Kio to pick up medicine for my mum.（お母さんの漢方薬をもらいにアンモキオの薬局に行かなくちゃならないんだ）〈シンガポール・マレーシア〉

memsahib [メームサーヒブ]

奥さん，奥様．[既婚の白人女性に対する呼びかけで，インド系が使う］► Memsahib, may I help you?（何か御用はございますか，奥様？）〈シンガポール・マレーシア〉

mention about ［メンション　アバウ］

～について言う．［アジア現地諸言語の影響で，mention は about をつけて用いられることが多い］► She mentioned about her paid holidays.（彼女は有給休暇について述べた）cf. discuss about 〈インド・シンガポール・マレーシア・フィリピン〉

MIC ［エムアイスィー］

マレーシア・インド人会議（Malaysian Indian Congress）．〈シンガポール・マレーシア〉

midnight show ［ミッナイト　ショー］

ミッドナイトショー．［土曜の深夜に上映する映画］► You woke me up! I went to a midnight show and didn't come home until 2:30 this morning.（起こされちゃったなぁ…ゆうべミッドナイトショーに行って家に帰ったのは午前２時半なんだ）〈シンガポール・マレーシア〉

MIL ［エムアイエル］

義母，姑（mother-in-law）． ► My MIL is too much. She has to know where I go every time I go out.（もう，姑はいやになっちゃうわ．外出する時にはどこに行くか知りたくてしょうがないの）〈シンガポール・マレーシア〉

MIN DEF ［ミン　デフ］

国防省（Ministry of Defence）． ► Joseph has recently moved to MIN DEF.（ジョセフは最近国防省に移りました）〈シンガポール〉

minus ［マイナス］

差し引く. ► I minused the transportation from your pay because you bike to work.（君は自転車通勤してるから，給料から交通費を差し引いたよ）〈シンガポール・マレーシア〉

Miss ［ミス］

ねぇ，ちょっと．［女店員や若い女性に対する呼びかけ］► Miss, how much is this item?（すみません，これいくら？）〈シンガポール・マレーシア・フィリピン〉

missus ［ミサス］

奥さん． ► "That's his missus." "Wah, very young!"（「あれ，彼の奥さんだよ」「えー，ずいぶん若いな」）cf. wah 〈シンガポール・マレーシア〉

MOE ［エムオーイー］

教育省（Ministry of Education）． ► MOE moved to a new location, right?（教育省は引っ越したんでしょう？）〈シンガポール・マレーシア〉

moon cake ［ムーン ケイ］

月餅．［旧暦の中秋に作るお菓子］► We usually go to Chinatown to get all the ingredients for our home-made moon cake.（うちはチャイナタウンで月餅の材料を買います）〈シンガポール・マレーシア〉

more like ［モー ライク］

より好き．［prefer と同じ意味で用いる］► You like beef, ah? I more like chicken.（牛肉が好きなんだね？私は鶏肉の方が好きだな）cf. ah 〈シンガポール・マレーシア〉

MRT ［エムアーティー］

（シンガポールの）地下鉄（Mass Rapid Transit）．［郊外で地上に出る］ ► You can take MRT to Jurong.（ジュロンまではMRT で行けます）〈シンガポール〉

MTUC ［エムティーユースィー］

マレーシア労働組合会議（Malaysian Trade Union Council）.〈シンガポール・マレーシア〉

mug ［マグ］

（1）マグ，手桶．［トイレでの洗浄や沐浴の時に用いる．インドでは朝に沐浴することが多い．シャワーはほとんど使わず，バケツに水をためてマグであびる］ ► We need a mug in the room.（［ホテルの］部屋にマグを用意しておいてください）〈インド〉

（2）試験のために一生懸命勉強する． ► "I have a big exam next week." "Wah, you have to mug then. Good luck."（「来週大事な試験なんだ」「へぇ，じゃあしっかり勉強しなくちゃね．がんばって」）〈インド・シンガポール・マレーシア〉

mugger ［マガ］

試験勉強する人． ► "Aiyah! I don't know where to start for the exam." "No! I know you are a mugger. You always do well."（「もう，どうやって試験勉強したらいいか分からないよ」「うそだよ．お前，しっかり勉強してるだろ．いつも成績いいんだから」） cf. aiya 〈インド・シンガポール・マレーシア〉

must ［マス］

〜できる．［can と同じ意味］ ► "Where did you buy this pen?" "Must get it at Isetan."（「このペン，どこで買った？」「イセタンで買えるよ」）〈シンガポール・マレーシア〉

my one ［マイ ワン］

私のもの．［mine の意味．子どもが使うことが多い］ ► Your dress looks better than my one.（あなたのワンピースの方があ

たしのよりすてき)〈シンガポール・マレーシア〉

MYOB [エムワイオービー]

あなたには関係ないでしょう，大きなお世話だ．[Mind your own business. の略] ► "So, are you changing jobs? Where are you going next?" "MYOB."(「仕事変えるんだって？どこいくの？」「関係ないだろ」)〈シンガポール・マレーシア〉

nasi goreng [ナスィ ゴレン]

マレー風ピリカラ炒飯．[鶏肉やエビが入っている辛味の炒飯で，目玉焼きやサテーがつけ合わせでついてくることが多い]〈シンガポール・マレーシア〉

nasi lemak [ナスィ レマッ]

ココナツミルクで煮たおじや風のご飯．[小魚やオムレツ，辛味のエビなどが添えてある] ► What do you want for lunch, nasi goreng or nasi lemak?(昼ご飯には炒飯がいいの，おじやがいいの？)〈シンガポール・マレーシア〉

net price [ネッ プライス]

(ディスカウントには応じられない)最終値． ► No more discount. This is a net price.(これ以上値引きは無理ですよ．これがめいっぱいの値段です)〈シンガポール・マレーシア〉

never [ネヴァ]

～しない． ► I never said that.(そんなこと言わなかったよ) I never go there.(あんなところ，私行かないよ)〈シンガポール・マレーシア〉

next time [ネクス タイム]

いつか，将来． ► See you again next time!(またいつか会いましょう！)〈シンガポール・マレーシア〉

NF ［エヌエフ］

国民戦線（National Front）.〈シンガポール・マレーシア〉

nice ［ナイス］

すてき，おいしい，心地いい． ► This curry is very nice.（このカレー，すごくおいしい）Your sofa is very nice.（あなたのソファー，座り心地がいいわね）〈シンガポール・マレーシア〉

NIE ［エヌアイイー］

国立教育大学（National Institute of Education）.〈シンガポール〉

no people ［ノウ　ピーポォ］

誰もいない．［no one, nobody の意味］ ► I went to her house, but no people there.（彼女の家に行ってみたんだけど，誰もいなかった）〈シンガポール・マレーシア〉

Nonya ［ノニャ］

ノニャ．［シンガポールやマレーシアに早期にやってきた中国系移民でマレーや西洋の文化をとり入れた人たちの子孫．マレー半島の新しい文化を作った．また，そういう中国系民族が作るマレー料理をとり入れた辛い中華料理のこともいう］ ► First time to Singapore? OK. I'll take you to a Nonya restaurant.（シンガポールは初めてですか？じゃあ，ノニャレストランにお連れしましょう）〈シンガポール・マレーシア〉

NS ［エヌエス］

兵役，軍務（National Service）．［シンガポール男子に義務づけられている］ ► My son is in NS now and doesn't come home until weekend.（息子は軍隊に入ってるから週末しか家に帰らない）〈シンガポール〉

NS man [エヌエス　マン]

National Service（NS，シンガポール男性の兵役）に入っている人． ► Lung Wen comes home only on weekends because he's NS man.（ロン・ワンは兵役に入っているから，週末しか帰ってこないよ） cf. NS 〈シンガポール〉

NST [エヌエスティー]

ニュー・ストレイツ・タイムズ（New Straits Times）．[マレーシアの代表的な英文日刊紙]〈シンガポール・マレーシア〉

NTU [エヌティーユー]

ナンヤン工科大学（Nanyang Technological University）．
► Do you go to NTU or NUS?（ナンヤン工科大学に行ってるの？それとも国立シンガポール大？） cf. NUS 〈シンガポール〉

NTUC [エヌティーユースィー]

労働組合会議（National Trades Union Congress）．〈シンガポール〉

NUS [エヌユーエス]

国立シンガポール大学（National University of Singapore）．
► You can zap this at the NUS Library.（これは国立シンガポール大の図書館でコピーできます） cf. zap 〈シンガポール〉

OCBC [オースィービースィー]

華僑（Overseas Chinese, Bukan China）．[シンガポールを拠点とした Overseas Chinese Banking Corporation（華僑銀行）にかけている] ► Those bananas at the Cricket Club are all OCBC.（クリケットクラブにいる白人ぶってる奴らはみんな華僑だよ） cf. banana 〈シンガポール〉

off day [オフ　デイ]

休日.［a day off に同じ］► “Wah, you’re home today.” “Yeah. I have off day today.”（「あれ，今日は家にいたの？」「うん，今日は休み」）cf. wah 〈シンガポール・マレーシア〉

old one ［オールド ワン］

義理の親. ► You bought a condo? Envious. I still stay at HDB with the old one.（マンション買ったの？いいなぁ．私なんか，まだ公団住宅に義理の親と一緒に住んでるのに）［condo = condominium, envious は「うらやましい」の意味で使われる］cf. stay / HDB 〈シンガポール・マレーシア〉

on leave ［オン リーヴ］

仕事の休みをとる.［1 日だけのときも使う．英米英語では day off］► I’m on leave today, so I’ll go shopping.（今日は休みだから買い物に行きます）〈シンガポール・マレーシア〉

column 9 マレーシアの英語 その1

シンガポールからコーズウェイ（causeway）と呼ばれる陸橋道路を通ると，もうそこはマレーシアである．コーズウェイはいつもごったがえしている．ジョホール州の州都ジョホールバルに買い物に行くシンガポール人はたくさんいる．物価はこっちのほうがぐんと安い．ここからシンガポールに通勤するマレーシア人もたくさんいる．シンガポールにはいろいろな仕事があるからだ．

マレーシアはシンガポールと同じような民族グループで構成される多民族社会である．両国の違いは，シンガポールでは中国系が優勢であるのに対して，マレーシアはマレー系が優勢な点である．もちろん，国土はマレーシアのほうが大きく，マレー半島の 11 州（西マレーシア）とサバ，サラワクの 2 州（東マレーシア）からなっている．

on the upstairs ［オン　ディ　アプステア］

２階に．［英米英語では単に upstairs］ ► "Where's Hui Hoon?" "On the upstairs." （「フイ・フンは？」「２階にいるよ」） cf. upstairs 〈シンガポール・マレーシア〉

on top of ［オン　タプ　オヴ］

～の上（階）に．［above に同じ］ ► Normally her mother works on top of our flat, but she's not there today. （いつも彼女のお母さんは私のアパートの上（の階）で働いてるんだけど，今日はいないみたい）〈シンガポール・マレーシア〉

one ［ワン］

もの，これ．［英米英語でも Which one?（どっち？）という時に使うが，シンガポール·マレーシア英語では Who や Whose につける］

マレーシアは独立建国の時期に英語を公用語としていたが，1967 年の国語法で，マレー語をマレーシア語と命名し，これを唯一の公用語と制定した．学校教育は徐々に英語からマレーシア語に移行し，1983 年には，初等中等教育はすべてマレーシア語でなされるようになった．しかし，これで英語の使用が弱まったわけではない．むしろ，独立後は英語の土着化が進んだといったほうがよいかもしれない．文化の面をひとつとってみても，英語演劇は非常にポピュラーになっているし，英語で書かれた短編小説もひとつのジャンルとして確立している．

クアラルンプールのビジネス・オフィスでは英語が主要な言語になっている．カフェでは，マレーシア人どうしが英語で会話をしている風景がよく見受けられる．マラッカ，ペナン，ランカウイ，ティオマンなどの観光地では外国の旅行客が英語で困ることはまずない．

► "Whose one?" "Her one." (「これ誰の？」「彼女の」) 〈シンガポール・マレーシア〉

one day two times [ワン デイ トゥー タイムズ]

１日に２回. [twice a day に同じ] ► " I jog one day two times." "That much? I never jog." (「１日２回ジョギングします」「そんなに？こちらは全然」) 〈シンガポール・マレーシア〉

one kind [ワン カイン]

変わった（人）. ► I like him. He's very one kind, but we hit it off. (彼のこと好きよ. 変わってるけど気が合ったの) 〈シンガポール・マレーシア〉

one screw loose [ワン スクリュー ルース]

ちょっと（頭が）足りない. ► Why can't he do such a simple task alone? He must be one screw loose. (何でこんな簡単な仕事をひとりでできないのかな？ちょっと足りないのかな) 〈シンガポール・マレーシア〉

only [オンリー]

～してるだけ, ほんの～. [必ず文末にくる] ► Don't worry. I'm joking only. (心配ないって. ほんの冗談だから) 〈インド・シンガポール・マレーシア〉

onwards [オンワズ]

～以上. [upwards に同じ] ► Amah service is getting expensive these days. $20 per hour onwards. (メイドサービスはだんだん高くなってます. 時給 20 ドル以上です) cf. amah 〈シンガポール・マレーシア〉

OPD [オーピーディー]

（病院の）外来（Outpatient Department). 〈シンガポール・マレーシア〉

open ［オープン］

（電気器具のスウィッチを）入れる．［現地諸語の open に相当する語が電気器具のスウィッチを入れる意味であることから］ ► Hey, open the light first. It's too dark.（まず電気つけてよ．真っ暗だから） Can you open the radio?（ラジオをつけて） cf. close
〈インド・シンガポール・マレーシア・フィリピン〉

open house ［オープン　ハウス］

オープンハウス．［旧正月や民族行事などに家を開放して，来客には軽食をふるまうこと］ ► We have Open House for Chinese New Year and my mother and all my aunts are busy cooking now.（旧正月にはオープンハウスをするから，母とおばたちは今から料理にてんてこまいです）〈シンガポール・マレーシア〉

or not? ［オー　ノッ］

〜じゃない？［付加疑問文のようにして使う］ ► You like it or not?（お気に召しましたか？） He's going or not?（彼，行くの？）
〈シンガポール・マレーシア〉

orang utan ［オラン　ウタン］

サルの総称．［最近の若者は monkey を使う人が圧倒的に多い．orang utan とは元来マレー語で「森の人」の意味］ ► Maybe your son likes to see orang utan at the zoo?（息子さんは動物園でサルを見たいんじゃない？）〈シンガポール・マレーシア〉

OUB ［オーユービー］

海外連合銀行（Overseas Union Bank）．〈シンガポール・マレーシア〉

outstation ［アウトステイション］

（出張や旅行などで）留守にする．［インド英語では out of station も］ ► Mr. Tan is outstation to Hong Kong now.（タンさん

は今，香港に出張中です）〈インド・シンガポール・マレーシア〉

over ［オウヴァ］

～以上． ► I think he's 160 over cm.（多分彼は 160 センチ以上だと思う）〈シンガポール・マレーシア〉

ownself ［オウンセルフ］

自身．［you ownself は yourself のこと］〈シンガポール・マレーシア〉

P1 ［ピーワン］

小学 1 年生（Primary School Year 1）．〈シンガポール・マレーシア〉

pack ［パッ］

きちんとする． ► Pack your bed after you get up.（起きたらベッドをきちんと直しなさい）〈シンガポール・マレーシア〉

pain ［ペイン］

痛い，痛める．［英米英語では名詞として使うが，インドやシンガポール・マレーシア英語では動詞として使う］ ► I pain in my back and can't move.（腰が痛くて動けない） "My shoulder is paining." "You're getting old, you know."（「肩が痛いんだよ」「年をとったってことさ」） Brother pain me in the head.（お兄ちゃんが頭ぶった）〈インド・シンガポール・マレーシア〉

pantang ［パンタン］

迷信を信じる．［マレー語・中国語方言］ ► My MIL is so pantang. Can't do anything without her permission.（義理の母はすごく迷信を信じてるから，言うとおりにしないとだめなの） cf. MIL 〈シンガポール・マレーシア〉

PAP ［ピーエーピー］

人民行動党（People's Action Party）． ► SM Lee started

PAP and he was influential until his death in 2015.（リー上級相が人民行動党をおこしたんだけど，2015 年に亡くなるまで強力だったよ） cf. SM 〈シンガポール・マレーシア〉

PAPism ［ピーエイピーイズム］

人民行動党の政治理念.［PAP + -ism］ ► You can read about PAPism in LKY's books.（PAP の政治理念はリー・クアンユーの本を読めば分かります） cf. PAP / LKY 〈シンガポール・マレーシア〉

parcels ［パーセルズ］

手さげの袋.［英米英語では小包のこと］ ► That Cold Storage give us very nice parcels for free.（あのスーパー，すてきな手さげ袋をただでくれるよ）［Cold Storage はシンガポールのスーパーマーケット］〈シンガポール・マレーシア〉

pariah ［パリア］

まぬけ，ばかやろう.［人をののしる時やばかにする時に使う］ ► Don't touch me, you pariah.（さわるな，あほう）〈シンガポール・マレーシア〉

pasar malam ［パサール　マラム］

そうぞうしい場所，品格がないところ.［もともとマレー語で night market の意味］ ► You must know that this is a library, not a pasar malam. Quiet, please.（ここは図書館で，さわいでいい所じゃありません. 静かにしてください）〈シンガポール・マレーシア〉

pass up ［パス　アプ］

（宿題や課題を）提出する.［英米英語では turn in］ ► "Where are you going?" "I'm going to pass up my paper to Mr. Lim."（「どこ行くの？」「リム先生にレポートを提出しに行くところ」）〈シンガポール・マレーシア〉

passport ［パスポー］

（マレーシアとシンガポール特有の）身分証明書.［identity card や IC と呼ぶ人が多い］ ► “You’re Malaysian, right? Can I see your passport?” “You mean, my IC?”（「君はマレーシア人だよね. 身分証明書をみせてください」「IC のことですか？」） cf. IC 〈シンガポール・マレーシア〉

pathfinder ［パスファインダー］

駐車違反の料金を徴収する役人. ► Don’t even try to ignore those parking tickets. Pathfinders will come and collect money!（駐車違反のチケットは無視したらマズイよ. 必ず料金を徴収に来るから）〈シンガポール・マレーシア〉

pedestrian mall ［ペデストリアン　モール］

遊歩道. 車が入って行けない場所のこと. ► Don’t worry about cars coming in here. This is a pedestrian mall.（車なら心配ないよ. ここは遊歩道だから）〈シンガポール・マレーシア〉

pen off ［ペン　オフ］

（手紙を）書き終える. ► I will pen off here today. Please write back soon.（今日はここで終わりにします. 返事を待っています）〈シンガポール・マレーシア〉

PIE ［ピーアイイー］

パンアイランド高速道路（Pan-Island Expressway）. シンガポールの高速道路の１つ. 〈シンガポール〉

plain water ［プレイン　ウォーター］

お冷（水）. ► “What would you like to drink?” “Plain water for me.”（「お飲み物は何になさいますか？」「お水をください」）〈シンガポール・マレーシア〉

planter ［プランター］

（ゴム園など）プランテーションの経営者． ► Our planter is Chinese Singaporean.（ここの経営者はシンガポール華人です）〈シンガポール・マレーシア〉

plastic ［プラスティッ］

ビニール袋． ► Please put it in plastic.（ビニール袋に入れてください）〈シンガポール・マレーシア〉

play cheat ［プレイ チー］

だます，うそをつく．［英米英語では cheat］ ► Stop playing cheat! I know you're smoking.（うそをつくのはやめなさい！あなたがタバコ吸ってることは分かってるんだから）〈シンガポール・マレーシア〉

play play only ［プレイ プレイ オンリー］

冗談だってば． ► Don't take it seriously. Play play only lah.（真剣にとらないでよ．冗談だってば） cf. lah 〈シンガポール・マレーシア〉

point block ［ポイン ブロッ］

（まん中にエレベーターがある）高層のマンションや公団住宅の棟． ► You see a point block over there? I live there. On the 6th floor.（あそこにエレベーター棟があるでしょ．私はあそこの6階に住んでるの）〈シンガポール・マレーシア〉

pokai ［ポーカイ］

お金がない．［広東語］ ► "I'm so pokai." "Of course. You go to expensive restaurants too much."（「本当にお金なくて」「あたりまえだよ．高級レストランに行きすぎだもの」）〈シンガポール・マレーシア〉

POSB ［ピーオーエスビー］

郵便貯蓄銀行（Post Office Savings Bank）．［最近では POSB Bank と呼ぶ］〈シンガポール〉

PPP ［ピーピーピー］

人民進歩党（People's Progressive Party）．〈シンガポール〉

PR ［ピーアー］

永住権（Permanent Residency）． ► Darwin is Indonesian, but has a PR in Singapore.（ダーウィンはインドネシア人ですが，シンガポールの永住権を持っています）〈シンガポール・マレーシア〉

presently ［プレゼントリ］

現在，今． ► This house is presently occupied, but will be available next month.（この家は現在は入居者がありますが，来月には入居できます）〈シンガポール・マレーシア〉

pretty up ［プリティ　アプ］

物をかわいらしくする，見栄えをよくする． ► I can pretty up this flat with new furniture.（新しい家具を入れてこのアパートを見栄えよくできますよ）〈シンガポール・マレーシア〉

principle wife ［プリンスィポー　ワイフ］

（一夫多妻の）第一妻． ► She's my principal wife. The secondary wife is now in the hospital to have a baby.（彼女は私の第一妻です．第二妻は今出産で入院中です）［secondary wife は第二妻のこと］〈シンガポール・マレーシア〉

professional mourner

［プロフェッショナル　モーナー］

（華人が葬式の際に雇う）泣き屋． ► "Who's that woman

crying so loud?" "Oh, she's a professional mourner. We pay her to cry like that." (「あの大泣きしている女性は誰です？」「ああ，あれは泣き屋だよ．うちで雇ったんだ）〈シンガポール・マレーシア〉

PSA ［ピーエスエイ］

シンガポール港税関（Port of Singapore Authority）．〈シンガポール〉

PSLE ［ピーエスエルイー］

（シンガポール）小学校卒業試験（Primary School Leaving Examination）．〈シンガポール〉

---

pump ［パンプ］

ガソリンスタンド． ► I have to stop at the pump on the way to work.（仕事に行く前にガソリンスタンドに寄らなくちゃならない）〈シンガポール・マレーシア〉

---

put money paper ［プッ　マニ　ペイパ］

（銀行の）入金伝票． ► "Excuse me. Where's the put money paper?" "Here, I give you."（「すみませんが，入金伝票はどこですか？」「こちらで差し上げてます」）〈シンガポール・マレーシア〉

---

put up ［プタップ］

住む． ► Where does she put up? Kent Ridge.（「彼女，どこに住んでるの？」「ケントリッジだよ」）〈インド・シンガポール・マレーシア〉

---

qualified ［クオリファイ］

（公団住宅を購入する際）決められた収入枠に入っていること．

► I'm interested in this HDB and I'm qualified.（この公団住宅を買いたいんです．収入も条件を満たしています） cf. HDB 〈シンガポール〉

---

rasa sayang ［ラサ　サヤン］

恋愛ムード. ► Mulu, rasa sayang now. He finally got a girlfriend.（ムルはラブラブなんだよ．やっと彼女ができたからね）〈シンガポール・マレーシア〉

RCS ［アースィーエス］

シンガポール・ラジオ局（Radio Corporation of Singapore）.〈シンガポール〉

---

red envelope (red packet)

［レッド　エンヴェロウプ　（レッド　パケッ）］

祝儀袋. ［旧正月や結婚式などめでたい席でお金を包む時に用いられる小さな赤い封筒．通常は ang pow と呼ばれる］ ► Do you have a red packet ready for today's wedding?（今日の結婚式のお祝いは用意した？）cf. ang pow 〈シンガポール・マレーシア〉

---

referee kayu ［レフリー　カユ］

（特にサッカーで）きちんとした判断が下せない審判. ［kayu はマレー語で木のこと］ ► Yellow card again? He's a referee kayu. They should change referees soon or our team will lose this game.（またイエローカードだって？あの審判，どこ見てるんだ？審判を変えてくれなきゃ僕たちのチーム負けちゃうよ）〈シンガポール・マレーシア〉

RELC ［アーイーエルスィー］

地域言語センター（Regional Language Centre）. ► I'm in the Degree Course at RELC.（私は RELC の学位コースに在籍してます）〈シンガポール・マレーシア〉

---

relek ［レレック］

リラックスする. ［relax からきている］ ► Relek lah.

Everything will be OK.（安心して．全てうまくいくから） cf. lah 〈シンガポール・マレーシア〉

---

renovate ［レノヴェイ］

改装する．［英米英語では常に他動詞だが，シンガポール・マレーシア英語では自動詞としても使う］ ► We're Still Renovating.（当館は現在改装中［掲示］）〈シンガポール・マレーシア〉

---

repeat again ［リピー　アゲン］

もう一度言う．［英米英語では repeat のみ］ ► I couldn't understand what you said. Can you repeat again?（何を言ったのかわかりませんでした．もう一度言ってくださいますか？）〈シンガポール〉

---

request for ［リクウェス　フォー］

要求する．［英米英語では request のみ］ ► I requested for Mrs. Quek's letter of recommendation.（クエック先生の推薦状をお願いしたんだ）〈シンガポール・マレーシア・フィリピン〉

---

retrofit ［リトロフィット］

中古品に新しい部品をつける． ► This copy machine was cheap, but I spent a lot of money to retrofit it.（このコピー機は安かったんですが，結局その後修理にずいぶんお金がかかりました）〈シンガポール・マレーシア〉

---

return back ［リターン　バッ］

（物を）戻す，返す．［英米英語では return のみ］ ► You must return back this book to her at once.（今すぐ彼女にこの本を返しなさい）〈シンガポール・マレーシア〉

---

rice bowl ［ライス　ボウル］

生活，生計． ► This bad economy is breaking my rice

bowl.（最近の経済の低迷で生活が苦しくなっています）〈シンガポール・マレーシア〉

---

rickshaw ［リクショー］

人力車. ► Tourists love to take a rickshaw city tour.（人力車は市内観光客にうけてます）〈シンガポール・マレーシア〉

RMAF ［アーエムエーエフ］

マレーシア空軍（Royal Malaysian Air Force）.〈マレーシア〉

RMN ［アーエムエン］

マレーシア海軍（Royal Malaysian Navy）.〈マレーシア〉

RMPF ［アーエムピーエフ］

マレーシア警察（Royal Malaysian Police Force）.〈マレーシア〉

---

rojak ［ロヂャッ］

まざりもの，ぐちゃぐちゃ，まぜ合わせ.［もともとマレー語でさまざまなフルーツや野菜をまぜ合わせた料理を指す］► I don't like this rojak writing. Don't mix mix Chinese and Malay words when writing in English.（こういうぐちゃぐちゃの書き方はダメよ．英語で書く時は中国語やマレー語を入れないようにしなさい）［mix mix のようにくり返すと強調される］〈シンガポール・マレーシア〉

RSAF ［アーエスエーエフ］

シンガポール空軍（Republic of Singapore Air Force）.〈シンガポール〉

RTM ［アーティーエム］

マレーシア国営ラジオ・テレビ局（Radio Television Malaysia）.〈マレーシア〉

---

rub ［ラブ］

（字や落書きを）消す，きれいにする． ► Boys, you rub the wall today. Make sure rub all stains, too.（男の子は今日は壁をきれいにして．しみも全部落としてね）〈シンガポール・マレーシア〉

running dogs ［ランニング　ドッグズ］

英語で教育を受け，中国語よりも英語を話したがる華人．［どちらかというと差別的に使われる］ ► I respect their knowledge and ability, but they're all running dogs and don't appreciate our cultural heritage.（彼らには知識や能力があることは認めますよ．でもみんな英語で教育を受けて我々華人の文化をかえりみないんだ）〈シンガポール・マレーシア〉

sabo ［サボ］

ずるい． ► I know I'm sabo, but this is the only thing I can do.（ずるいって分かってるけど，仕方ないんだ）〈シンガポール・マレーシア〉

SAF ［エスエーエフ］

シンガポール軍（Singapore Armed Forces）．〈シンガポール〉

saltish ［ソルティィッシュ］

塩からい．［英米英語では salty］ ► This fish is too saltish. Better give me another one.（この魚，すごく塩からいよ．とりかえてください）〈シンガポール・マレーシア〉

samsui women ［サムスイ　ウィメン］

（独立当初シンガポールに来た，教育を受けていない）肉体労働に従事する女性． ► I tell my kids not to look down upon samsui women.（子どもたちには肉体労働をする女性を見下しちゃいけないと教えてます）〈シンガポール・マレーシア〉

sangkut ［サン**ク**ッ］

からまる．► Aiyah! These wires got sangkut back here.（あらあら，うしろの方でワイヤーがからまっちゃってるよ）cf. aiyah

〈シンガポール・マレーシア〉

---

satay ［サ**テ**ー］

column 10　マレーシアの英語　その2

マレーシアの英語（Manglish）とシンガポールの英語（Singlish）には共通点がたくさんみられる．マレーシア（マラッカとペナン）とシンガポールはかつてイギリスの Straits Settlements（海峡植民地）と呼ばれていた．そこで，この地域の英語をまとめて Straits English（海峡英語）ということもある．両国はかつて対立の時期を経験し，人びとは今でもしょっちゅう悪口を言い合っているが，両国を行ったり来たりして交流を続けている．

シンガポール人がシングリッシュに親しみを持っているように，マレーシア人もマングリッシュを楽しげに使う．それはマレーシア人の生活が滲み出た，独特の香りがただよう生活英語のような感じである．マレー料理ではあの激辛の唐辛子は欠かせない．それは辛いだけではなく，食欲をさそう美味しい魅力的な香りである．

だから，唐辛子はいろいろな比喩に使われる．まずは小柄で粋な姉御．セクシーな女性もそう．少し短気なところがあってもかまわない．活力のある証拠である．“His girlfriend, real chili padi lah.”（彼のガールフレンドはかっこいいよ）．もっとも，これは女性に限ったことではない．小柄な人で並みならぬことをしでかす人も指す．「山椒は小粒でもピリリと辛い」と同じである．

マングリッシュにはマレー語の影響が強い．英語のなかにマ

サテー．［羊肉や鶏肉などを串焼きにし，甘いピーナッツソースをかけたマレー料理］► We have a big party tomorrow night, so must get up early and make satay tomorrow morning.（明日の晩は大勢集まるから，朝早く起きてサテーを作らなくちゃ）〈シンガポール・マレーシア〉

---

say again ［セイ　アゲン］

レー語をどんどん入れてしまう．例えば，マレー語 alamak（ちぇっ）を間投詞としてよく使う．“Alamak! It's raining. I forgot my umbrella.”（ちぇっ！雨だ．傘を忘れちゃったな）

angkat（お世辞をいう）という動詞を使うことも多い．“His boss likes him because he knows how to angkat.”（彼は上役の評判がいい．お世辞がうまいから）

sotong（イカ）は女性じみた男性のことをいう．イカの足が細い手というイメージとなるからである．何にでもひっつく buaya（蛭）が女たらしの好色家の意味になるのもうなずける．“I don't like my wife to meet him. He is a real buaya.”（妻を彼に紹介したくない．ひどい女たらしなんだ）

ナシゴレン（焼きめし）に出てくる goreng は「油で炒める」という意味だが，比喩的には「威嚇する，はったりをかます」などの意味に使われる．“I goreng only.”（ちょっとかまをかけただけだよ）

マレー語や中国語の用法を転用することもある．マレーシア英語で open (close) を家電製品の turn on (turn off)（スイッチを入れる（消す））の意味で使うが，これはその一例である．“Please open (close) the light (fan, radio, TV).”（電気（扇風機，ラジオ，テレビ）をつけて（消してください））．なお，この用法はタガログ語でも同じなので，フィリピン英語にも反映されている．

もう一度言ってください，何ですか，つまり．► Say again? I couldn't hear you.（何ですか？聞こえませんでした）〈シンガポール・マレーシア〉

say sorry her ［セイ ソーリー ハー］

彼女に謝る．[I apologize to her. のこと．他の人称も可]

► Say sorry her already, but she still doesn't talk to me. Now what to do?（謝ったのに，彼女まだ口きいてくれないんだ．どうしたらいいんだろう？）cf. What to do? 〈シンガポール・マレーシア〉

schooling ［スクーリング］

教育を受ける，学校に行く．► My son is schooling in Australia now.（息子はオーストラリアに留学しています）My brother is schooling now and coming back at 3:00 pm.（弟は学校に行っていて３時に帰ります）〈インド・シンガポール・マレーシア〉

scold ［スコウルド］

叱る，おこる．[英米英語では普通，大人が子どもを叱る時に使われるが，シンガポール・マレーシア英語では年齢や立場に関係なく使われる] ► The librarian scolded me today because I forgot my library card.（今日図書館のカード忘れたから司書におこられちゃった）〈シンガポール・マレーシア〉

scolding ［スコウルディン］

言い争い，口論．► Two women are having a big scolding right outside. What to do?（すぐ外で女の人が２人で言い争いをしてるんだけど，どうしたらいい？）cf. what to do? 〈シンガポール・マレーシア〉

see a television ［スィー ア テレヴィジョン］

テレビを見る．[watch TV に同じ] ► I'll see a television until the dinner is ready.（夕飯ができるまでテレビでも見てるよ）

〈シンガポール・マレーシア〉

see first [スィー ファース]

考えさせて. [決断をせまられた時に言う] ► "Now, can you be in charge of this ceremony?" "See first lah. Give me some time." (「だから, この式典を仕切ってくれますか？」「ちょっと考えます. 少し時間をください」) cf. lah 〈シンガポール・マレーシア〉

see how [スィー ハウ]

どうなるか (状況を) 見る. ► I had an interview today, so just see how, lah. (今日面接だったから, どうなるかまだわからないよ) cf. lah 〈シンガポール〉

sell [セル]

セール. [sale に同じ] ► This durian was cheap cheap. The market in Ang Mo Kio has cheap sell now. (このドリアン, すごく安かったわ. アンモキオの市場で大セールやってるの) [cheap cheap のようにくり返すと「すごく安い」の意になる] 〈シンガポール・マレーシア〉

send [セン]

(人を) 送って行く. [英米英語でも, 小さな子どもや目下の人に対しては同じ意味で使われるが, シンガポール・マレーシア英語では年齢や立場に関係なく使われる] ► I'll send you home tonight. (今晩送って行ってあげるね) Eddie is going to send me to the station. (エディーが駅まで送ってくれます) 〈シンガポール・マレーシア〉

send off [センド オフ]

(人を) 見送る. [英米英語では see off] ► I have to go to Changi to send my friend off. (チャンギ空港に友だちを見送りに行かないといけないんだ) 〈シンガポール・マレーシア〉

serabat stall ［セラバッ　ストール］

（インド人がやっているスパイス入り紅茶を売る）屋台. ► You want tea from the serabat stall or not?（屋台でスパイスティー買ってこようか？）cf. or not?〈シンガポール・マレーシア〉

---

servant's ［サーヴァンツ］

使用人のための部屋のスペース.［住宅用の広告用語］► Condo for rent. 3 bedrooms, servant's, pool and tennis court.（賃貸マンション. 3ベッドルーム, 使用人部屋, プール, テニスコート有り）［condo = condominium］〈シンガポール・マレーシア〉

---

shadow play ［シャドゥ　プレー］

暗闇でいちゃつくこと.［もともとはインドネシアなどの影絵のこと］► Nowadays, young lovers seem to like shadow play in the parks.（最近の若いカップルたちは公園の暗闇でいちゃつくのが好きみたい）〈シンガポール・マレーシア〉

---

shake legs ［シェイク　レグズ］

なまける, さぼる.［マレー語の影響］► Our boss is away today, so we can shake legs all day.（今日は上司がいないから１日中さぼれるね）cf. eat snake〈シンガポール・マレーシア〉

---

shelf ［シェルフ］

棚.［基本的な意味は英米英語と同じだが, シンガポール・マレーシア英語は使い方が異なる］► The big dish is in down shelf, spices are in up shelf.（大皿は棚の下の段に, スパイスは上の段にある）［英米英語では The big dish is on the bottom shelf and the spices are on the top shelf. となる］〈シンガポール・マレーシア〉

---

shift to ［シフ　トゥー］

引っ越す. ► "What are you doing here?" "Oh, we

shifted to Jurong East last month."（「こんなところで何してるの？」「ああ，私たち，先月ジュロン・イーストに引っ越したの）〈シンガポール・マレーシア〉

shilling ［シリン］

小銭． ► "You got shilling?" "No more already."（「小銭ある？」「もうない」）〈シンガポール・マレーシア〉

shiok ［シオッ］

おいしい，すごい． ► Shiok! This noodle is best.（おいしい！この麺サイコー）〈シンガポール・マレーシア〉

shophouse ［シャプハウス］

店舗住宅．［1階が店舗で2階が住居になっている建物．シンガポールやマレーシアの古い街並にまだ残っている．建物は長屋形式で，店舗と店舗の間に上階に上がる階段がついている］ ► You know, they are trying to turn the shophouse in Chinatown into a big shopping complex.（ねぇ，チャイナタウンのショップハウスをこわして巨大ショッピングモールを作ろうとしてるんだって）〈シンガポール・マレーシア〉

show ［ショウ］

映画． ► Are you going to the evening show tonight?（今晩の映画，行く？）〈シンガポール・マレーシア〉

SIA ［エスアイエー］

シンガポール国際航空会社（Singapore International Airlines）．［通称シンガポール航空］ ► Do you have any connection with SIA?（シンガポール航空に知り合いいる？）〈シンガポール〉

siau ［シアウ］

頭がおかしい，狂っている． ► Don’t talk to elderly people like that. You, siau!（目上の人にそんな風に話すんじゃないの．まったく！）〈シンガポール・マレーシア〉

side ［サイ］

～の方向，～側，～地域． ► Condo is much cheaper in Jurong side.（マンションはジュロンの方へ行くとうんと安いですよ）［condo = condominium］〈シンガポール・マレーシア〉

sien ［シエン］

つまらない． ► “What are you doing? Busy?” “Are you kidding? I’m so sien!”（「何やってるの？忙しい？」「冗談でしょ．すごく暇なの」）〈シンガポール・マレーシア〉

since young ［スィンス ヤング］

小さい時から． ► I’m so used to speaking many languages since young.（小さい時から複数の言葉を話すことにはとても慣れているんです）〈シンガポール・マレーシア〉

Sing dollar ［スィン ダラー］

シンガポール・ドル． ► How much is it in Sing dollar?（それってシンガポール・ドルでいくら？）〈シンガポール・マレーシア〉

Singapore girl ［スィンガポー ガール］

シンガポール航空の女性客室乗務員．［サロンケバヤを着て，シンガポール美女を代表するとされる］ ► You have to be really skinny to be Singapore girl.（シンガポール航空のCAになるには，ものすごく細くないとダメだよ）〈シンガポール〉

Singapore time ［スィンガポー タイム］

シンガポール時間．約束の時間より遅れること． ► Let’s meet here at 1:00 pm. Don’t keep Singapore time.（1時にここに

集合しよう．遅れるなよ）cf. Filipino time, Malaysian time.
〈シンガポール〉

sleep ［スリープ］

寝る．［go to bed，go to sleep の意味］► "I usually sleep late." "You must sleep before 11 pm!"（「私はいつも寝るのが遅いのよ」「夜 11 時より前に寝ないとダメだよ！」）〈インド・シンガポール・マレーシア・中国〉

slippers ［スリッパーズ］

ゴムぞうり． ► Need to get slippers for the bathroom.（お風呂場ではくゴムぞうり買わなくちゃ）〈シンガポール・マレーシア〉

SM ［エスエム］

上級相（Senior Minister）．［リー・クアンユー元首相が退任した時に，彼のために作られたポスト］cf. LKY 〈シンガポール〉

smaller ［スモーラ］

（年齢が）若い．［英米英語では small は体格を指すが，シンガポール・マレーシア英語では年齢を意味する］► She's much smaller than me.（彼女は私よりずっと若いわよ） cf. bigger 〈シンガポール・マレーシア〉

smoke house ［スモーク　ハウス］

乾燥小屋．［ゴム園で生ゴムをいぶし，乾燥させる小屋］► That wooden building is a smoke house.（あの丸太小屋は生ゴムの乾燥小屋です）〈シンガポール・マレーシア〉

SMRT Corporation
［エスエムアーティー　コーポレイション］

SMRT コーポレーション．［シンガポールの公共交通を提供・運営する企業．以前はバス，地下鉄，タクシーとそれぞれ会社（団体）が

分かれていたが，現在はすべて統合されてこの名称となった］〈シンガポール〉

so ［ソウ］

とても，非常に．［very の意味で使う］► This bee hoon is so nice to eat.（このビーフン，すごくおいしい）The new movie was so good to see. I recommend it to everyone.（新しい映画すごくよかったよ．みんなにすすめてるんだ）cf. nice 〈シンガポール・マレーシア〉

So how? ［ソー　ハウ］

元気？，どうやるの．［How are you? How do I do it? の意味で］► I didn't expect to see you here. So how?（ここで会えるとは思ってなかった．元気？）"Ok, you fix it." "So how?"（「じゃ，これ直して」「どうやって？」）〈シンガポール・マレーシア〉

so pain ［ソウ　ペイン］

痛い．► It's so pain in my stomach.（お腹が痛いんだ）cf. so 〈シンガポール・マレーシア〉

some more ［サム　モー］

その上，それに，加えて．［文末につくのがシンガポール・マレーシア英語の特徴］► Her husband died. And her son took up a job in London some more.（だんなさんが亡くなって，その上息子さんはロンドンで仕事してるんだって）My father has high blood pressure and diabetes some more.（父は高血圧だし，糖尿病も患っています）〈シンガポール・マレーシア〉

sotong ［ソトン］

女性じみた男．［話をする時に手がイカのようにくねくね動く人．マレー語でイカのこと］► That new ang mo in the office is sotong, lah. But he's really nice.（今度新しく入った白人，女

性っぽいな．でも，すごく親切だよ）cf. ang mo / lah 〈シンガポール・マレーシア〉

sour face ［サワ　フェイス］

きらいなことやいやなことに対してみせる表情．► She's not willing to do this job. She put on a sour face when I asked her to do this project.（彼女，この仕事やりたくないのよ．この仕事を頼んだらいやな顔してたもの）〈シンガポール・マレーシア〉

spare tyre ［スペア　タイアー］

スペア．［本命の彼女が都合が悪い時にデートする別の女の子］► "I saw you with another girl last night." "Oh, she was a spare tyre."（「夕べ違う女の子とデートしてたじゃん」「あ，あれはスペアだよ」）〈シンガポール・マレーシア〉

spend ［スペンド］

おごる．► "Spend me a cup of coffee, can or not?" "Can."（「コーヒー１杯おごってくれない？」「いいよ」）cf. can or not? / can 〈シンガポール・マレーシア〉

SPM ［エスピーエム］

中等教育修了資格（試験）（Sijil Pelajaran Malaysia）．［教育言語が英語だった時は Malaysian Certificate of Education（MCE）と呼ばれ，イギリス式のケンブリッジ検定 O レベル資格と同じ（もしくは同等の）ものだったが，近年マレーシアの教育言語はマレーシア語になっているため，この資格試験もマレーシア語で受験するようになった］〈マレーシア〉

spoil ［スポイル］

故障する．► My washing machine spoiled today and I had to wash my clothes by hand.（今日洗濯機がこわれちゃったから，衣類を手で洗ったの）〈シンガポール・マレーシア〉

squat toilet [スク**ワ**　トイ**レ**ッ]

しゃがみ式のトイレ.［シンガポール・マレーシアにはイスラム教徒のために和式同様のしゃがんで用を足す便器が必ずある］ ► This toilet has squat toilet only. My child doesn't know how to use it.（このトイレ，しゃがみ便器しかない．私の子ども，使い方が分からないのよ） cf. only **〈シンガポール・マレーシア〉**

ST [**エ**ス**ティ**ー]

ストレーツ・タイムズ（Straits Times）.［シンガポール最大手の日刊紙］**〈シンガポール・マレーシア〉**

---

stay [ス**テ**イ]

住む.［live の意味で用いる］ ► "Where do you stay?" "I stay in Bukit Timah."（「どこに住んでるの？」「ブキット・ティマだよ」）**〈シンガポール・マレーシア〉**

---

steamboat [ス**ティ**ームボウ]

スティームボート.［しゃぶしゃぶのような鍋料理．まん中に煙突のような突起のある金属製の鍋にだし汁をわかし，野菜や肉団子，魚のすりみの団子，ゆで玉子などを入れ自分の好みで煮て食べる］ ► We have steamboat for dinner tonight. Why don't you join us?（今晩しゃぶじゃぶなんだけど食べていかない？）**〈シンガポール・マレーシア〉**

---

stepped housing [ス**テ**プト　**ハ**ウ**ズィ**ング]

坂に面して建っている住宅.［公団，マンションを含む］ ► "I live in a new condo on Walnut Street." "Oh, the stepped housing, is it?"（「ウォールナット・ストリートの新しいマンションに住んでるの」「ああ，あの坂のところの？」）［condo = condominium］ cf. is it? **〈シンガポール・マレーシア〉**

---

stick ［スティ］

たばこ．► "Do you have a stick?" "No. I don't smoke." (「たばこある？」「ないよ．吸わないから」)〈シンガポール・マレーシア〉

stiff ［スティフ］

柔軟性を欠く，頭がかたい．► My boss is so stiff. He just doesn't understand why we need vacations. (私の上司って頭かかたいのよ．私たちがどうして休みが必要かも分からないんだから)〈シンガポール・マレーシア〉

stop talking like a Tamil

［ストップ　トーキング　ライク　ア　タミル］

ゆっくり話して．早く話しすぎて言いたいことが分からない．［インド系シンガポール・マレーシア人の中で最も多いタミル系が早口で話すことから］► Stop talking like a Tamil. What exactly do you want to tell me? (ゆっくり話して．一体何が言いたいの？)〈シンガポール・マレーシア〉

STPM ［エスティーピーエム］

高等教育入学資格（試験）(Sijil Tinggi Pelajaran Malaysia).［教育言語が英語だった時は Malaysian Certificate of Education (MCE) と呼ばれ，イギリス式のケンブリッジ検定 A レベル資格と同じ（もしくは同等の）ものだったが，近年マレーシアの教育言語はマレーシア語になっているため，この資格試験もマレーシア語で受験するようになっている］〈マレーシア〉

stress on ［ストレス　オン］

強調する．［英米英語では to stress または to put a stress on となる］► I think we need to memorize this because Mr. Teo stressed on it in class. (これ，ティオ先生が授業で強調してたから覚えた方がいいと思うよ)〈シンガポール・マレーシア〉

string hoppers ［ストリン　ホッパーズ］

（米の粉で作った）春雨のようなインドの食物.［ゆでてカレーや黒糖をかけて食べる. Putu Malam とも呼ばれる］► Want to try string hoppers? We eat this with brown sugar.（インド春雨, 食べてみます？黒糖をかけて食べるんですよ）〈シンガポール·マレーシア〉

STU ［エスティーユー］

シンガポール教員組合 (Singapore Teachers' Union).〈シンガポール〉

---

study about ［スタディ　アバウ］

～について勉強（研究）する.［アジア英語では現地諸言語の影響で study に about をつけて用いることが非常に多い］► I am studying about linguistics at UM.（私はマラヤ大学で言語学を研究しています）cf. discuss about, mention about. 〈インド・シンガポール・マレーシア・フィリピン〉

---

study by heart ［スタディ　バイ　ハー］

（試験のために）暗記する. ► I'm studying by heart right now. I have two exams early next week.（今暗記の真っ最中. 来週のはじめに２つ試験があるから）〈シンガポール・マレーシア〉

---

suaku ［スアク］

田舎者. ► I guess he's a suaku. He came to the party in very casual clothes and slippers.（あいつは田舎者なんだ. パーティーに普段着とゴムぞうりで来たよ）cf. slippers 〈シンガポール・マレーシア〉

---

sunk ［サンク］

もうダメ，大失敗. ► Sunk lah… I failed the exam twice. No chance to get promoted…（もうダメだ…２度も試験に落ち

ちゃったから昇進は無理だ） cf. lah 〈シンガポール・マレーシア〉

supper ［サパー］

夜食. ► Let's go to a hawker centre for supper.（夜食食べに屋台に行こう） cf. hawker centre 〈シンガポール・マレーシア〉

sweater ［スウェタ］

カーディガン. ► You got a sweater, right? Can I borrow it?（カーディガン持ってたよね？貸してくれる？）〈シンガポール・マレーシア〉

ta pao (ta pow) ［ター　パオ］

残り物を包む. ［中国語］ ► "Can you ta pao this?" "You want rice, too?"（「これ，包んでくれる？」「ライスも要りますか？」）〈シンガポール・マレーシア〉

table ［テイブル］

リストアップする. ► I think you tabled what you need to take to our trip.（今度の旅行の持ち物リストアップしましたよね）〈シンガポール・マレーシア〉

tahan ［タハン］

我慢する. ［マレー語］ ► Excuse me, where's my order? Cannot tahan already!（すみません，私が注文したものはまだですか？もう我慢できませんよ！） cf. already 〈シンガポール〉

tai chi ［タイチー］

太極拳. ► You should come to tai chi in the morning. We start at 5:00.（あなたも朝の太極拳やったら．私たちは5時に始めます）〈シンガポール・マレーシア〉

tai-tai ［タイタイ］

お金持ちの華人マダム．［中国語の「太々」（奥さん）から］

► Tai-tais gather at Tanglin Club for bridge and other social activities.（お金持ちの華人マダムはブリッジや社交のためにタングリンクラブに集まります）〈シンガポール・マレーシア〉

tak ngam ［タク　ニャム］

（性格が）合わない，適していない． ► They got separated, you know. That couple tak ngam from the beginning.（あの人たち，別居したんだって．まぁ，最初から合わなかったもんね）〈シンガポール・マレーシア〉

take ［テイク（テーク）］

（1）食べる，飲む． ► I can't take rice.（私，ライス食べられないんです） "You don't take chicken?" "I do, I do. I'm working on my vegetables first."（「鶏肉食べないの？」「食べるよ．まずは野菜を食べてるだけさ」）

（2）連れてくる，持ってくる． ► Take him here.（ここに彼を連れてきなさい） cf. bring 〈シンガポール・マレーシア・フィリピン〉

take money paper ［テイク　マニ　ペイパ］

（銀行の）現金引出し伝票． ► Now no need to write take money paper. You only need an ATM card to get your money.（引出し票は不要です．ATM カードさえあれば現金を引き出せます） cf. put money paper 〈シンガポール・マレーシア〉

Taken lunch? (Taken dinner?)

［テイクン　ランチ（テイクン　ディナー）］

ご飯食べた？［中国語の挨拶のしかた「吃饭了没有？」からきていると思われる］ ► "Taken lunch or not?" "Not yet. So busy this morning."（「昼ご飯食べた？」「まだだよ．午前中すごく忙しくて」）［Have you eaten? とも言う］ cf. or not? 〈シンガポール・マレーシア〉

TCS ［ティースィーエス］

シンガポール・テレビ局（Television Corporation of Singapore）.〈シンガポール〉

teh tarik ［テー タリ］

シンガポールやマレーシアのレストランやコピティアム（kopitiam）などで出されるミルクティー.［紅茶とコンデンスミルクから作られるので甘い. 名前は紅茶を注ぐ際の引く動作（マレー語で「タリック」（紅茶を注ぐの意味）から］cf. kopitiam〈シンガポール・マレーシア〉

tension ［テンション］

プレッシャーがかかる. ► Tension only! I have three exams tomorrow!（もうどうしていいか分からないよ. 明日３つも試験があるんだ）cf. only〈シンガポール・マレーシア〉

terminate ［ターミネイ］

（コースワークなどを）終える，あきらめる. ► Eng Kwee terminated his business course last Sunday.（エン・クウィーは先週の日曜日にビジネスコースを終えた）〈シンガポール・マレーシア〉

terror ［テラー］

厳しい人，格好よくて目立つ人. ► My teacher is a terror, so I must behave well in school.（私の先生すごく厳しいから，学校では行儀よくしないといけないの）Your boyfriend is a terror in Armani suit!（あなたの彼氏，アルマーニのスーツ着て格好いいわね）〈シンガポール・マレーシア〉

teruk ［テルッ］

望みなし，最悪，どうしようもない.［terok とも. マレー語］
► "How did you do in the interview?" "Teruk. I have to

start all over again.”（「面接どうだった？」「最悪だよ．また全部やりなおしだ」）〈シンガポール・マレーシア〉

thick skin ［ティック　スキン］

面の皮が厚い，あつかましい．► What? She came? She has thick skin, is it? No one invited her.（え？彼女来たの？図々しいね．誰も招待してないのに）cf. is it?〈シンガポール・マレーシア〉

thick tea (light tea)

［ティック　ティー　（ライト　ティー）］

濃い紅茶（薄い紅茶）．► I like to drink thick tea with lots of milk.（私は濃い紅茶にミルクをたっぷり入れて飲むのが好きなの）〈シンガポール・マレーシア〉

three generation home

［トゥリー　ヂェナレーション　ホウム］

３世帯（祖父母，両親と子ども）が住める大きさの家．► Wah, big house. This is a three generation home, is it?（わぁ，大きな家．これ，３世帯用の家でしょ？）cf. wah / is it?〈シンガポール・マレーシア〉

three-inch golden lotus feet

［トゥリーインチ　ゴールデン　ロータス　フィー］

纏足（てんそく）．► “This is a photo of my great grandmother.” “Wah, she has three-inch golden lotus feet. I didn’t know you’re from a wealthy family!”（「これ，曽祖母の写真なの」「わぁ，纏足じゃない．君，お金持ちの出なんだね」）cf. wah〈シンガポール・マレーシア〉

tiffin ［ティフィン］

昼食，軽食．［lunch と同じくらい用いる］► Have you finished

tiffin?（昼食は済ませましたか？）〈シンガポール・マレーシア〉

toiletry ［トイレトリー］

（家やマンションの）トイレ. ► This house got how many toiletries?（この家はいくつトイレがありますか？）〈シンガポール・マレーシア〉

torchlight ［トーチライ］

懐中電灯.［インドでは torch］► Got torchlight or not? I need to find something in the car.（懐中電灯ある？車の中で探し物があるんだ）cf. or not? 〈インド・シンガポール・マレーシア〉

tow-away zone ［トウアウェイ　ゾーン］

駐車禁止区域. ► "Maybe I can park here." "No. In Singapore almost everywhere is tow-away zone. Don't just park on the street."（「多分ここにとめられるでしょう？」「だめだよ. シンガポールではほとんどどこでも駐車禁止なんだ. 道路にとめるなんてだめだよ」）〈シンガポール〉

tumpang ［トゥンパン］

（車に）便乗する,（同じ目的地に行く人に）お願いする.
► "Where to? You don't happen to be going to Toa Payoh?" "Yah. You want tumpang, is it?"（「どこ行くの？ひょっとしてトアパヨ？」「そう. 乗せて行って欲しいんでしょ？」）
You going marketing, is it? Can I tumpang you?（買い物行くんでしょ？買い物お願いしていい？）cf. go marketing / is it?
〈シンガポール・マレーシア〉

ulu fellow ［ウル　フェロウ］

田舎者. ► "He's from Sabah." "Oh, ulu fellow then."（「彼, サバの出身だって」「へぇ, 田舎者か」）〈シンガポール・マレーシア〉

UM ［ユーエム］

マレーシア大学（University of Malaysia）.〈シンガポール・マレーシア〉

UMNO ［ウムノ］

統一マレー国民組織（United Malays National Organization）.〈シンガポール・マレーシア〉

uncle ［アンクル］

おじさん.［年上の男性への呼びかけ］► Uncle, please sit here.（おじさん，どうぞこちらにお座りください）〈シンガポール・マレーシア〉

under a coconut shell

［アンダー　ア　ココナッ　シェル］

世間知らず.［マレー語の影響］► Wah, he's so stupid! He always stay under a coconut shell and is never really motivated to do anything.（まったくあいつはバカだよ．世間知らずだし，何もやる気がないんだ） cf. wah 〈シンガポール・マレーシア〉

UOB ［ユーオービー］

ユナイテッド・オーバーシーズ銀行（United Overseas Bank）.〈シンガポール・マレーシア〉

upkeep ［アプキープ］

維持する． ► Better live in a flat. A bungalow is so expensive to upkeep.（マンションに住んでる方がいいよ．一軒家は維持費がかかるから） cf. bungalow 〈シンガポール・マレーシア〉

upstairs ［アプステアズ］

上の段.［英米英語同様，「2階」という意味もある］► "Canned tuna?" "It's on upstairs."（「ツナ缶は？」「上の段にあるよ」）〈シンガポール・マレーシア〉

various ［ヴァリアス］

異なる，いろいろな（種類）． ► We have ten various styles for you to choose.（10 のスタイルからお選びいただけます）I have fifteen various pens.（私，15 種類のペン持ってるよ）〈シンガポール・マレーシア〉

varsity ［ヴァースィティ］

大学．［university から］ ► Are you varsity students?（君たち，大学生？）〈シンガポール・マレーシア〉

vomit blood ［ヴォーミッ　ブラッ］

大変，いらつく．［福建語由来］ ► I was assigned to do a project and worked until vomit blood last week.（先週プロジェクトを任されて，ものすごく働かされたよ）〈シンガポール〉

wah ［ワ （ワー）］

えーっ，うわー！［驚きや嬉しさを表す感嘆詞．中国語］〈シンガポール・マレーシア〉

walau ［ワッラーゥ］

えーっ．［驚きを表す感嘆詞．福建語］ ► Walau! You're getting married? So soon!（えー，結婚すんの？えらく早いね）〈シンガポール・マレーシア〉

walking ticket ［ウォーキン　ティケッ］

解雇される． ► I got walking ticket. I was late to work three times and didn't even call the manager.（クビになっちゃった．3回遅刻してマネージャーにも電話しなかったからね）〈シンガポール・マレーシア〉

walk-up flat ［ウォークアプ　フラッ］

エレベーターのないマンション. ► The new flat in Queensway is a walk-up flat.（クイーンズウェイの新しいマンションはエレベーターがないんです）〈シンガポール・マレーシア〉

watchman ［ウォッチマン］

守衛，留守中家事をしてくれる男の人. ► We take business trips often, but our watchman takes care of the house while we're away.（私たちよく出張に行くけど，その間は守衛さんが家のことをやってくれます） cf. jaga 〈シンガポール・マレーシア〉

wayang face ［ワヤン　フェイス］

厚化粧.［wayang はシンガポールなどの華人の代表的娯楽の路上京劇］ ► Kek Koon's girlfriend has a wayang face. Who is she?（ケック・クーンの彼女，厚化粧だね．あれ，誰？）〈シンガポール・マレーシア〉

wet bathroom ［ウェッ　バスルーム］

シャワーが付いたトイレ. ► You got a wet bathroom or a long bath?（シャワー付きのトイレ，それとも風呂おけがあるの？） cf. long bath 〈シンガポール・マレーシア〉

wet market ［ウェッ　マーケッ］

肉や魚の市場. ► I like to do marketing at a wet market because the food is more fresh than supermarkets.（私は市場で買物するのが好きです．スーパーより食べ物が新鮮なんです） cf. marketing 〈シンガポール・マレーシア〉

what ［ワッ］

〜ね，〜よ，〜でしょ.［シンガポール・マレーシア英語特有の終助詞］ ► "I invited Amy to come." "You told me already and I said OK, what."（「エイミーにここに来るように誘ったんだ」「それ，もう聞いてるし，いいって言ったよね」）〈シンガポール・マレーシア〉

What time? ［ファット　タイム］

今何時ですか.［What time is it now? の意味］► Excuse me, what time?（すみません，今何時ですか？）〈シンガポール・マレーシア〉

What to do? ［ファット　トゥー　ドゥー］

どうしたらいいの？［What shall I do? の意味でシンガポール・マレーシア英語で多用される］► My partner cannot make it today. What to do?（パートナーが来られないって言うんだ．どうしよう？）〈シンガポール・マレーシア〉

white rice ［ホワイ　ライス］

白飯.［英米英語では steamed rice］► Can I have white rice?（ごはんください）〈シンガポール・マレーシア〉

why because ［ホワイ　ビコーズ］

どうしてかと言うと.［because の意味］► I could not hire him, why because, he did not have sufficient qualifications.（彼，私のところでは雇えなかったよ．資格が十分じゃないんだ）〈シンガポール・マレーシア〉

Why cannot? ［ホワイ　キャナッ］

どうしてだめなの？［why not? の意味］► "I don't think I'll go to the meeting." "Why cannot?"（「やっぱりあのミーティングには行かないよ」「どうしてだめなの？」）〈シンガポール・マレーシア〉

workshop ［ワークショッ］

車の修理工場. ► I'm going to the workshop to get my car repaired.（車を直しに修理工場に行くところなんだ）〈シンガポール・マレーシア〉

Yah lah! ［ヤーラー］

そうそう.［強調で使われる］► I know he was just joking. Yah lah! I know.（彼が冗談で言ったって知ってるよ．分かってるって）〈シンガポール〉

---

yam seng ［ヤム　セン］

乾杯.［宴会や結婚式の乾杯の発声に使われる］► When the bride and the groom come to your table, everyone stands up with the glass and says "yam seng."（新郎新婦がテーブルに来たらグラスを持って立ち上がって「乾杯」って言うんだ）〈シンガポール・マレーシア〉

---

yesterday night ［イエスタデイ　ナイ］

昨晩.［last night と同じ］► Did you call yesterday night?

column 11 マングリッシュの楽しさ

マレーシア人は英語を自分のことばにしているから，土地の風習や習慣を英語で表現する．東南アジアでは身体を冷やす食物と暖める食物を区別する．マレーシア英語では，このことを cooling と heaty という．水は cooling，ドリアンは heaty である．だからドリアンを食べたあとは水をたくさん飲むようにといわれる．コーヒーや酒類は heaty なので禁物．なおビールは cooling といわれる．"You ate too much durian. Too heaty for you. This soup is good for you. It's very cooling."（ドリアンの食べ過ぎだ．身体が過熱気味なんだよ．このスープはいいよ．冷やしてくれるから）

他にも，おもしろい言い方がたくさんある．under a coconut shell はココナツの殻に潜ったカエルのイメージで，「世間知らず」という意味である．日本語の「井の中の蛙」に似ている．"Don't stay under your coconut shell."（もっといろんな人とつき合いなさいよ）

like chicken like duck（一方は鶏，他方は鴨）は「お互いに

（夕べ電話した？）〈シンガポール・マレーシア〉

yucks ［ヤックス］

ゲー.［英米英語では yuck］► Yucks! It's raining again!（ゲー，また雨だ）〈シンガポール・マレーシア〉

zap ［ザップ］

コピーする. ► Let me zap this page before returning the book.（本を返す前にこのページをコピーさせて）〈シンガポール・マレーシア〉

話がかみ合わない」という意味に使う. "Two of us are like chicken like duck."（私たちは違うことばを話しているみたいです）

"I've eaten more salt than you."（私のほうが経験が豊富だよ）という言い方にも独特の味わいがある.

マングリッシュは英語を大胆に加工している. frustrated は長いので，frus としたりする. "I took a taxi to the store, but it was closed. Frus only."（店までタクシーを飛ばしたんだけれど，閉まってて，がっかりさ）

また，英語を使ってどんどん新しい意味を創造している. こんな例はどうだろうか. spare tyre（スペアタイヤ）は２番手のボーイフレンドやガールフレンドのこと. 女性がまずい座り方をしていると，"Your coffee shop is open." と注意することがある. 日本の「社会の窓」に似た表現.

なお，マレーシア英語（マングリッシュ）はシンガポール英語（シングリッシュ）ととても似ていて，以上のことはシンガポールでも通じる.

第3章
フィリピンの英語

abaca ［アバカ］

マニラ麻（Manila hemp）.［タガログ語］► The Department of Agriculture has decided to support abaca industry.（農業省はアバカ産業を支援することに決めた）〈フィリピン〉

accident prone ［アクシデント　プロウン］

危険な（dangerous）. ► This is an accident prone stretch of road.（ここは危険な道である）〈フィリピン〉

addict ［アディクト］

～に夢中な人，熱中している人. ► He is a Facebook addict.（彼はフェイスブックに夢中だ）〈フィリピン〉

adobo ［アドボ］

鶏や豚を酢と醤油で煮た料理（フィリピンの代表的な家庭料理）.［スペイン語］► My grandma serves adobo when her friends visit her.（私の祖母は彼女の友達が遊びに来るとアドボをごちそうする）〈フィリピン〉

advanced ［アドヴァンスト］

（時計などが）進んでいる.［英米英語は fast］► My watch is advanced.（私の時計が進んでいる）〈フィリピン〉

ADMU ［エイディエムユ］

アテネオ・デ・マニラ大学（Ateneo de Manila University）.［フィリピン有数の私立大学］► ADMU won the woman's volleyball championship.（アテネオ・デ・マニラ大学は女子バレーボールの決勝大会で優勝した）〈フィリピン〉

AFP ［エイエフピー］

フィリピン国軍（Armed Forces of the Philippines）. ►

AFP troops rescued hostages.（フィリピン国軍部隊は人質を救助した）〈フィリピン〉

aggrupation ［アグル**ペ**イション］

（政治的な）集団，グループ．［スペイン語 agrupación に由来］► Philippine Hospital Association is an aggrupation of about 2,000 hospitals in the Philippines.（フィリピン病院協会は国内 2000 病院からなる団体である）〈フィリピン〉

air-con ［**エ**ア　コン］

エアコン（air conditioning, air conditioner）． ► Turn off the air-con!（エアコンを消して！）〈フィリピン〉

albularyo ［アルブ**ラ**リオ］

（フィリピンの伝統的な）療法士．［タガログ語］► The albularyo combined some herbs together to heal people.（療法士は治療のためにハーブを混ぜあわせた）〈フィリピン〉

American ［ア**メ**リカン］

白人の．［国籍に関係なく一般的に白人を指す．タガログ語の Americano［アメリ**カ**ーノ］（男性），Americana［アメリ**カ**ーナ］（女性），Cano［**カ**ーノ］（男性），Cana［**カ**ーナ］（女性）も用いられる］► I saw many Americans at Mall of Asia.（モール・オブ・アジアで多くの白人を見かけた）〈フィリピン〉

American time ［ア**メ**リカン　タイム］

アメリカンタイム．［時間にルーズな国民性を背景に予定どおりに物事が進まないことを Filipino time とし，予定どおりに時間が流れることを American time という．日本人に対しては Japanese time などを用いることもある］► Please come here at 9:00 tomorrow morning. It is American time!（明日の朝，9 時に時間厳守で！）cf. Filipino time 〈フィリピン〉

Americana [アメリ**カ**ーナ]

アメリカーナ（スーツ，ネクタイ着用の正装のこと）.

► Americana is considered as a formal dress for the young adults.（ネクタイをしたスーツ姿は若い年代の正装と考えられている）**〈フィリピン〉**

---

ano [**ア**ノ]

えーと.［会話中のつなぎ言葉．タガログ語］► I met my high school friend, ano, John.（高校時代の友人，えーと，ジョンに会ったよ）**〈フィリピン〉**

ARMM [**ア**ーム]

ムスリム・ミンダナオ自治区（Autonomous Region in Muslim Mindanao）. ► ARMM has been working on poverty reduction for years, but the outcome is unclear.（ムスリム・ミンダナオ自治区は貧困撲滅のため長い間活動しているが，なかなか明確な結果が出ない）**〈フィリピン〉**

---

arroz caldo [ア**ロ**ス **カ**ルド]

チキン入りお粥.［スペイン語 arroz「にわとり」，caldo「スープ」］

► Our organization decided to donate some ingredients to cook arroz caldo.（私達の団体ではチキン粥を作るための具材を寄付することにした）**〈フィリピン〉**

---

asalto [ア**サ**ルト]

（誕生日や結婚記念日などの）びっくりパーティー（surprise party）.［スペイン語由来］► We prepared a birthday asalto for our dad.（父の誕生日にびっくりパーティーを用意した）**〈フィリピン〉**

---

ashamed to [ア**シェ**イム トゥ]

～に対して恥ずかしい. ► I am ashamed to you.（あなたに対

して恥ずかしい）〈フィリピン〉

ate ［アテ］

姉さん（年上の女性に対する呼称）．［タガログ語］ ► Ate! Where is my car key?（姉さん！車の鍵どこ？） cf. kuya 〈フィリピン〉

attorney ［アトーニ］

弁護士（lawyer）． ► He studies hard every day to be an attorney.（彼は弁護士になるために毎日一生懸命勉強している）［敬称として職業を表す attorney は Atty. Lopez ロペス弁護士，engineer は Engr. Lopez ロペス技師などのように使用される］〈フィリピン〉

bahala na ［バハラ　ナ］

なるようになる，なんとかなる．［サンスクリット起源のタガログ語 bathala「神」，na「すでに」から発展した「神に任せる」「自然の流れに任せる」］ ► “Did you study for the exam yesterday?” “Bahala na.”（「昨日試験勉強したの？」「なんとかなるよ」）〈フィリピン〉

balikbayan ［バリックバヤン］

海外から帰国したフィリピン人．［タガログ語 balik「戻る」，bayan「国」］ ► My uncle is a balikbayan.（叔父は海外から帰国した）〈フィリピン〉

balut ［バルッ］

孵化直前のアヒルのゆでたまご（boiled duck egg）．［タガログ語］ ► Balut gives me energy!（アヒルの玉子で元気になる）

banca ［バンカ］

（近距離交通手段の）小舟（canoe），バンカ．［スペイン語由来］
► This banca doesn’t seem tough enough to bring us.（こ

のバンカは私達を乗せるほど丈夫にできていないようだ）〈フィリピン〉

bangus ［バ**ゴ**ス］

サバヒー（milkfish）．［食用魚の種類．タガログ語］► Bangus was at P80 per kilo in the market.（市場でサバヒーが1キロ80ペソだった）〈フィリピン〉

baon ［**バ**オン］

通勤・通学に必要なお金，食料，その他（の用意）（provision）．［タガログ語］► Where is my baon?（交通費／弁当はどこ？）〈フィリピン〉

barangay ［バ**ラ**ンガイ］

フィリピン最小行政単位（区，地区など）．［タガログ語の「舟」に起源を持つフィリピンの伝統的村落社会の名称．現在は最小行政単位として使用され，baranagay captain ［バ**ラ**ンガイ **カ**プテン］（バランガイ区長）のもと，barangay kagawad（councilor）［バ**ラ**ンガイ カ**ガ**ワド］（区議），barangay tanod（guard）［バ**ラ**ンガイ **タ**ヌォド］（バランガイ自警団），Sangunian Kabataan ［サング**ニャ**ン カバ**タ**アン］，SK ［**エ**ス**ケ**ー］（Youth Council，15～18歳の青年委員会）が設置されている］► Barangay elections will be held in 2 weeks.（2週間後にバランガイの選挙が実施される）〈フィリピン〉

barkada ［バル**カ**ーダ］

親友（悪友）．［タガログ語］► He likes to hang out with his barkadas.（彼は親友たちと一緒に過ごすのが好きだ）〈フィリピン〉

baro’t saya ［バロット　**サ**ヤ］

フィリピンの伝統的な女性衣装，バロットサヤ．［タガログ語 baro「衣服」, at「と」の省略形 ‘t’, saya「ブラウスとスカート」の意］► The famous actress wore a baro’t saya dress for her wedding.（あの有名な女優さんは結婚式に伝統的なドレスを着た）〈フィリピン〉

baron ［バロン］

(1) 刺繍が施された男性用のシャツ，バロン．(2) 男性用のフォーマルな服．(3) 男性，女性用の服に用いられるフィリピンの織物の素材． ► The mayor chose a baron for tomorrow's speech.（市長は明日の演説のためにバロンを選んだ）〈フィリピン〉

barong Tagalog ［バロン　タガログ］

伝統的な男性の服，バロンタガログ．［タガログ語 baro「衣服」，ng「～の」の意］ ► APEC leaders wore barong Tagalog for the ceremony.（APEC の首脳たちはフィリピンの伝統的な男性の服を着て式典に出席した）〈フィリピン〉

barrio ［バリョ］

小さな村．［タガログ語．フィリピンの「村」を表す土着語であるが，現在ではバランガイが「村」にあたる最小行政区分］ ► Ian is from barrio.（イアンは小さな村出身です） cf. barangay / purok / sitio〈フィリピン〉

based from ［ベースト　フロム］

～にもとづいて．［一般には based on］ ► This train is designed based from the shape of a Japanese bullet train.（この電車は日本の新幹線をもとにデザインされた）〈フィリピン〉

bed spacer ［ベッド　スペイサ］

ルームメイト，ベッド借りをする人． ► WANTED: Female Bed Spacer.（求む：女性のルームメイト）〈フィリピン〉

BI ［ビーアイ］

移民局 (Bureau of Immigration). ► BI arrested 5 foreigners for drug trafficking. (移民局は５人の外国人を麻薬密輸の容疑で逮捕した) 〈フィリピン〉

Bicol Express [ビコル エクスプレス]

唐辛子入り豚肉のココナッツミルク煮料理. [フィリピン風ファストフード. ビコール地方に由来] ► I tried Bicol Express for the first time and found out that it was so spicy. (初めて唐辛子入り豚肉のココナッツミルク煮料理を試したが, とても辛かった) 〈フィリピン〉

bienvenida [ビェンヴェニーダ]

歓迎会 (welcome party). [スペイン語由来] ► I was invited to a bienvenida. (歓迎会に招待された) 〈フィリピン〉

bihon [ビーホン]

ビーフン. [中国語の「米粉」に由来. 肉・野菜などと炒めたビーフン料理で, 福建語由来の「便食」(pian i sit)「料理しやすい」という意味と組み合わせて pansit bihon と使用される] cf. pansit 〈フィリピン〉

BIR [ビーアイアール]

内国歳入庁 (Bureau of Internal Revenue). ► People complained that BIR's electronic system was not working well. (内国歳入庁の電子システムはうまく機能していないと人びとは不満をもらした) 〈フィリピン〉

Bisaya (Visaya) [ビサヤ]

(1) ビサヤ語, ビサヤ地域. The mayor made a speech in Bisaya for local community. (地域の人達に対して市長はビサヤ語でスピーチを行った) (2) 田舎者 (出身は問わない総称として). ► He is like a Bisaya. (彼は田舎者のようだ) 〈フィリピン〉

blow-out ［ブロー　アウト］

おごり.［自分の誕生日会やゲストとの会食時に］► We went with my friends for my birthday blow-out last night.（昨日の夜，自分の誕生日会に出かけ，友達にごちそうした）［フィリピンでは自分の誕生日には人にご馳走する習慣がある］〈フィリピン〉

blue seal ［ブルー　シィル］

輸入品の.［主にたばこ］► The sidewalk vendors are selling blue seal cigarettes.（路上の物売りが輸入たばこを売っている）〈フィリピン〉

bold ［ボールド］

（映画，雑誌などで肌の露出度が高い）成人向け（adult）.
► Many bold movies have been produced from the 80's.（80 年代から多くのセクシー映画がつくられてきた）［過激な性的描写を含むポルノは法律により禁止されている］ cf. bomba 〈フィリピン〉

bolo ［ボロ］

山刀.［タガログ語］► He took a bolo and climbed up a coconut tree.（彼は山刀を取り出し，ココナツの木に登った）〈フィリピン〉

bomba ［ボンバ］

ポルノ，成人向け.［タガログ語］► The Philippine government restricted the "bomba" films.（フィリピン政府はポルノ映画を規制した） cf. bold 〈フィリピン〉

Bombay ［ボンバイ］

インド系フィリピン人.［インド系の総称．多くのインド系フィリピン人は非正規で高利貸しを生業としている］► A Bombay came here for daily collection of five-six.（インド系フィリ

ピン人が高利貸しの日払い分の徴収にここに来た） cf. five-six〈フィリピン〉

Boss ［ボス］

ねえ，ちょっと．［男性への呼びかけ］ ► Boss, how much is this?（あのー，これいくらですか？）〈フィリピン〉

bring ［ブリン］

持っていく（take）．［英米英語では bring は「話し手や聞き手のいる場所，話題となっている場所へ持ってくる」，take は「持っていく」とされるが，フィリピンでは区別なく使用されている．特に，パーティーなどの終了後の bring home「（食べ物を）持ち帰る」などで使用される］ ► My friend told me to bring home some of the leftovers after her birthday party.（友人は誕生日会の終了後，残った食事を家に持ち帰るように言った）〈シンガポール・マレーシア・フィリピン〉

brownout ［ブランナウト］

停電（blackout）． ► Brownout happens a lot this month.（今月は停電がよく起こる）〈フィリピン〉

buco ［ブコ］

ヤング・ココナツ（young coconut）．［buko とも綴る．タガログ語］ ► This shop serves very tasty buco water.（この店のココナツジュースはとても美味しい） buko water（ココナツジュース）〈フィリピン〉

bulalo ［ブラロ］

牛の足の煮込み，ブラロ．［タガログ語．セブなどでは pochero（ポチェロ）ともいわれる］ ► This restaurant serves really good bulalo.（このレストランのブラロはとてもおいしい）〈フィリピン〉

bundok ［ブンドク］

山.［タガログ語．アメリカ英語俗語 the boondocks（密林，片田舎）の語源］► People in the bundok suffered from food shortage.（山の上の人たちは食糧不足に苦しんでいる）〈フィリピン〉

buy one take one ［バイ　ワン　テイク　ワン］

1つ買うと1つ無料（buy one get one free）． ► I got extra T-shirt because there was a "buy one take one" sale at the mall!（モールで1つ買うと，1つ無料のセールをしていたので，1枚余分にTシャツを買えた）〈フィリピン〉

calamansi ［カラマンシィ］

カラマンシー．［日本の「すだち」に似ている．kalamansi とも綴る．タガログ語］► My coworker taught me how to make calamansi juice today.（今日同僚がカラマンシージュースの作り方を教えてくれた）〈フィリピン〉

calesa ［カレッサ］

（派手な）2輪馬車．［kalesa とも綴る．スペイン語由来］► I saw a colorful calesa in front of the church.（教会の前で派手な馬車を見た）〈フィリピン〉

camote ［カモテ］

サツマイモ（sweet potato）．［kamote とも綴る．タガログ語］
► This bread is made from camote.（このパンはサツマイモから作られている） cf. (-)cue 〈フィリピン〉

Camp Crame ［キャンプ　クラメ］

フィリピン国家警察本部（マニラ首都圏ケソン市）． ► The reports on the arrested drug lord were sent to Camp Crame.（逮捕された麻薬王に関する報告がフィリピン国家警察本部に

送付された）〈フィリピン〉

captain-ball ［カプテン ボル］

バスケットボール（バレーボール）チームのキャプテン．［英米英語は the captain of a basketball or volleyball team］ ► Reyes was nominated as the captain-ball of our team.（レイエスは私たちのチームのキャプテンに指名された）〈フィリピン〉

CAR ［カー］

コルディィリェーラ自治区（Cordillera Autonomous Region）. ► CAR is expected to be hit by a typhoon in this monsoon season.（コルディィリェーラ自治区はモンスーンの時期に台風が 直撃すると予測されている）〈フィリピン〉

carabao ［カラバオ］

水牛（water buffalo）．［タガログ語］ ► Too many carabaos on this road, so I can't pass here.（この道は水牛が多すぎて通れない）〈フィリピン〉

carinderia ［カレンデリア］

食堂（inexpensive restaurant）．［スペイン語由来］ ► The driver went to the carinderia across the street for lunch.（運転手は昼食に向かい側の食堂へ行った）〈フィリピン〉

carnap ［カーナップ］

車を盗む（こと）． ► Where is my Honda!! It must be carnapped.（私の車がない！盗まれたに違いない）〈フィリピン〉

Cebu ［セブ］

セブ．［フィリピン中部にある国内第二の都市．観光地としても有名］ ► My mother used to live in Cebu but currently works in Canada.（私の母は以前セブに住んでいたが，今はカナダで働いて

いる）〈フィリピン〉

Cebuano ［セブアノ］

（1）セブアノ語．► I can speak Cebuano, Tagalog and English.（私はセブアノ語，タガログ語，英語が話せます）
（2）セブアノ人（セブ島出身）．► I am not a Cebuano, but I speak Cebuano.（私はセブ出身ではないけれど，セブアノ語を話す）［フィリピン全土はルソン（Luzon），ビサヤ（B(V)isayas），ミンダナオ（Mindanao）の3地域に区分され，セブアノ語はビサヤ・ミンダナオ地域の地域共通語として使用されている．「ビサヤ人」（B(V)isayan）にはセブアノ語話者のほかにレイテ・サマール島のワライ語（Waray），パナイ・ネグロス島のイロンゴ語（Ilongo）の話者も含まれる］ cf. Bisaya〈フィリピン〉

centavo (s) ［センタボ］

通貨単位．［1ペソは100センタボ］► I put small coins of cetavos in a donation box at the cashier.（レジにある寄付箱にセンタボの小さなコインを入れた）〈フィリピン〉

Cha-Cha ［チャチャ］

憲法改正（Charter Change）．► According to the poll, it is found that there are many citizens who agree with Cha-Cha.（世論調査によれば，憲法改正に賛成する人が多くいることが分かった）〈フィリピン〉

chancing ［チャンシング］

（公共の場などで）偶然を装って女性の体を触ること．► No chancing sir! I can see it.（体に触れないでよ！分かってるんだから）〈フィリピン〉

chicharon ［チチャロン］

豚の皮を揚げたスナック，チチャロン．［タガログ語］► I can't

stop eating chicharon. (チチャロンは食べ始めたら止まらないな) 〈フィリピン〉

---

chicken inasal [チキン　イナサル]

骨付き焼鶏，チキンイナサル． ► May I have chicken inasal with rice please? (チキンイナサルとライスをください) 〈フィリピン〉

---

chopsuey [チョップスイ]

野菜炒め，チョップスイ． ► "What is good to order when I want to eat vegetable?" "How about chopsuey?" (「野菜を食べたい時何を頼めばいいですか」「チョップスイはどうでしょう」) 〈中国・フィリピン〉

---

city folk [シティー　フォーク]

(体格，言語，生活習慣などにおいて) 都市型の人. [(外国人のように) 体格が良く，英語を話し，高学歴で経済的に豊かな生活を送る人．都市に居住するハーフ (ダブル) などを指す場合もある] ► I don't live like a city folk, but I am satisfied with this life. (私はシティーフォークみたいではないけど，今の生活に満足している) 〈フィリピン〉

---

colegiala [コレヒャラ]

有名女子校の学生 (schoolgirl). [スペイン語由来] ► She is a colegiala who has a dream to be a teacher in the future. (彼女は将来教員を夢見る女子学生だ) 〈フィリピン〉

---

colgate [コルゲイト]

歯磨き粉 (toothpaste). [商品名に由来] ► This colgate tastes like strawberry. (この歯磨き粉はいちご味がする) [現在ではあまり使用されない] cf. pampers 〈フィリピン〉

---

colonial mentality [コロニアル　メンタリティ]

植民地コンプレックス，植民地根性（西洋諸国の植民地支配の影響を受けたメンタリティ． ► How do you overcome colonial mentality and promote our Filipino culture?（どのように植民地根性を乗り越えて，フィリピン文化を普及していけばよいのだろうか）〈フィリピン〉

---

color (number) coding
［カラー （ナンバー） コーディング］

（マニラ首都圏で実施されているナンバープレート末尾による）車両通行規制． ► I can't use my car today, because of the color coding.（今日は車両通行規制のために車がつかえません）〈フィリピン〉

---

come again ［カム アゲン］

（電話で）もう一度お願いします．［英米英語は Please repeat what you have said］ ► Come again? I can't hear you well.（よく聞こえないので，もう一度お願いします）〈フィリピン〉

---

commission ［コミッション］

賄賂（bribe）． ► He always asks for commission.（彼はいつも賄賂を要求する） cf. percent 〈シンガポール・マレーシア・フィリピン〉

---

common tao ［コモン タオ］

一般大衆．［タガログ語 tao「人」の意］ ► Every politician should listen to the voices of the common tao.（政治家は一般大衆の声に耳を傾けるべきだ）〈フィリピン〉

Con-Ass ［コン アス］

憲法制定会議（Constituent Assembly）．［1987 年に制定された現行の憲法の改正を発議する際に必要とされる，3 つの手続きのうちの 1 つ．議会議員の 3/4 以上の賛成による発議．このほか，Constitutional Convention（Con-Con，憲法会議），People's

Initiative（国民発議）による手続きが認められている］► Some governors will withdraw support for Con-Ass.（何人かの政治家は憲法制定会議の支援から身をひくでしょう） cf. Con-Con
〈フィリピン〉

Con-Con ［コン コン］

憲法会議（Constitutional Convention）.［議会の賛成により憲法改正について検討を行うために招集される会議］► President

column 12 フィリピンに花咲く英語

フィリピンではタガログ語をベースとしたフィリピノ語が国語として確立するにつれ，英語の役割が減少するように見えた時期があった．しかし，ここにきて英語の力は再び盛り返している．フィリピンでは英語は国内言語ともなっており，行政，教育，文化の媒体として，独特のフィリピン・イングリッシュを創出してきた．

詩人のヘミノ・アバド（Gemino Abad）はこのことについて，次のように表現している．“The English language is now ours. We have colonized it, too.”（英語は今や私たちのことばです．私たちはそれを土地のものにしたのです）私たちもこういった心意気をもちたいものである．

同時に，米国への移民が続出しており，ほとんどのフィリピン人は米国に親戚をもっているといわれる．だから，英語は両グループを繋ぐ友好言語になっている．このことは，フィリピン英語のさまざまな面にあらわれている．colgate（歯磨き），kodak（カメラ）のように，アメリカ製品の固有名詞を普通名詞にするのもその一例．

フィリピンではフィリピン英語が成立しているといってよい．研究書や論文もいろいろ出版されているし，大がかりなフィリピン英語辞書の刊行計画もある．デラサール大学のバウティ

supports Con-Con to amend some part of constitution. (大統領は憲法の一部を改正するため憲法会議を支持している) cf. Con-Ass 〈フィリピン〉

condo [コンド]

コンドミニアム. ► He is looking for someone to share his condo, because he is financially tight now. (彼はお金がないので, コンドミニアムでシェアメイトを探している) 〈フィリピン〉

スタ教授の調査によれば, フィリピンの大学の英語科の先生方はフィリピン英語について興味深い意見を持っている.

“If we speak Philippine English, we will not be respected by other speakers of English.” に同意する人は 8.1% で, 同意しない人は 91.9% になる. “Foreigners do not understand us if we talk to them in Philippine English.” では, 同意する人は 14.9%, 同意しない人は 85.1% になる. フィリピン英語の正当性についての自信がうかがわれる.

“Using words from our own culture is a necessity in developing Philippine English.” の賛成者は 97.7% で, 反対者は 3.5% となる. 変種の独自性について信念があることがわかる.

しかし, 具体的な特徴の判断となると, 大きな揺れがみられる. 本書にある bed-spacer (間借り人), presidentiable (大統領候補者), pedicab (自転車タクシー) のような語彙項目は, 特に話しことばでは比較的了承されるものの, result to (cf. in) とか based from (cf. on) のような文法的側面を持つものは断定的に否定される. 総論賛成, 各論反対といったところか. 新変種が高度の地位を確立するのには, かなりの年月がかかるのであろう.

congee [コンジー]

お粥. ► I ate congee before I went to school today.（今日学校に行く前にお粥を食べました）cf. lugaw 〈シンガポール・マレーシア・フィリピン・中国〉

cope up with [コープ アップ ウィズ]

対処する（cope with）. ► Ms. Takahashi cannot make it for today's meeting because of the traffic. Can you cope up with rescheduling?（渋滞で高橋さんは今日のミーティングに来れないそうです．スケジュール再調整をお願いできますか）〈フィリピン〉

cowboy [カウボーイ]

陽気でたのしい人. ► He is an adventurer, but he is no cowboy.（彼は冒険家だが，物静かな人だ）〈フィリピン〉

CR (Comfort Room)

[シーアール（コンフォート ルーム）]

トイレ. ► CR is inside that building.（トイレはあの建物の中にある）〈フィリピン〉

crony [クロウニ]

政治家のいかがわしい取り巻き連中. ► Marcos cronies expressed their support to Joseph Estrada.（マルコス氏の取り巻き連中がジョセフ・エストラーダ氏支援を表明した）〈フィリピン〉

(-)cue [キュー]

(-) 串. [bananacue, kamotecue など食べ物の名詞の後につく接尾語. フィリピンでは竹串に刺された鶏肉・豚肉の barbeque（BBQ）が一般的で，バナナ（英語）やサツマイモ（タガログ語）の後に -cue を用いて bananacue（バナナ串揚げ），kamotecue（サツマイモ串揚げ）を表す. banana cue とも綴る] ► Bananacue is my favorite food.（バナナキューは私の大好きな食べ物です）〈フィリピン〉

---

daw ［ダウ］

～らしい（誰かが言ったこと，聞いたこと）.［口語，文末表現．タガログ語］► They will be coming late daw.（彼らは遅れるらしい）〈フィリピン〉

---

debut ［デブー］

フィリピン成人パーティー.［女子 18 歳，男子 21 歳の誕生日を祝う者は debutant［デブタント］であり，特に都市部富裕層の女性の場合はホテルなどを会場にして盛大に祝う］► Jessica will have a debut party next week.（ジェシカは来週成人誕生日パーティーを迎える）〈フィリピン〉

DENR ［ディーイーエヌアール］

環境資源省（Department of Natural Resources）. ► DENR urged to promote more plantation in the forest.（環境資源省はさらなる森林での植林を推奨した）〈フィリピン〉

---

dental clinic ［デンタル　クリニック］

歯科医院（dental office）. ► Something is wrong with my teeth. I'd better to go to a dental clinic.（歯がなんかおかしい．歯医者に行ったほうがよさそうだな）〈フィリピン〉

DepEd ［デップエッ］

教育省（Department of Education）. ► DepEd announced in a recent order that all graduation ceremonies should be scheduled on or before April 1.（教育省は最近の省令で卒業式を 4 月 1 日，またはそれ以前に実施することを通達した）〈フィリピン〉

---

despedida ［ディスピィディーダ］

お別れ会 (farewell party). [スペイン語由来] ► What's the plan for Nicole's despedita? (ニコルのお別れ会は何をするの？) 〈フィリピン〉

DFA [ディエフエイ]

外務省 (Department of Foreign Affairs). ► DFA officially announced that no Filipinos were injured by the terrorist attack. (外務省はテロ攻撃によるフィリピン人の負傷者はいないと発表した) 〈フィリピン〉

DH [ディエイチ]

メイド, 家政婦として海外で働く人 (domestic helper).
► WANTED: DH in Hong Kong. Please call at 123456XXX. (香港での家政婦求む . 123456XXX まで電話を) 〈フィリピン〉

di ba? [ディ バ]

(内容への同意を求めて) ～でしょ？ [口語, 文末表現 . タガログ語 (di は否定, ba? は疑問であり, 英語の付加疑問文と同じ役割を持つ)] ► You told me about that yesterday, di ba? (昨日そのことを話してくれたよね) 〈フィリピン〉

dirty ice cream [ダーティ アイス クリーム]

アイスキャンディー. [行商人により路上販売されている] ► I used to eat dirty ice cream in my childhood. (子供の頃, よく路上販売のアイスキャンディーを食べた) 〈フィリピン〉

dirty kitchen [ダーティ キチン]

日常用台所 (outdoor kitchen). [比較的広い家には２つの台所があり, 屋外には薪や炭を利用したり, 揚げ物を料理したりする日常用台所がある場合が多い] ► My mom is now cooking fish in the dirty kitchen. (今, 母は日常用台所で魚を料理している) 〈フィリ

ピン・インド〉

discuss about ［ディス**カ**ス　ア**バ**ウト］

〜について話す．［英米英語は他動詞］ ► The friends were discussing about their holidays.（友人たちは休暇について話していた）〈フィリピン〉

diversion ［ダイ**ヴェ**ルション］

娯楽（entertainment）． ► The children go to weekend diversions.（子供たちは週末の娯楽に出かける）〈フィリピン〉

DLSU ［**ディ**ー**エ**ル**エ**ス**ユ**ー］

デラサール大学（De La Salle University. フィリピン有数の私立大学）． ► The ASEAN Youth Summit will be held at DLSU-Manila.（アセアン青年大会はデラサール大学マニラ校で開催される）〈フィリピン〉

DOJ ［**ディ**ィ**オ**ゥ**ジェ**イ］

法務省（Department of Justice）． ► DOJ is checking allegations that some high-ranking government officials received money from the convicts.（法務省は政府高官が罪人から現金を受け取っていた疑惑について調べている）〈フィリピン〉

Don (Doña) ［**ド**ン　（**ド**ーニャ）］

裕福な男性（女性），Mister（Madam）．〈フィリピン〉

DOST ［**ディ**ィ**オ**ゥ**エ**ス**ティ**］

科学技術省（Department of Science and Technology）． ► DOST is set to take action against poor-performing internet services in the Philippines.（科学技術省は国内の低品質インターネットサービスの改善に取り組む予定である）〈フィリピン〉

DTI ［ディティアイ］

貿易産業省（Department of Trade and Industry）. ► DTI blacklisted 54 foreign sea freight forwarders.（貿易産業省は54の国外海運会社をブラックリストに載せた）〈フィリピン〉

duster ［ダスタ］

女性用のカジュアルな部屋着.［英米英語は home wear］ ► Her duster dress is so cute.（彼女の部屋着はかわいい）〈フィリピン〉

DU30 ［ドゥテルテ］

ドゥテルテ（Rodrigo Roa Duterte, 第16代大統領）.［thirty［テルティ］と訛りの強い英語発音を意識して組み合わせた造語で, 主にメディアで使用される大統領の略称］ ► President DU30 has showed the radical and extreme behavior depending on the issue.（ドゥテルテ大統領は問題によって過激で極端な態度を見せてきた）〈フィリピン〉

eat-all-you-can ［イート オル ユゥ キャン］

食べ放題（all-you-can-eat）. ► That restaurant offers "eat-all-you-can."（あのレストランは食べ放題だよ）〈フィリピン〉

economic plunder ［エコノミック プランダ］

公金横領. ► OMBUDSMAN Aniano Desierto said that he expects former president Joseph Estrada to again refuse to enter a plea during his arraignment Monday afternoon on the charge of economic plunder.（オンブズマンのアニアノ・デシエルト氏はジョセフ・エストラーダ前大統領が月曜日の午後の裁判で, 巨額な公金横領についての罪状認否の申し立てを再度拒否するだろうと述べた）〈フィリピン〉

encargado ［エンカルガド］

（所有者の権限を委託されている）管理人. [スペイン語由来 . 英語は care taker] ► My father was working as encargado of a 1000-hectare hacienda in Negros.（父はネグロスの千ヘクタールの農園の管理人として働いていた）〈フィリピン〉

enjoy ［エンジョイ］

楽しむ. ［英米英語は他動詞］ ► I heard you went to his birthday party. Did you enjoy?（彼の誕生日パーティーに行ったと聞いたけど，楽しんだかい？）〈フィリピン〉

ERAP ［エラップ］

エストラーダ元大統領，元国民的映画スター（Joseph Ejercito Estrada の通称，第 13 代大統領）［「教父」「代父」を表すタガログ語の kumpare，pare（godfather）の俗語（pare の逆さ読み）で erap と呼ばれた］ ► ERAP was ousted from his office because of plunder charges.（エストラーダ元大統領は横領罪によりその職を追われた）〈フィリピン〉

estafa ［エスタファ］

詐欺. ［スペイン語由来 . 英語は fraud］ ► Rayan seems to be involved in this estafa.（ライアンはこの詐欺に関わってそうだ）〈フィリピン〉

excuse ［エクスキュス］

失礼します. ［一般には Excuse me］ ► Excuse, I just pass here.（すみません，ここ通ります）〈フィリピン〉

fiesta ［フィエスタ］

守護聖人を祝った祭日，お祭り. ［スペイン語由来. フィリピンの最小行政単位であるバランガイ（区，地区など）や都市部で行われる，各地の守護聖人への感謝を捧げる祭り］ ► The Sinolug fiesta in Cebu is the celebration in honor of Sto. Niño.（セブのシノ

ログ祭りはキリストの幼少期であるサントニーニョを祝うものだ)〈フィリピン〉

Filipiniana [フィリピニャナ]

(1)(フォーマルな)伝統衣装. [タガログ語 piña「パイナップル繊維」からつくられている女性用衣装は最高級品とされる] ► She is wearing a Filipiniana dress today. (彼女は今日フィリピンの伝統衣装を着ている)

(2) フィリピン関連の ► There is the Filipiniana section in our library. (図書館にはフィリピン関連のコーナーがある)〈フィリピン〉

Filipino time [フィリピノ タイム]

時間にルーズな. [英語は not on time] ► Some employees still have the habit of Filipino time. (時間にルーズな従業員がまだいる) cf. American time 〈フィリピン〉

fill up [フィル アップ]

記入する. [英米英語では fill in] ► Please fill up this form and submit it in this box. (こちらを記入して, この箱に入れて下さい)〈フィリピン〉

fiscalize [フィスカライズ]

(政府機関や組織の権力乱用を) 監視する (monitor). [スペイン語 fiscal「検査官」由来] ► It is in the interests of the public to fiscalize the administration. (行政を監視することは公共の利益となる)〈フィリピン〉

five six [ファイブ スィクス]

高利貸し. ► He went to five fix last year, but it seems impossible to return all the money he borrowed. (彼は高利貸しから借りたが, 全額返済するのは無理なようだ) [「5 貸し, 6 返し」の利子20%の貸し付け]〈フィリピン〉

flying voter [フライング　ヴォウタ]

不正な投票者 (unregistered voter). ► Flying voters were found after the election. (不正投票が選挙後に発覚した) 〈フィリピン〉

flyover [フライオーヴァ]

立体交差 (overcrossing / crossing). ► That flyover is famous for traffic accidents. (この交差点は交通事故で有名だ) 〈インド・フィリピン〉

for a while [フォ　ア　ワイル]

(電話で) 少々お待ちください. ► "Is there Mr. Tanaka?" "For a while." (「田中さんはいますか？」「はい, 少々お待ちください」) 〈フィリピン〉

FPJ [エフピージェー]

フェルナンド・ポー・ジュニア (Fernando Poe Jr.). ► FPJ was a leading Philippine action star and a former presidential candidate. (フェルナンド・ポー・ジュニア氏は, かつてフィリピンのアクション映画スターであり, 大統領選にも出馬した) 〈フィリピン〉

FVR [エフヴィアール]

フィデル・ラモス前大統領 (Fidel V. Ramos). ► FVR served as the Philippine President from 1992 to 1998. (フィデル・V・ラモス氏は, 1992 年から 1998 年までフィリピン大統領を務めた) 〈フィリピン〉

gimmick [ギミック]

友達と夜出かけること (a night out with friends) ► Let's have a gimmick at Greenbelt in Makati! (マカティのグリー

ンベルトに夜出かけよう）〈フィリピン〉

GMA ［ジーエムエイ］

（1）Gloria Macapagal Arroyo（グロリア・マカパガル・アロヨ元大統領）. ► Former President GMA was arrested Thursday afternoon on corruption charges.（前大統領のグロリア・マカパガル・アロヨ氏は木曜日に汚職の罪で逮捕された）
（2）GMAネットワーク（国内大手テレビ局）. ► GMA has produced many award-winning dramas.（GMAテレビ局は多くの受賞ドラマを制作してきた）〈フィリピン〉

---

go ［ゴウ］

来る（=come）. ► When did you go here last time?（この前はいつここに来たの？）［タガログ語 punta（英語の go と come の両方の意味）の影響］〈フィリピン〉

---

go ahead ［ゴウ アヘッド］

先に行く，去る（leave）. ► I have to go ahead because someone's waiting for me at home.（家でだれかが待っているから，先に出るよ）〈フィリピン〉

---

go down ［ゴウ ダウン］

車から降りる（get off a vehicle）. ► I'll go down here.（ここで降ります）〈フィリピン〉

---

grease money ［グリス マネ］

（少額の）賄賂（small bribe）. ► She demanded and received grease money in connection with the transaction.（彼女は契約の際に賄賂を要求し，受け取った）〈フィリピン〉

GRO ［ジーアルオゥ］

（カラオケ店などの）コンパニオン・レディ（Guest Relations Officer）. ► Many GROs are working in KTVs in Ermita.（エルミタのカラオケ店では多くのコンパニオン・レディが働いている） cf. KTV 〈インド・フィリピン〉

guisado ［ギ**サ**ド］

（少量の油での）炒め，ソテー．［スペイン語由来．タガログ語 gisa「ソテー」．福建語由来の pansit，pancit［パン**シ**ット］（麺），bihon［**ビ**ーホン］（ビーフン）などと併用］► Pansit guisado is commonly requested by guests here.（炒め麺はよくお客さんに注文される） cf. bihon / pansit 〈フィリピン〉

gulaman ［グ**ラ**マン］

（海藻アガー）ゼリー．［タガログ語］► Sago't gulaman is a very popular refreshment in the Philippines.（サゴパール入りゼリーはフィリピンで有名な飲み物だ）［タガログ語 sago「サゴヤシ（サゴパール）」，at「～と」の意］ cf. sago 〈フィリピン〉

haciendero ［ハシェン**デ**ーロ］

地主．［スペイン語由来．hacienda は大規模農園］► Even now, there seems to be the haciendero elite familiy tradition in the Philippines.（今でもフィリピンでは，地主のエリート家族制度が存在しているようだ）〈フィリピン〉

halo-halo ［**ハ**ロ　**ハ**ロ］

フィリピン風かき氷，ハロハロ．［タガログ語「混ぜ合わせ」．英語は mix-mix］► I want to try halo-halo for dessert.（デザートにハロハロを食べたい）［日本人移民が持ち込んだ「かき氷」が起源といわれている］〈フィリピン〉

high blood ［ハイ　ブ**ラ**ッド］

機嫌が悪い（upset, irritated） ► Why are you so high

blood?（どうして機嫌が悪いの？）〈フィリピン〉

holdupper ［ホール**ダ**ッパー］

強盗. ► PNP arrested the serial holdupper in Quiapo.（国家警察は連続強盗の犯人をキアポで逮捕した） cf. PNP 〈フィリピン〉

I'll go ahead ［アイル　ゴー　ア**ヘ**ッド］

先に帰る.（I'm going now, I'm heading out）［別れ際の慣用表現］ ► Thank you for your dinner. I'll go ahead.（夕食，ありがとう．先に帰りますね） cf. go ahead 〈フィリピン〉

ilustrado ［イラスト**ラ**ード］

（19 世紀後半のスペイン植民地時代の）知識人，知識階層.［スペイン語由来］ ► The ilustrados are often credited for providing intellectual grounding for the Philippine Revolution of 1896.（スペイン植民地時代の知識階級は，1896 年のフィリピン革命に知的基盤を築いたとよくいわれている）〈フィリピン〉

inconvenience ［インコン**ヴェ**ニエンス］

協力（patience）.［inconvenience（不便，迷惑）を使った独特な表現］ ► Thank you for your inconvenience.（ご協力ありがとうございます）［慣用表現］〈フィリピン〉

inday ［**イ**ンダイ］

ねえ，ちょっと.［セブアノ語．省略形は day［**ダ**イ］．メイド，家事手伝い，店員のように社会的地位が低いとみなされる若い女性や若い女の子への呼称．フィリピン中南部ビサヤ地方の表現であるが，タガログ語でも使用されている］ ► Inday, please give it to him.（ちょっと，これを彼に渡しておいて）〈フィリピン〉

inihaw ［イ**ニ**ハウ］

炭焼き料理.［タガログ語］ ► She introduced me this inihaw

last time and it was great.（彼女が以前ここのイニハウを紹介してくれてとても美味しかった）〈フィリピン〉

jeepney ［ジープニ］

ジプニー（乗り合いバス）. ► Which jeepney should I take to the pier?（港までどのジプニーに乗ればいいのかな）〈フィリピン〉

jingle ［ジングル］

小便をする. ► Hey, can you stop around here? My son needs to jingle.（このあたりで停まれますか．息子に小便させなきゃ）〈フィリピン〉

joke only ［ジョーク　オンリ］

冗談(just a joke). ► It is a joke only.（冗談です）〈シンガポール・マレーシア・フィリピン〉

kangkong ［カンコン］

空心菜.［タガログ語．フィリピンの代表的な野菜料理］

► adobong kangkong（醤油・砂糖・にんにくなどで煮込んだ空心菜） I just ordered one kangkong with garlic rice.（ガーリックライス付きの空心菜を注文しました）〈フィリピン〉

kare-kare ［カレ　カレ］

牛のしっぽの煮込み.［タガログ語．フィリピンの代表的煮込み料理］ ► A party table in the Philippines is not complete without kare-kare.（フィリピンのパーティーには牛のしっぽの煮込みは欠かせない）〈フィリピン〉

kawali ［カワリ］

鍋，フライパン.［タガログ語］ ► beef kawali（皮がパリパリした感じの揚げ牛肉料理） lechon kawali（揚げ豚肉料理） Would you give me vinegar for lechon kawali?（レチョン・カワリ用にお

酢をください）〈フィリピン〉

kikay ［キカイ］

可愛い子，（化粧・ファッションなど）おしゃれな子．［フィリピン歌謡曲に出てくる名前に由来］ ► She is such a kikay!（彼女はなんてお洒落なんだ）〈フィリピン〉

kikay kit ［キカイ　キット］

女性用のポーチ． ► She forgot her kikay kit in CR.（彼女はポーチをトイレに忘れた） cf. kikay / CR 〈フィリピン〉

kilig ［キリッグ］

（恐怖，感動などで）身震いする，ドキドキする．［タガログ語］ ► After I watched the movie, I was so kilig.（あの映画を見て，すごく興奮した）〈フィリピン〉

kinilaw ［キニラウ］

魚のぶつ切りの酢漬け，キニラウ．［フィリピンの代表的料理．タガログ語］ ► Unfortunately, I haven't tried kinilaw yet.（残念だが，まだキニラウを食べたことがない）〈フィリピン〉

KKB ［ケーケービー］

割り勘．［タガログ語の kanyang kanyang bayad］ ► Our boss denied KKB. He always treats us.（ボスは割り勘を断ったよ．いつもおごってくれる）〈フィリピン〉

kodak ［コダック］

カメラ，写真．［アメリカのコダック社より］ ► Let's take kodak here.（ここで写真とろうよ）〈フィリピン〉

kundiman ［コンディマン］

フィリピンの伝統的求愛歌，セレナーデ．［タガログ語］ ► The

singer sang beautiful kundiman songs on stage.（その歌手は素晴らしい伝統的求愛歌をステージで披露した）〈フィリピン〉

kuya ［クヤ］

兄さん．［タガログ語．身内だけではなく，親しい間柄の年上の男性には kuya，年上の女性には ate という呼称を使用する］

► Finally, I can go to see my kuya this Sunday. It has been a while.（今週の日曜日やっと兄さんに会える．久しぶりだ）cf. ate〈フィリピン〉

lambanog ［ランバノグ］

ヤシ酒（蒸留酒）．［タガログ語］► Lambanog is another must-buy pasalubong that you shouldn't miss.（ヤシ酒は絶対買うべきおみやげだよ）cf. pasalubong〈フィリピン〉

lang ［ラン］

～さ，～ね，～よ．［タガログ語］► OK lang.（オッケーさ）〈フィリピン〉

language ［ランゲージ］

タガログ語を一般的に指す．120 を超える言語が存在するフィリピンであるが，タガログ語以外の言語は dialect（方言）として認識にされている． ► We have the language called Tagalog and so many dialects in the Philippines.（フィリピンにはタガログ語という言語と多くの方言が存在している）〈フィリピン〉

lapad ［ラパッド］

日本の 1 万円．［タガログ語］► You can change lapad here with a good rate.（ここではいいレートで 1 万円を替えられるよ）〈フィリピン〉

lapu-lapu ［ラプ ラプ］

（1）ハタ（白身魚）► Do you have lapu-lapu today?（今日はハタある？）（2）ラプラプ王（King Lapu-Lapu）［世界航海中のマゼランをセブのマクタン島で殺害し，外国支配への抵抗の象徴とされるフィリピン史上の人物］► On Mactan, there is the huge bronze statue of Lapu-Lapu who fought against the Spanish invasion.（マクタン島にはスペインの侵略に立ち向かったラプラプ王の大きなブロンズ像がある）〈フィリピン〉

---

lavandero (lavandera)

［ラバン**デ**ーロ　（ラバン**デ**ーラ）］

洗濯する人.［タガログ語］labandero（男性）, labandera（女性）.

column 13　フィリピン英語の特徴　その1

フィリピン英語の興味深い点は語彙にある. American time は「時間厳守」のことで，Filipino time（時間にルーズ）と対照されている. dirty kitchen は普段の食事に使う台所のことで，main kitchen は友人や親類を招待するなどの特別の日々のためにきれいにしておく. bed-spacer とは下宿人のこと.

また, pass the house は「その家を素通りする」ではなく,「その家に寄っていく」の意味になる.「バスを降りる」は get off the bus よりも，go down (from) the bus となる. result in は result to，based on は based from になったりもする. 日本語の言い方にも似ている.

もちろん，タガログ語の影響もいたるところにある. 電気製品のスイッチ・オン／スイッチ・オフを open/close the light (radio/fan/television) とするのは，その典型的な例であろう. これはマレー語や中国語でも同じで，その影響でシンガポールやマレーシアの英語でもこのような言い方をする.

フィリピン人の人間関係では，謙譲と尊敬の美徳が守られて

► Lavanderas are working so hard in this heat.（洗濯する女性たちはこんな暑い中でも仕事に励んでいる）〈フィリピン〉

LBC ［エルビーシー］

（1）宅急便会社．（2）宅急便全般（会社を問わず）． ► I will send it to you by LBC tomorrow.（明日，宅急便で送ります）〈フィリピン〉

LBM ［エルビィエム］

下痢（Loose Bowel Movement）． ► I got LBM this morning.（今朝下痢だった）〈フィリピン〉

いる．自分を抑えて，相手に最大の光があたるようにする．何人も他人の自尊心を傷つけてはならないのである．話をするとき，高飛車な態度は禁物である．知らない人に道を聞くときには，“Excuse me, may I ask you a question?” から始めるのがよいとされている．

また，フィリピン人は間接的な表現を好む．ジプニー（ジープを改造した乗合バス）の運転手は乗客が運賃を払わなかったりすると，窓に “God Knows Hudas Not Pay.”（神は無賃乗車を許さない）という貼り紙をする．Hudas Not とは who does not の意味である．要するに，乗客の察しに期待するのである．

ときには，それがあいまいな表現になることもある．日本人がフィリピン人の知り合いに，“Can you pick me up at eight here?” と言い，相手は ”I'll try.” と答えたのでずっと待っていたが，ついに来なかったという話がある．フィリピン英語では “I'll try.” は “I don't think I can.” の意味なのである．このようなギャップは最初は不便でも，慣れれば苦にならなくなる．

leche flan ［レッチェ　フラン］

プリン．［スペイン語 leche「牛乳」，flan「キャラメルクリーム」の意］► I can still eat leche flan.（プリンならまだ食べられる）〈フィリピン〉

lechon ［レチョン］

丸焼き．［litson とも綴る．タガログ語］► lechon baboy（豚の丸焼き）lechon manok（鶏の丸焼き）In my birthday party, a huge lechon was served.（誕生日会で大きな丸焼きが振る舞われた）〈フィリピン〉

LGU ［エルジーユー］

地方自治体（Local Government Unit）． ► LGUs have raised concerns over the delayed release of their share in state revenue.（地方自治体は国庫の支払いの遅れに対する懸念を抱いている）〈フィリピン〉

liempo ［リィエンポ］

炭焼きの豚バラ肉（pork belly）．［タガログ語．スペイン語由来］
► In addition to beer, we decided to order liempo.（ビールのほかに豚バラ肉の炭火焼きを注文することにした）〈フィリピン〉

live-in ［リヴィン］

（1）住み込みの．（2）同棲． ► They are from province and work here as live-in.（彼らは田舎出身でここに住み込みながら働いている）He has a live-in partner.（彼には同棲相手がいる）
cf. province 〈フィリピン〉

lolo (lola) ［ロロ　（ロラ）］

祖父（祖母）．または，年配の男性（女性）への呼称．［タガログ語］
► My lolo and lola are still fine in my province.（祖父と

祖母は田舎で元気にしています） cf. province 〈フィリピン〉

lomi ［ロミ］

（フィリピン風の）煮込みうどん.［タガログ語］► I went to the supermarket to buy instant lomi.（即席うどんを買うためにスーパーに出かけた）〈フィリピン〉

longaniza ［ロンガニーサ］

（味付け）ソーセージ.［longanisa とも綴る］► Longaniza from Spain is now integrated into the Philippine food culture.（スペイン由来のソーセージは今ではフィリピン食文化の一部である）〈フィリピン〉

LRT ［エルアールティ］

通勤電車（Light Rail Transit）.［マニラ中心部モニュメント - バクララン，レクト - サントラン間を走る］► It is 20 minutes away by LRT.（LRT で 20 分です）〈フィリピン〉

LTO ［エルティオゥ］

陸運局（Land Transportation Office）. ► I have to renew my driver's license at LTO this year.（今年は陸運局で運転免許証を更新しないといけない）〈フィリピン〉

lugaw ［ルガォウ］

お粥（congee）.［タガログ語］► You should eat lugaw when you don't feel like eating.（食欲がなければお粥を食べるといい）〈フィリピン〉

lumpia ［ルンピア］

春巻き.［タガログ語］► lumpiang shanghai（揚げ春巻き）［lumpia + ng（ng は単語を修飾する繋辞）］ I ate lumpiang shanghai for breakfast.（朝食に揚げ春巻きを食べてきた）〈フィリピン〉

mabuhay ［マブハイ］

ようこそ，乾杯，万歳．［挨拶の時や別れ際など様々な場面で使われる表現．タガログ語］► Mabuhay! Thank you for coming.（ようこそいらっしゃいました）〈フィリピン〉

Malacañang ［マラカニャン］

フィリピン大統領府． ► The Malacañang announced new appointees of President Rodrigo Duterte.（大統領府はロドリゴ・ドゥテルテ大統領が任命した新任閣僚を発表した）〈フィリピン〉

mami ［マミ］

（フィリピン風）ラーメン，マミ．［タガログ語．インスタントヌードルとしても一般的に認識されている］► Sorry, I have nothing but mami here today.（ごめんなさい．今日はマミしかないのよ）〈フィリピン〉

manila paper ［マニラ ペーパー］

（マニラ麻から作った黄褐色の）紙，マニラ紙． ► We use manila paper to wrap this box for shipment.（送るために，マニラ紙を使ってこの箱を包む）〈フィリピン〉

mani-pedi ［マニペディ］

マニキュアやペディキュアを塗ること． ► She is busy doing mani-pedi.（彼女はマニキュアやらペディキュアやらで忙しい）〈フィリピン〉

Maria Clara ［マリア クララ］

マリア・クララ．［貞潔で高貴な女性の意味．国民的英雄であるホセ・リサールの『ノリ・メ・タンヘレ』（我に触れるな）という小説の登場人物より］► My grandmother used to say that ladies should act like Maria Clara.（私の祖母は女性は貞潔を貫き，気

品高くあるべきだとだよく言っていた）〈フィリピン〉

masteral ［マステラル］

大学院修士課程（の）． ► He seems to be very busy in working on his masteral thesis.（彼は修士論文に取り組んでいて，とても忙しそうだ）〈フィリピン〉

(-)mate ［メイト］

（-）仲間． ► batchmate（グループ仲間） boradmate（下宿仲間） dormmate（寮仲間） officemate（同僚） provincemate（同郷者） seatmate（隣席仲間） He is my officemate.（彼は会社の同僚だ）〈フィリピン〉

mention about ［メンション アバウト］

～について言及する．［英米英語では mention のみ］ ► This reporter mentioned about the typhoon last night.（レポーターは昨晩の台風について話した）〈インド・シンガポール・マレーシア・フィリピン〉

merienda ［メリエンダ］

おやつ．［スペイン語］ ► Mom! Can I have merienda?（母さん，おやつ食べていい？）〈フィリピン〉

mestizo (mestinsa) ［メスティーソ（メスティーサ）］

混血の男性（女性）．［スペイン語由来． tisoy (tisay) ともいう］ ► A friend of mine is mestizo, and sometimes people recognize him as a Chinese.（私の友達は混血で，たまに中国人と間違えられます）〈フィリピン〉

MILF ［エムアイエルエフ］

モロ・イスラム解放戦線（Moro Islamic Liberation Front）． ► MILF agreed to enhance their cooperation with

Malacañang.（モロ・イスラム解放戦線は中央政府と協力関係を促進することに合意した） cf. Malacañang 〈フィリピン〉

Miss ［ミス］

ねえ，ちょっと．［女性（中年までの成人女性一般）への呼びかけ］
► Miss, your bus has already been left. Next one will come soon, please wait here.（ちょっと，バス行ってしまいましたよ．次のバスがすぐに来るのでここで待っていて下さい）〈フィリピン〉

monkey business ［モンキー　ビジネス］

いかがわしい夜の仕事，法に触れるような仕事． ► It seems that he is doing monkey business.（彼は怪しい仕事をしているようだ）〈フィリピン〉

Moro ［モロ］

モロ族．［アメリカ統治下でイスラム教徒の民族背景を分類するために用いられた呼称．北アフリカ西部のイスラム教徒に対する「ムーア人」（スペイン語 moor）の蔑称に由来する，フィリピン南部（ミンダナオ島，パラワン島，スールー諸島）のイスラム教徒の総称］ ► The AFP Chief of Staff made appeals to the Moro rebels to end the war in Mindanao.（フィリピン国軍参謀総長はモロ族反逆者に対してミンダナオ島での戦闘を終了するように訴えた） cf. AFP 〈フィリピン〉

motel ［モーテル］

安宿． ► The motel was fully booked so I had to change my plan.（安宿は満室だったので計画を変えなければならなかった）〈フィリピン〉

MRT ［エムアールティー］

通勤電車（Metro Rail Transit）．［マニラ中心部ノース・アベニューとタフト・アベニュー間を走る］ ► I took MRT to the museum and took a jeepney from there.（美術館までMRTを使ってそこからジプニーに乗ったよ） cf. jeepney 〈フィリピン〉

NAIA ［ナイア］

ニノイアキノ国際空港（Ninoy Aquino International Airport）.［第1から第3までのターミナルがある］► We have our pick-up service for PAL passengers at NAIA 2.（ニノイアキノ国際空港第2ターミナルでフィリピン航空搭乗者向けのお迎えのサービスがある） cf. PAL 〈フィリピン〉

nanay ［ナナイ］

母親.［タガログ語］► Nothing is better than nanay's food.（お母さんの飯よりうまいものは無い）〈フィリピン〉

NCR ［エヌシーアール］

国家首都圏（National Capital Region）. ► The new minimum wage in NCR has been raised to P512 for workers in the non-agriculture sector.（国家首都圏の非農業分野の最低日給は512ペソに上がった）〈フィリピン〉

NEDA ［ネダ］

国家経済開発庁（National Economic and Develeopment Authority）. ► The NEDA's drafts for the national development plan was released yesterday.（国家経済開発庁の国家開発計画が昨日発表された）〈フィリピン〉

nestea ［ネスティー］

アイスティー.［甘いインスタントティー］► Nestea is fine for me.（アイスティーでいいよ）〈フィリピン〉

ninong (ninang) ［ニノン （ニナン）］

教父（教母）（god father, god mother）.［洗礼式に立ちあった

子供の成長を経済的にも見守る．タガログ語］ ► My ninong and ninang have continuously supported me since I was a child.（私の教父と教母は子供の頃から支え続けてくれた）〈フィリピン〉

nipa ［ニパ］

ニパ椰子．［マレー語由来］ ► My grandpa used to live in a nipa-hut before.（私の祖父は以前ニパ小屋に住んでたらしい）〈フィリピン〉

no? ［ノ］

〜だよね．［同意を求めるフィリピン諸語の文末表現で英語の付加疑問に使われる］ ► Expensive, no?（高いよね）〈フィリピン〉

Noynoy ［ノイノイ］

ベニグノ・アキノ３世元大統領（Beniguno Aquino III）．
► Noynoy turned over the leadership of the country to President Rodrigo Duterte.（ベニグノ・アキノ３世は国の舵取りをロドリゴ・ドゥテルテ大統領に委譲した）〈フィリピン〉

NPA ［エヌピーエー］

新人民軍（New People's Army），共産主義武装勢力． ► It is reported that NPA has been recruiting children for use as fighters.（新人民軍が子供を兵士としてリクルートしていると伝えられている）〈フィリピン〉

NSCB ［エヌエスシービー］

国家統計調整委員会（National Statistical Coordination Board）． ► NSCB released its latest report on poverty in the Philippines.（国家統計調整委員会はフィリピンの貧困に関する最新レポートを公表した）〈フィリピン〉

NSO ［エヌエスオゥ］

国家統計局（National Statistics Office）. ► I need to get the birth certificate at NSO for my job application.（求人に応募するために国家統計局で出生証明書を取る必要がある）〈フィリピン〉

OA ［オゥエー］

大げさな.［overacting の略．一般には overdoing / exaggerating］ ► The increase in security detail at the airport is actually OA.（空港での細部にわたる警備強化は実際のところ大げさだ）〈フィリピン〉

Octoberian ［オクトベリアン］

10 月に卒業する（した人）.［フィリピンの大学では通常前期が 5 ～ 10 月期，後期が 11 ～ 3 月期］ ► I will be an Octoberian.（10 月卒業になる）〈フィリピン〉

OFW ［オゥエフダブリュ］

フィリピン海外出稼ぎ労働者（Overseas Filipino Worker）. ► Many of OFWs get homesick.（多くの海外労働者はホームシックになる）〈フィリピン〉

---

open ［オゥペン］

（電気器具などを）つける（turn on）. ► Please open the light.（電気をつけて下さい）〈インド・シンガポール・マレーシア・フィリピン〉

OPM ［オゥピーエム］

フィリピン音楽（Original Philippine / Pinoy Music）.［海外の音楽に対して，国内アーティストによる音楽．伝統的な曲や最近の曲まで含む］ ► Today's radio show was the OPM special.（今日のラジオはフィリピン音楽特集だった）〈フィリピン〉

---

owner jeep ［オゥナ　ジィープ］

個人用ジープ，車体・部品などを組み立てたジープ. ► His

family has an owner jeep.（彼の家族は個人用ジープを所有している）〈フィリピン〉

---

pa ［パ］

（行為，時間などについて）まだ～.［タガログ語文末表現］► It is too early to leave our office. 4 pm pa.（オフィスを出るには早すぎる．まだ４時だ）〈フィリピン〉

---

padala ［パダ**ラ**］

届ける物，お金.［タガログ語］► When I met my friend living in Japan, he asked me to bring padala for his family in the Philippines.（日本に住む友達に会った時，彼のフィリピンの家族に渡すよう荷物を頼まれた）cf. bring 〈フィリピン〉

PAGASA ［パグ**ア**サ］

フィリピン気象庁（Philippine Atmospheric, Geophysical and Astronomical Services Administration）.

► PAGASA announced the onset of the rainy season.（フィリピン気象庁は雨季の到来を告げた）〈フィリピン〉

PAL ［**パ**ル］

フィリピン航空（Philippine Airlines）. ► PAL launched a special promotion. Now, I might be able to visit my friend's place.（フィリピン航空は特別プロモーションを始めた．もしかしたら友達の家に行けるかもしれない）〈フィリピン〉

Palace ［**パ**ラス］

マラカニアン宮殿（フィリピン大統領府のこと）.

cf. Malacañang 〈フィリピン〉

---

pampers ［**パ**ンパース］

おむつ.［アメリカのメーカー名から］► Do you think he

doesn't need pampers anymore? (もうおむついらないと思う？) cf. colgate 〈フィリピン〉

pan de sal [パン デ サル]

(ロールパンのような) 小さめのパン，パンデサル. [pandesal とも綴る. スペイン語由来] ► How many pandesals do you want? (パンデサルはいくついる？) 〈フィリピン〉

panboat [パンボウト]

(エンジン付きの旅客用) 中型ボート. ► You need to take a panboat to the island. (島に行くには中型ボートに乗らないといけない) 〈フィリピン〉

pandan [パンダン]

タコノキ. [タガログ語] ► buko pandan [ブコ パンダン] (ココナツとタコノキの葉を混ぜたゼリーで作るデザート) I had buko pandan for dessert. (ブコ・パンダンをデザートにいただいた) 〈フィリピン〉

pansit [パンシット]

麺. [タガログ語 . pansit canton (卵麺焼きそば), pansit bihon (ビーフン麺) などがある. 語源は福建語の「便食」だが，麺類全般を指す語として定着している] ► We usually serve pansit at a birthday celebration. (誕生日にはいつも麺料理を用意する) cf. bihon 〈フィリピン〉

pasalubong [パサロボン]

おみやげ. [タガログ語] ► My bag is packed with pasalubong to my relatives. (カバンには親戚へのおみやげが入っている) 〈フィリピン〉

pasko [パスコ]

(1) クリスマス. ► Maligayang Pasko!（メリークリスマス！）
(2) クリスマスプレゼント. ► Where is my pasko?（私のクリスマスプレゼントはどこ？）［タガログ語］〈フィリピン〉

pass by ［パス バイ］

迎えに行く（pick up）. ► I just pass by your house. OK?（家に迎えにいくよ. いいかな？）〈フィリピン〉

PDEA ［ピーディーイーエィ］

フィリピン薬物取締庁（Philippine Drug Enforcement Agency）. ► The president ordered PDEA to suppress illegal drugs in the country.（大統領は国内の違法薬物を取り締まるように薬物取締庁に命じた）〈フィリピン〉

pedicab ［ペディカブ］

自転車タクシー. ► I paid extra to a pedicab driver.（自転車タクシーの運転手に少し多く払った）〈フィリピン〉

pentel pen ［ペンテル ペン］

マジックペン. ► Can I borrow your pentel pen?（マジック借りていいかな？）〈フィリピン〉

percent ［パァセン］

賄賂, 大型契約などの手数料名目の取り分. ► He asked me for some percent.（彼は賄賂を要求してきた） cf. commission 〈フィリピン〉

Pilipino ［ピリピノ］

フィリピン人, フィリピン語.［タガログ語表記. 英語表記では Filipino］ ► There are many Pilipino-Americans in the States.（アメリカには多くのフィリピン系アメリカ人がいる）〈フィリピン〉

piña ［ピーニャ］

パイナップル繊維.［タガログ語］► This shirt is made from piña.（このシャツはパイナップル繊維からできている）〈フィリピン〉

pinakbet ［ピナクベット］

野菜の魚貝スープ煮込み料理.［タガログ語］► Pinakbet comes from Ilokano tradition in the northern Philippines.（ピナクベットは北部フィリピンのイロカノの人びとの伝統から生まれた料理です）〈フィリピン〉

Pinoy (Pinay) ［ピノイ （ピナイ）］

フィリピン人男性（女性）. ► Pinays love taking photos no matter where they are.（フィリピン人女性はどこにいても写真を撮るのが好きだ）〈フィリピン〉

plastic ［プラスティック］

ビニール袋. ► Do you need a plastic?（ビニール袋は必要ですか）〈フィリピン〉

PNP ［ピーエヌピー］

フィリピン国家警察（Philippine National Police）. ► The PNP has tightened security in various areas nationwide in preparation for the upcoming election.（フィリピン国家警察は近づく選挙に備えて全国各地で警戒を強めた）〈フィリピン〉

po ［ポ］

（年上や社会的地位の高い人に対して）尊敬を表すタガログ語表現. ► Thank you po.（ありがとうございます）［英語表現にタガログ語を加えて尊敬の意を表す. Sige po.［シゲポ］や, Opo.［オポ］（承知しました）のようにタガログ語表現を英語の会話で用いることもある］〈フィリピン〉

polo ［ポロ］

ポロシャツ. ► Where is my white polo?（私の白のポロシャツどこ？）〈フィリピン〉

PRC ［ピーアールシー］

専門職資格管理委員会（Professional Regulation Commission）.［司法・医療・教育・土木建築・海運などのフィリピン国家資格を管理する認定組織］► Yesterday, I got my

column 14 フィリピン英語の特徴 その2

フィリピンでは，英語のなかにタガログ語を混ぜることがよくある．タガログ語はフィリピンの国語であるフィリピノ語の母体となった現地の有力言語である．混合は話しことばではごく普通のことだが，書きことばにも起きている．しかも，フィリピン文化特有の事物や心情を表現する名詞や形容詞だけでなく，接続詞，副詞，助詞なども使われる．

例えば，こんな具合．"I don't think I had correct study habits pero (but) I studied when I needed to." "At 2:30, we all went to the auditorium where the rules of the school, dorms, practice rooms were given. Tapos (Then) the introduction of the teachers." (*Asian Englishes*, Vol. 1, No. 1)

フィリピン人は英語とタガログ語の混じったことばを Taglish，あるいは Engalog と呼んでいる．英語のなかにタガログ語を入れると，"familiarity（親近感）と "solidarity"（連帯感）が表現できるという．この混合のために理解が難しい場合には，あわてずに "International English, please." と言えばよい．私たちにもわかるように言い換えてくれる．

renewed PRC ID from the main office in Manila.（昨日，マニラの PRC 本部で資格証明書を更新した）〈フィリピン〉

presidentiable ［プレジデンシャブル］

大統領候補者．► He was a presidentiable, but not elected for this time.（彼は大統領になれるほどの候補だったが，今回は落選した） cf. senetoriable 〈フィリピン〉

promdi ［プロムディ］

田舎者，地方出身者．［タガログ語］► There seems to be some discrimination from Manila people towards promdi.（マニラの人びとが地方出身者に対して持つ差別が存在するようだ）［タガログ語 provinciano［プロビンシャノ］（男性），provinciana［プロビンシャナ］（女性）も同意］〈フィリピン〉

province ［プロヴィンス］

田舎，マニラ首都圏以外の地域（rural area）．► I don't want to live in the province.（田舎には住みたくない）〈フィリピン〉

PUJ ［ピーユージェイ］

登録済み公共交通用ジプニー，乗り合い小型バス（Public Utility Jeepney）．► PUJs are not allowed to enter this area.（公共交通用ジプニーはこの地区には入れない）〈フィリピン〉

pulutan ［プルタン］

お酒のおつまみ．［タガログ語］► I've got San Miguel, but forgot to buy pulutan.（ビール買ったけどおつまみ忘れちゃった）［San Miguel はフィリピンビールの代表的銘柄］ cf. SMB 〈フィリピン〉

purok ［プロック］

都市部バランガイ（町，村）内部の地区．［タガログ語］

► Community disaster management has been prepared by tapping into the towns' purok system. (コミュニティ災害管理は町の地区別システムを活用することで準備が進められている)
cf. barangay / barrio / sitio 〈フィリピン〉

PUV [ピーユーヴィ]

登録済み公共交通用車両 (Public Utility Vehicle). [タクシー, バスなど]. ► PUVs are prohibited to pick up passengers inside the terminal. (公共交通用車両はターミナル内で旅客を乗車させることは禁止されている) 〈フィリピン〉

---

querida [ケリダ]

内妻. [タガログ語は kabit. スペイン語由来] ► What circumstance made her accept the life of a querida? (どうして彼女は内妻になる人生となったんだろう) 〈フィリピン〉

---

rainy season [レイニー　シーズン]

雨季. [一般的に6月から10月が雨季で, 11月から5月までが乾季]
► Rainy season makes me feel depressed. (雨季は気分が落ち込むな) 〈フィリピン〉

---

ref [レフ]

冷蔵庫. ► Yesterday's dinner is in the ref. (昨日の夕飯が冷蔵庫にある) 〈フィリピン〉

---

result to [リザルト　トゥ]

～という結果になる (result in). ► Heavy rain resulted to the change of flight schedule. (豪雨の影響でフライトスケジュールが変更になった) 〈フィリピン〉

---

rotonda [ロトンダ]

(円形状の) ロータリー (roundabout). [スペイン語由来]

► Please go straight towards the rotonda, then turn right towards the direction of Makati.（ロータリーまでまっすぐ行き，右に曲がってマカティ方面へ行ってください）〈フィリピン〉

RTW ［アルティダブリュ］

既製服（Ready-To-Wear）. ► We have RTW wedding gowns for sale and for rent.（販売用と貸出用にウェディングドレスの既製品があります）〈フィリピン〉

sachet ［サッシェ］

小袋，小袋分け販売．［雑貨屋で販売される小分けされたシャンプー，コーヒーなど］ ► The sachet has become an integral part of everyday life for Filipinos.（小分け販売はフィリピンでの日常生活の一部になった）〈フィリピン〉

sago ［サゴ］

タピオカ（サゴ椰子の木の幹の澱粉）. ► sago't gulaman（タピオカ入り寒天ドリンク） cf. gulaman〈フィリピン〉

salvage ［サルヴェイジ］

超法規的殺害，超法規的に殺害する．［スペイン語 salvaje「残虐な」に由来．英米英語は「救う」の意］ ► The number of salvage victims might drastically increase as the government continues to fight the war on drugs.（政府が麻薬戦争を戦い続けることで超法規的殺害の件数が劇的に増えるかもしれない）〈フィリピン〉

sampaguita ［サンパギータ］

サンパギータ（Arabian jasmine，日本名マツリカ）．［アラビア·ジャスミン．フィリピン国花．タガログ語］ ► A little girl was selling sampaguita necklaces on the street.（少女がサンパギータのネックレスを路上で売っていた）〈フィリピン〉

Sandiganbayan ［サンディガンバヤン］

公務員特別裁判所（Court of Appeals）.［タガログ語 sandigan「頼る」, bayan「国」の意］► President will make his first appointment in the Sandiganbayan soon.（大統領は公務員特別裁判所所長を近々任命するであろう）〈フィリピン〉

---

sari-sari store ［サリ サリ ストア］

雑貨屋.［タガログ語］► Children are playing basketball in front of a sari-sari store.（子どもたちが雑貨屋の前でバスケットボールをしている）〈フィリピン〉

Saudi ［サウディ］

中東. ► My cousin is OFW in Saudi.（私のいとこは中東で働いています） cf. OFW 〈フィリピン〉

---

sayang ［サヤン］

もったいない.［タガログ語］► Sayang, if you don't eat them all.（もったいないから全部食べて）〈フィリピン〉

---

scotch tape ［スコッチ テープ］

セロテープ.［商品名から］► We used a lot of scotch tape in an art class today.（今日, 美術の授業でセロテープをたくさん使った）〈フィリピン〉

---

senetoriable ［セネトリアブル］

上院議員候補者. ► There were 50 senetoriables in the last election.（前回の選挙では上院議員候補者が 50 名いた） cf. presidentiable 〈フィリピン〉

---

shabu ［シャブ］

覚せい剤（シャブ）.［日本語語源は「骨までシャブられる」に由来す

るなど諸説あるが，日本語の借用とされる］ ► At least five kilos of shabu were seized in Pasig yesterday.（昨日，少なくとも5キロの覚せい剤がパシッグで押収された）〈フィリピン〉

siesta ［シエスタ］

午後の休憩．［スペイン語由来］ ► "Is there Boss here now?" "He is taking siesta."（「ボスいますか」「午後の休憩中です」）〈フィリピン〉

Signal No. X ［シグナル　ナンバー　エックス］

台風警報．［台風警報は No.1 は風速 30-60 kph が 36 時間以内に発生（幼稚園以下が休校），No.2 は風速 61-120 kph が 24 時間以内に発生（初等・中等教育機関が休校），No.3 は風速 121-170 kph が 18 時間以内に発生（すべての教育機関が休校），No.4 は風速 171-220 kph が 12 時間以内に発生，No.5 は風速 220 kph が 12 時間以内に発生する悪天候の段階を示す］ ► Signal No. 3 is announced now.（台風警報 3 が現在発令されている）〈フィリピン〉

since before yet ［シンス　ビフォアー　ヤェト］

長い間． ► I haven't met him since before yet.（彼には長い間会っていない）〈フィリピン〉

sinigan soup ［シニガン　スープ］

タマリンドの酸味があるスープ，シニガンスープ．［タガログ語］ ► I really like my mom's sinigan soup.（母のシニガン・スープが大好きだ）〈フィリピン〉

siopao ［シオパオ］

中華まん，肉まん．［タガログ語．福建語の「焼包」に由来．牛肉，豚肉，鶏肉などのマリネが入っているものを asado siopao（asado = roast，スペイン語），「煮込み」を入れたものを adobo siopao，「牛肉，豚肉，鶏肉，エビ，アヒルなどの卵などを混合」した bola-bola

などの種類がある]〈フィリピン〉

---

sir [サー]

年上や社会的地位の上位者の男性に対する呼称.[特に商業施設で] ► Sir, can I get your signature? (サインを頂けますか)〈フィリピン〉

---

sisig [シシッグ]

豚の頬肉・耳のみじん切り炒め,シシッグ.[タガログ語]

► They say that nothing goes better with beer than sizzling sisig. (出来立てのシシッグほどビールに合うつまみはないということだ)〈フィリピン〉

---

sitio [シティオ]

バランガイ(村)内部の地区.[タガログ語] cf. barangay / barrio / purok 〈フィリピン〉

SM [エスエム]

SMスーパー.[Shoe Mart社が経営し全国展開するモール,スーパー] ► On Sunday, there are a lot of people in SM. (日曜日はSMにたくさんの人がいます)〈フィリピン〉

SMB [エスエムビィ]

サンミゲール(San Miguel Beer). ► I get one SMB, please. (サンミゲールビール一つお願いします)〈フィリピン〉

---

solon [ソロン]

国会議員. ► Solons were invited to today's speech. (国会議員が今日のスピーチに招待された)〈フィリピン〉

SONA [ソナ]

大統領施政方針演説(State of the Nation Address).

► SONA is delivered by the President of the Philippines every year.（施政方針演説はフィリピン大統領により毎年行われる）〈フィリピン〉

squatter ［スクワッター］

違法滞在者. ► Everybody knows that he is a squatter but he is too old to deal with that matter. We don't know what to do with him.（みんな彼が違法滞在者ってことは知っているが，もう高齢すぎて自分でも問題の意味がわからないようだ．われわれも彼にどう対処していいかわからない）〈フィリピン〉

standby ［スタンバイ］

仕事もなくブラブラしている人. ► He was fired and now he is a standby.（彼はリストラされて今は何もしていない）〈フィリピン〉

study about ［スタディ アバウト］

勉強する.［英米英語では study のみ］► We have to study about Japanese history for the next exam.（次のテストに向けて日本の歴史を勉強しないと）〈フィリピン〉

subdivision ［サブディヴィジョン］

高級住宅街. ► I saw many Benz in that subdivision.（あの高級住宅街でたくさんのベンツを見た）cf. village〈フィリピン〉

suki ［スキ］

常連さん.［タガログ語］► He is one of our important sukis at our restaurant.（彼は私達のレストランに来る大切な常連さんの 1 人です）〈フィリピン〉

summer ［サマー］

夏休み，夏の授業.［通常，4 月～ 5 月］► After summer is

over, classes will resume.（夏休みが終わると，授業が再開される）I am taking the summer now.（今，夏季授業を取っている）〈フィリピン〉

SWS ［エスダブリューエス］

ソーシャル・ウェザー・ステーション（Social Weather Station）．［民間の世論調査機関］► The SWS survey revealed that more Filipinos found their personal lives getting better over the past 12 months.（ソーシャル・ウェザー・ステーションの調査では，過去 12 ヶ月間で暮らし向きがよくなっていると感じているフィリピン人が多くなっていることがわかった）〈フィリピン〉

Tagalog ［タガログ］

タガログ人，タガログ語． ► She can speak Tagalog and English fluently.（彼女はタガログ語と英語を流暢に話す）［マニラを中心に使用される民族語のタガログ語（Tagalog）と国語であるフィリピン語（Filipino）の違いを指摘する議論もあるが，一般人には首都マニラのタガログ語がフィリピン語であるとの感覚が存在している］〈フィリピン〉

Taglish ［タグリッシュ］

タグリッシュ．［英語とタガログ語が混ざった言葉（Tagalog + English）］ ► At ATMs of some banks, you can choose instructions in English or Taglish.（ある銀行の ATM では英語かタグリッシュの案内を選ぶことができる）〈フィリピン〉

---

taho ［タホ］

豆腐，甘味シロップが一緒になっているデザート．［タガログ語］

► Taho is similar to Japanese silken tofu, but served with brown sweet syrup.（タホは日本の絹ごし豆腐に似ているが，茶色の甘いシロップで食べる）〈フィリピン〉

---

take home ［テイク　ホーム］

持ち帰り． ► Eat here or take home?（店内でお召し上がりですか．お持ち帰りですか）〈フィリピン〉

take lunch ［テイク　ランチ］

昼食を食べる（have lunch）． ► Let's go and take lunch.（お昼を食べに行こう）〈フィリピン〉

talong ［タロン］

ナス．［タガログ語．tortang talong（なすのオムレツ = eggplant omelette）などが有名］ ► If you like vegetables, you can try tortang talong.（野菜がよければ，ナスオムレツもあるよ）〈フィリピン〉

tapa ［タパ］

漬け込んだ肉の料理，タパ．［タガログ語］ ► I had beef tapa for breakfast.（朝食に牛肉のタパを食べた）〈フィリピン〉

tapsilog ［タプシロッグ］

漬け込んだ肉料理，目玉焼き，チャーハンが一緒になったプレート料理，タプシロッグ．［タガログ語の tapa（漬け込んだ肉料理），sinangag（チャーハン），itlog（卵）の合成語］ ► Tapsilog is usually served for breakfast in the Philippines.（タプシロッグはフィリピンの一般的な朝食です）〈フィリピン〉

tatay ［タタイ］

父親．［タガログ語］ ► Tatay scolded at me because I was late to go back home.（帰りが遅かったので父親に怒られた） cf. go 〈フィリピン〉

teleserye ［テレシィリエ］

テレビドラマ番組．［タガログ語］ ► A new GMA's teleserye

will be out soon.（GMAチャンネルで新しいドラマ番組が近々始まる） cf. GMA〈フィリピン〉

terno ［テルノ］

女性の豪華な正装，テルノ.［タガログ語］► The lady over there wearing terno is my wife.（あそこのテルノを着てる女性は私の妻です）〈フィリピン〉

TESDA ［テスダ］

労働雇用省技術教育技能教育庁（Technical Education and Skills Development Authority）.〈フィリピン〉

thrice ［スライス］

3度目，3回目.［通常文語で使用されるが，フィリピンでは口語で使用されることもある］► I tried my best in the bar exams, but failed thrice.（司法試験で最善を尽くしたけど，3度落ちた）〈フィリピン〉

tilapia ［ティラピア］

テラピア（日本名カワスズメ，イズミダイ，チカダイ）.［タガログ語綴りでは tilapya］► The fisherman is taking tilapia.（漁師がティラピアを獲っている）〈フィリピン〉

Tito (Tita) ［ティート（ティータ）］

おじ（おば），年上の男性（女性）への呼びかけ.［タガログ語］► Tito, long time no see!（おじさん，お久しぶり！）〈フィリピン〉

TNT ［ティエヌティ］

不法移住労働者.［タガログ語の tago ng tago（隠れ続ける）から. 英語は illegal overstay］► He stayed in Japan for 7 years as a TNT.（彼は日本で不法滞在者として7年間日本に滞在していた）〈フィリピン〉

tomboy ［トンボイ］

男っぽい女性. ► She was a tomboy.（彼女は男性っぽい女性だったよ）〈フィリピン〉

top notcher ［トップ　ノッチャー］

（選挙や試験で）1 番の人. ► Gloria Macapagal-Arroyo was the top notcher in the May 1995 senatorial election.（グロリア・マカパガル・アロヨ氏は 1995 年上院選挙で 1 番だった）〈フィリピン〉

traffic ［トラッフィック］

渋滞で（heavily congested）. ► So sorry I'm late. It was really traffic again.（遅れてすみません. また渋滞がひどくて）〈フィリピン〉

transparent ［トランスパレント］

正直な. ► Someone transparent needs to talk to prove it. Otherwise nothing will be uncovered.（誰か正直な人が話して証明して下さい. さもなければ何も明らかになりません）〈フィリピン〉

trapo ［トラポ］

（1）伝統的な, 昔ながらの政治家（traditional politician）.
► Trapos don't listen to younger generations.（昔ながらの政治家は若者の声に耳を傾けない）
（2）雑巾.［スペイン語由来］► A vendor is selling trapos on the street.（路上で物売りが雑巾を売っている）〈フィリピン〉

tricycle ［トライシクル］

三輪車タクシー. ► I have too many stuff to go back to my house by walk. Let's wait for a tricycle.（歩いて家に帰るのには荷物が多すぎる. トライシクルを待とう）［バイク三輪車は特

定地域内で使用され，場所により三輪自転車 trisikad［ト**ラ**イシカッド］もある］〈フィリピン〉

tuba ［トゥ**バ**］

ヤシ酒（醸造酒）．［タガログ語］► Be careful of your stomach when you try tuba.（ヤシ酒を飲むときには，お腹に気をつけて）〈フィリピン〉

turon ［トゥ**ロ**ン］

バナナ春巻き．［タガログ語］► While waiting for a bus, I found turon and bought it.（バスを待ってる間，バナナ春巻きを見つけたので買った）〈フィリピン〉

turo-turo ［**ト**ゥロ**ト**ゥロ］

お惣菜屋のように選んで注文ができるレストラン，トゥロトゥロ．［タガログ語］► "Where are you going for dinner today?" "How about turo-turo?"（「夕飯どこにする？」「トゥロトゥロでもどう？」）〈フィリピン〉

ube ［**ウ**ベ］

紫芋．［タガログ語］► I brought a home-made ube cake to kids.（子どもたちに手作りの紫芋ケーキを持って行きました）cf. bring 〈フィリピン〉

UP ［**ユ**ー**ピ**ィ］

フィリピン大学（University of the Philippines. 国立大学）．► Our professor graduated from UP.（私たちの先生はフィリピン大学出身です）［フィリピン大学はバギオ校，ディリマン校，マニラ校，ロスバニョス校，ビサヤス校，セブ校，ミンダナオ校，通信制大学を国内に持つ］〈フィリピン〉

UST ［**ユ**ー**エ**ス**ティ**］

サントトマス大学 (University of Santo Thomas. マニラの私立大学). [1605年設立のカトリック系アジア最古の総合大学]
► There are many dormitories, boarding houses, and apartments within the vicinity of UST. (サントトマス大学の近くには寮, 下宿, アパートなどが多くある) 〈フィリピン〉

utang na loob [ウータン ナ ロオップ]

恩義. [タガログ語] ► Don't forget "utang na loob" when someone helped you. (誰かが助けてくれた時は恩義を忘れないように) 〈フィリピン〉

very unique [ヴェリィ ユニーク]

とてもユニーク. [一般には very をつけない] ► Have you met Anne? She is very unique no? (アンに会ったことある？本当に個性的じゃない？) cf. no 〈インド・シンガポール・マレーシア・フィリピン〉

veteran [ヴェテラン]

太平洋戦争に従事した兵隊. ► We had a special lecture by a grandson of a veteran today. (今日は太平洋戦争の兵士のお孫さんによる特別講義がありました) 〈フィリピン〉

viand [ヴィアンド]

(ご飯とともに食べる肉などの) おかず (dish). ► What is your viand for tonight? (今晩のおかずは何かな) 〈フィリピン〉

videoke [ヴィデオケ]

カラオケ用テレビセット. ► I have videoke at home. Why don't you come with us for singing? (家にカラオケセットがあるから一緒に歌いに来ない？) [videoke は日本語カラオケ (karaoke) に由来. 家庭用テレビの画面上に歌詞とビデオが流れるセットが一般的. karaoke machine ともいわれる. KTV は karaoke TV の略で商業施設などで使用されている] 〈フィリピン〉

village ［ヴィレッジ］

（中流・上流の）民間の戸建住宅地区．［周囲とはある程度隔離された特定用地を分譲宅地として開発・整備した，富裕層が多く住む居住地区］ ► Recently there are so many villages built here.（最近この辺に多くの民間の戸建住宅地区が建設されるようになった） cf. subdivision 〈フィリピン〉

---

vulcanizing shop ［ヴォルカナイジング ショップ］

タイヤのパンク修理屋． ► Not again! It's flat. I have to go to a vulcanizing shop.（またか！パンクだ．修理屋に行かないと）〈フィリピン〉

---

watch-your-car ［ウォチ ユア カー］

資格や権限を持たずに路上駐車の車を見張り，時には車を洗いチップをもらう人（unlicensed attendant）． ► I gave some coins to that watch-your-car boy.（あの見張りをしていた子どもに何枚かの硬貨を渡した）〈フィリピン〉

---

working holiday ［ワーキン ハリデー］

休日出勤日（regular work day）． ► August 19 is a working holiday nationwide but a non-working holiday in Quezon City, Quezon and Aurora Provinces.（8 月 19 日は全国では休日出勤日であるが，ケソン市，ケソン州・アウロラ州では休日となっている）〈フィリピン〉

---

xerox ［ゼェロックス］

コピーする，コピー．［会社名より］ ► Please xerox this document and submit it to this window by 4 pm.（これをコピーしてこの窓口に午後 4 時までに提出してください）〈フィリピン〉

---

yaya ［ヤヤ］

泊まり込みのベビーシッターの女性.［タガログ語］► We decided to hire a yaya for our baby.（赤ちゃんのためにベビーシッターを雇うことにした）〈フィリピン〉

yes ［イエス］

いいえ.［フィリピン英語では yes が no の意味になることがある．"Would you mind opening the window?" "Yes, sir." のように「はい」と「いいえ」の混用がみられる．フィリピンでの yes には「相手に良い印象を与えたいとき」「困ったとき」「会話を終わらせたいとき」「言われたことや指示を半分理解したとき」「自分でわからなかったとき」「相手よりも自分のほうがよく知っていると思ったとき」に使用するとの指摘があり，状況によって肯定的な意味だけではないことに注意］〈フィリピン〉

you don't only know

［**ユ**ー　**ド**ン　**オ**ンリー　**ノ**ー］

気づいていない（you just don't realize）. ► You don't only know how much I love you.（あなたはどれだけ私が愛しているか気づいていない）〈フィリピン〉

column 15 フィリピン英語のジョーク

フィリピンでは，多くの人びとがいろいろな場面で英語を使っている．英語でジョークを言い合うのもその一例である．おもしろいことに，ジョセフ・エストラーダ元大統領を話題にしたエラップジョーク（Erap Jokes，p.217 ERAP参照）というのがあって，新しいものがどんどんできた．彼の英語が下手なこと，間が悪いことなどがテーマとなる．

"Why did Erap stare at a can of frozen orange juice? — Because it said concentrate." [concentrate「濃縮液」を「集中せよ」と取り違えた例] "How are a San Miguel beer bottle and Erap alike? — They are both empty from the neck up." これは解説不要だろう．

"The doctor told Erap if he ran eight kilometers a day for 300 days, he would lose 34 kilos. At the end of 300 days, Erap called the doctor to report he had lost the weight, but he had a problem. 'What's the problem?' asked the doctor. 'I'm 2400 kms from home.'" たわいない話だが，山ほどある．

第4章
中国の英語

achievement [アチーヴメント]

(入試，学校の) 成績，評点. [「成绩」より. 学生用語] ► I wanted to go to Qinghua University, but my achievement wasn't very good. (精華大学に行きたかったが，評点がよくなかった) 〈中国〉

bok choy [ボク　チョイ]

ボクチョイ. チンゲン菜. [pak choi [パクチョイ] とも.「白菜」(日本語ではチンゲン菜のこと) より.] ► Chinese people like to call bok choi Chinese cabbage. (中国ではボクチョイのことを中国キャベツという) 〈中国〉

break the three irons

[ブレイク　ザ　スリー　アイアンズ]

３種の鉄を破る. [中国の官僚，国営企業などの特権打破を目指す「打破三铁」(打破三鉄) より. 三鉄とは「铁饭碗」(鉄飯碗) (iron rice bowl=life-time employment 終身雇用),「铁工资」(鉄工資) (iron wage=guaranteed pay 賃金保障),「铁交椅」(鉄交椅) (iron armchair=life-time post 終身職位) のこと. 鉄のように固く，壊れることないイメージを表わす] ► To break the three irons is easy to say, but difficult to do. (三鉄を破るとは言うに易く，行うに難し) cf. golden rice bowl / iron rice bowl / iron wage / iron armchair 〈中国〉

cadre [カドリィ]

(あらゆる組織のなかの) グループリーダー. [「干部」(幹部) より. 英米英語の cadre (軍の幹部) を利用しているが，意味はより一般化している] ► Our cadres must maintain the work style and the way of thinking of "from the masses, to the masses." They must be concerned about the people's hardships, listen to their opinions and protect their interests. (あらゆる組織のグループリーダーは「大衆から大衆へ」の思想を堅持し実践す

るよう奉仕しなければならない．彼らは人民の苦労に心を寄せ，人民の声を聞き，人民の利益を保護しなければならない）〈中国〉

capitalist roader ［キャピタリスト ローダー］

資本主義の道に向かう一派．走資派．［共産党内のグループで社会主義を標榜しながら資本主義の道（capitalist road）を目指す人．「走资派」（走資派）より］ ► Deng Xiaoping is often said as the representative of capitalist roaders.（鄧小平は走資派の代表といわれる）〈中国〉

cheongsam ［チョンサム］

女性用ワンピースの中国服．［「长衫」（丈の長い伝統的な中国服）より．qipao（チーパオ）「旗袍」とも］ ► She wore a beautiful and tight-fitting cheongsam at that party.（彼女はあのパーティで美しい，引き締まったチョンサムを着ていました）〈シンガポール・マレーシア・中国〉

Chinese Dream ［チャイニーズ ドリーム］

中国の夢．［「中国梦」より．習近平主席が 2015 年に述べたことば］ ► Realizing the great renewal of the Chinese nation is the greatest dream for the Chinese nation in modern history.（中国国家の偉大なる再生を実現することこそ，中国の近代史における最大の夢である）〈中国〉

chop suey ［チョップ スイ］

何種類かの食材を一緒に炒め合わせる料理．［「杂烩」（ごはん，肉，野菜を混ぜて，炒めたり，煮たりする料理）より］ ► Chop suey has become a prominent part of American Chinese cuisine.（チョプスイはアメリカン中華の典型です）〈中国〉

chow mein ［チャオ ミエン］

焼きそば．［stir-fried noodle とも．「炒面」（炒麺，焼きそば）より］

► I used to eat a lot of chow mein with a lot of beer when I was young.（若いころは焼きそばとビールの日々だった）
〈中国〉

Cultural Revolution

［カルチュラル　レヴォ**ル**ーション］

文化大革命.［毛沢東が 1960 年代に仕掛けた運動. 共産主義を資本主義的に修正しようとするグループに対する反走資派運動. 多くの社会的文化的混乱を生み失敗に終わったとされる］► In 1981–five years after Mao's death–China's government officially pronounced the Cultural Revolution as a "catastrophe." But now Cultural Revolution-era songs-and-dance performances are being revived in many places.（政府は 1981 年, 毛沢東の死後 5 年経って, 文化大革命を「惨事」と公に宣言した. しかし, このところ, 当時の歌と踊りの公演がいたる所で人気を集めつつある）cf. capitalist roader **〈中国〉**

---

dazibao ［**ダ**ズィバオ］

壁新聞.［wall poster とも. 「**大字报**」(大字報) より. 壁に張った大きなポスターに大きな字で政治的意見を述べるもの］► At some political crises of the country, people put up dazibao accusing the government of their high-handed attitude.（中国が政治的危機に陥ると, 庶民は壁新聞で政府の高圧的態度を批判した）**〈中国〉**

---

dim sum ［**ディ**ム　サム］

飲茶（ヤムチャ）のこと.［広東料理で有名. 「**点心**」より］

► Before leaving for home, many Japanese tourists plan to enjoy dim sum as the last Chinese food at an airport restaurant in Hong Kong.（多くの日本人旅行者は帰国前に, 香港空港のレストランで最後の中華料理として飲茶を楽しむことを計画に入れている）**〈中国〉**

---

863 Program ［エイト スィックス スリー プログラム］

863プログラム.［国家高等技術研究発展計画のこと.「863 计划」（863計画）より. 1986年3月に提案されたことから. 成果としては, 2003年の月面探索用有人宇宙船「紳舟」の打ち上げなどがあげられる］ ► The 863 program is intended to stimulate the development of advanced technologies in a wide range of fields for the purpose of rendering China independent of financial obligations for foreign technologies.（863プログラムは広範囲の分野で高等技術の開発を促し, 外国の技術に高額の代価を支払う財政的束縛から自由になることを目指す）〈中国〉

---

face ［フェース］

面子, メンツ.［中国人は「面子」を respect（尊敬）, dignity（威厳）, prestige（名声）, pride（誇り）, honor（名誉）, integrity（高潔）, さらには self-identity（自己）などを表わす概念としてとらえ, これをとても大切にする. 諺に曰く, A man has his face just as a tree has its bark.（樹木に樹皮があるように, 人間には面子がある）. 木が樹皮を失うと朽ちるように, 人が面子を失うことは死にも相当する, の意味. 英米英語には中国語から lose face（面子を失う）と save (gain) face（面子を保つ）を借用しているが, 中国英語ではもっと広範囲に使われる］ ► Give me face.（私の顔を立ててください） I give face, you don't want face.（あなたを立てたくてそう言ったのに, あなたは私の行為を無視したね！＝人の気持ちも知らないで） I know your face is bigger than mine.（あなたの面子のほうが私のよりも重要なのはわかります）［日本人ビジネスパーソンがこのように言っても, 十分に通じる.「でかいツラ」でないことに注意］ But please take my face into consideration, too.（私の面子も考えてください） If I go back to Japan without this contract, I will become faceless in my company.（この契約なしに帰国すれば, 私は会社で顔が立ちません）〈インド・シンガポール・マレーシア・中国〉

---

feng shui [フォン　シュエイ]

風水. [「风水」より] ► People's reactions to feng shui are divided. Some note it is quite rational, while others say it is part of Chinese superstitions. (庶民の風水に対する考えは分かれている．合理的という人もいれば，迷信にすぎないという人もいる)〈中国〉

---

fixed [フィックス(ト)]

安定した. [「安定」より．学生用語] ► I think of choosing to

column 16 中国の英語政策

中国政府の主導する英語政策で特筆すべきことは，英語メディア戦略である．中国中央テレビ（中国電視台 China Central Television, CCTV）は 2000 年９月よりチャンネル９を設立して，毎日 24 時間英語番組を放映している．これはアメリカの CNN やイギリスの BBC などの外国メディアを利用したものではなく，中国人スタッフが中国事情にフォーカスして制作し，多くの中国人がアナウンスやナレーションを担当する．中国全土で聴取でき，いろいろな役割をはたしている．

内容（コンテンツ）は次の項目例からもわかるように，中国案内をしながらも，世界のできごとに対する中国的見解を提示する．Around China，Asia Today，Biz China，China Today，China This Week，Chinese Civilization，Dialogue，Documentary，Nature and Science，News Hour，Rediscovering China，Sports Scene，World Insight，World Wide Watch，などなど．

視聴者は国内の外国人もいるが，大多数は中国人（知識人，官僚，大学生など）である．子どもは小さいときから，こういったものを目に，耳にしており，中国人の英語学習者のモデルに

be a teacher, because I think it is a fixed job.（教員を志望しています．安定した仕事だからです）〈中国〉

Four Comprehensives

［フォー　コンプリ**ヘ**ンスィヴズ］

4種の総合政策．［「**四个全面**」（四個全面）より．習近平主席が2015年に示した政治スローガン．［1］Comprehensively build a moderately prosperous society（適度に豊かな社会を総合的に建設する），［2］Comprehensively deepen reform（改革を総合的に深める），［3］Comprehensively govern the nation

もなっている．高校や大学の英語の授業にも利用されている．中国政府は英語運用要員の養成には多大の努力を注入しており，同国の英語戦略がよく練られていることを示す．

CCTV-9はCCTV Internationalとして，そのまま海外にも普及している．北京を発信地として，6基の衛星を中継して，世界で100か国にも届く地域で放映されている．海外の視聴者は200万人以上といわれる．アメリカでも，ニューヨーク，ロサンジェルス，ヒューストンで視聴されている．アジア諸国の国際観光ホテルではこれをケーブルで受け，客室に配信している．中国事情はアジア中で，英語で紹介されているのである．

このような展開は同局の次の使命からみて，当然のことであろう．CCTV International is China's answer to introducing greater diversity and more perspective into the global information flow.（CCTVインターナショナルは，グローバルな情報の流れに，さらに多様性をもたせ，より視野を広めようとする中国の試みなのである）すなわち，この広報戦略は英語をグローバルコミュニケーションの言語と認識して，それをフルに活用し，中国的観点を世界に発信しようとするものである．

according to law（法による国家統治を総合的に進める，[4] Comprehensively strictly govern the Party（党の厳格な統治を総合的に進める）というもの］► Chinese leader Xi Jinping unveils new “four comprehensives” slogans.（中国指導者習近平，新たな「4 種の総合政策」スローガンを発表）cf. Three Represents / xiaokang society. 〈中国〉

---

fuye ［フーイェ］

正職に加えてのアルバイト.［「**副业**」（副業）より．人民公社（people’s commune）の時代には禁止されており，見つかると罰金が科せられた］► With China’s reform and opening up and the idea that “to get rich is glorious,” people have been encouraged to practice fuye.（中国の改革開放政策と「金持ちになることは光栄なこと」という考えとともに，人びとはアルバイトをするよう奨励されている）〈中国〉

---

gaokao ［ガオ**カ**オ］

大学入試.［「**高考**」より．2 日間にわたって 9 時間行われる．最近は 900 万人くらいの受験者がある．試験科目は文系か理系かによって異なるが，中国文学，数学，英語は共通．また，入試ではカンニングが目に余り，政府は 2015 年に違反者に最長 7 年の禁固刑を科す法令を定めている］► It’s necessary to eliminate cheating on the gaokao. Cheating affects everyone.（大学入試ではカンニングを許してはならない．カンニングはみんなに影響を与える）〈中国〉

---

golden rice bowl ［ゴールデン　**ラ**イス　ボウル］

待遇のよい仕事のこと.［中国指導部の親類縁者が運営する事業を指すこともある．「**铁饭碗**」（鉄飯碗）をもじった「**金饭碗**」（金飯椀）より］► Critics say golden rice bowl outfits smack of corruption.（政府指導部の親類縁者の企業は汚職の匂いがするという批判が多い）cf. break the three irons / iron rice bowl 〈中国〉

---

guanxi ［グワンシー］

関係，つながり．［コネのこと．「关系」（関係）より］► If you have a good guanxi, you always have a back door.（よいコネがあれば，裏口が使える）〈中国〉

harmonious society

［ハーモニアス　ソサイアティ］

調和のとれた社会．［民主主義，法の支配，平等，正義，誠実，親睦，そして活力のある社会．「和谐社会」（和諧社会）より．胡錦濤元主席が 2006 年に述べたことば］► Chinese President Hu Jintao instructed the country's leading officials and Party cadres to place "building a harmonious society" top on their work agenda, when addressing a high-level party seminar.（胡錦濤主席は党のハイレベルのセミナーで，「和諧社会の構築こそ国家と党の最優先課題であると」指示した）cf. cadre〈中国〉

iron rice bowl ［アイアン　ライス　ボウル］

倒産をすることのない組織の仕事（終身雇用）．［公務員や政府系企業を指す．「铁饭碗」（鉄飯碗）より．鉄製の茶碗は落してもなかなか壊れないことから．日本語の「親方日の丸」の感じ．これには，iron wage（賃金保障）と iron armchair（終身職位）の恩恵がある］

► He does not come from a privileged family. The eldest son of a policeman, he joined the civil service—Hong Kong's iron rice bowl—soon after high school.（彼は名家の出身ではない．警察官の長男として生まれ，高校卒業後すぐに，終身雇用を保証する公務員の道を選んだ）cf. break the three irons / golden rice bowl / iron wage / iron armchair〈中国〉

jump into the sea

［ジャンプ　イントゥ　ザ　スィー］

安定した職を投げ打って私企業に飛び込む．［「下海」より］

第4章　中国の英語

► Many people give up their iron rice bowl jobs and start jumping into the sea. (多くの人びとは安定した公務員の職を投げ打って，私企業という荒波のなかに飛び込もうとしている．*波瀾万丈を物ともしない意気が感じられる) cf. iron rice bowl〈中国〉

kowtow [コウ**ト**ウ (カウ**ト**ウ)]

卑屈に追従する，ぺこぺこする．[「叩头」(叩頭) より] ► He kowtowed his way up to the present positon, showing extraordinary respect to people in authority, always obeying them and doing whatever he could in order to please them. (彼は上役に追従することによって現在の地位を得た．彼は権力者に尋常ならぬ敬意を示し，命令に従い，できることはなんでもして，彼らを喜ばせた)〈中国〉

column 17 中国社会を映し出す語句や表現

中国の大都市（上海，北京，広州，深圳など）にある大学や企業では，英語はよく使われている．インターネットやeメールでは，中国人どうしでも英語を使うことがけっこうある．それにともない，中国英語（Chinese English）と呼ばれる変種も発達しつつある．まずは，中国事情を表す表現をいくつかあげておく．

1. barefoot doctor（裸足の医者）
2. people's commune（人民公社）
3. great leap forward（大躍進）
4. reeducation（再教育）
5. reform through physical labor（労働改造）
6. red guard（紅衛兵）

lover [ラヴァー]

配偶者. [「爱人」(愛人)より. いわゆる愛人ではなく配偶者のこと.]

► People are supposed to know exactly the health conditions of their lovers. (自分の配偶者の健康状態をよく知っておくことが大切である) 〈中国〉

Mid-Autumn Festival

[ミッド **オー**タム **フェ**スティヴァル]

お月見. 中秋節. [Moon Festival (中秋の名月)ともいう.「**中秋节**」(中秋節) は中国の陰暦で8月15日. 新暦では2018年は9月24日に当たる. 数日間の連休となる. 春節につぐ重要な行事の1つ. 帰省ラッシュが起こる. 月餅 (moon cake) が名物] ► On Mid-

7. planned commodity economy (計画商品経済)
8. enterprise contracted production system (企業契約生産態勢)
9. safety first and prevention first (安全第一, 予防第一)
10. the higher authorities have policies and the localities have their counter measures (上有政策, 下有対策. 中央政府が政策を決めても, 各地でそれを骨抜きにしてしまうという傾向のこと.「対策」の意味が日本語と違うことに注意)
11. outstanding deeds and advanced persons (光栄的業績, 高尚的品格)
12. four modernizations (四個現代化. 4つの現代化. 農業, 工業, 科学技術と国家防衛を指す)
13. spiritual pollution (精神汚染)

Autumn night, Chinese people appreciate the full moon as a symbol of peace, prosperity, and family reunion. (中国人は中秋節の満月を平和，繁栄，家族再会のシンボルとして大切にします) cf. Spring Festival **〈中国〉**

---

new normal [ニュー ノーマル]

新常態．新たな常態・常識のこと．[「**新常态**」より．習近平主席が 2014 年に使い，経済成長率は以前の 2 桁ではなく，7% くらいになることを示唆した] ► When we talk about a new normal in China, we refer to the Chinese government's anticipation of moderate but perhaps more stable economic growth in the medium-to-long term. (中国で新常態というときは，政府の穏やか，かつ安定した経済成長という中長期的展望を指す) **〈中国〉**

One Belt, One Road

[ワン **ベ**ルト ワン **ロ**ード]

一帯一路．[「**一带一路**」より．2013 年，習近平主席の下で提唱された経済圏構想．一帯とは中国西部から中央アジアを経由してヨーロッパにつながる「シルクロード経済ベルト」，一路とは中国沿岸部から東南アジア，スリランカ，アラビア半島の沿岸部，東アフリカ岸を結ぶ「21 世紀海上シルクロード」のこと] ► China is exploring a path of major power diplomacy with Chinese characteristics in pursuit of peace, development, cooperation and win-win results. In this respect, the "One Belt, One Road" initiative is a specific strategy as well as a significant channel to realize its goal. (中国は大国としての外交を進め，中国の立場から平和，発展，協調，そしてウィンウィンの道を追究している．この意味で，「一帯一路」イニシアティブはこの目標を達成するための具体的な戦略であり，重要な方法なのである) **〈中国〉**

---

one country, two systems

[ワン　カントリー　トゥー　スィステムズ]

一国二制度.［中国のなかに共産主義と資本主義の両方を持つ試みのこと.「**一国两制**」(一国両制) より. 中国領土の香港はこれによって成立している. 台湾にもこれによるアプローチがなされている］

► China's "one country, two systems" is a practical measure of national management. (中国の一国二制度は国家運営の現実的な対応である)〈**中国**〉

---

paper tiger ［ペイパー　タイガー］

張り子のトラ.［威嚇的で脅威に見えるが, 実際はそれほどでもないことをいう.「**纸老虎**」(紙老虎) より. 毛沢東が 1946 年に米国を指して言ったことば］ ► In appearance it is very powerful but in reality it is nothing to be afraid of; it is a paper tiger. Outwardly a tiger, it is made of paper, unable to withstand the wind and the rain. (一見, それは強力であるが, 実際は恐れるに足らない. それは張り子のトラだ. 外見はトラだが紙でできていて, 風雨に耐えることはできない)〈**中国**〉

---

pinyin ［ピンイン］

ピンイン.［中国語のローマ字式発音表記体系.「拼音」より］

► Please write it in pinyin. (ピンインで書いてください)〈**中国**〉

---

pipa ［ピパ］

琵琶.［中国で最もポピュラーな楽器の１つ］ ► My sister is a professional pipa player. (姉は琵琶のプロの演奏家です)〈**中国**〉

---

political officer ［ポリティカル　オフィサー］

政治委員.［「**政治委员**」より. 共産党から大学などの施設に監視, 監督役として配置されている職員. 党の方針に逸脱しないかを監視. 大学では各学部, 各学科に配置されている］ ► The man standing

with the department chairperson is the political officer.
(学科長の隣にいる人は政治委員です)**〈中国〉**

---

political status [ポ**リ**ティカル ス**テ**ータス]
政治的地位.[「政治面貌」より.共産党員,共産主義青年団(Youth

column 18 中国英語の文法と構文

たとえば,次のような現象が認められる.

(1) 主語,目的語の不在

Sometimes (I) just play basketball.
We can see movies. Yes, I like (them).

(2) 連結語の共起

although のあとに but, because のあとに so を追加する.中国語がそういう構文になっているためである.

- Although it's not as big as Beijing, but I like it, because I was born there.(ここは北京ほど大きくないが,でも好き.生まれ故郷だから)
- Because in the canteen of our school, it is too crowded at the first of this semester, so we wouldn't like to go…go there to have our lunch or supper, so we choose some small restaurant to have our food.(学校の食堂は前期は混雑しているので,昼食や夕食には行かない.近くの小さなレストランですませる)

(3) トピック+コメント

主題を先に出し,以後それについて陳述する.次の文では,this society とまず言って,それからそれに関することを述べている.this society の文法的役割は明示されていない.日本語でも同じで,「この社会は人びとがますます実利的になる」はまっとうな文である.

League）団員，少年先鋒隊員（Young Pioneer）か，あるいは一般大衆（the masses）などを指す．1949 年の中国共産党誕生以来，求職や入院などに関するいろいろな書式にこの項目がある］►
"What is your political status?" "Communist Party member."（「政治的地位は？」「共産党員です」）**〈中国〉**

You know, I think this society, the people get more and more practical.（この社会では，人びとはますます実利に走る）

(4) SVO と OSV

英語の基本的な語順は SVO である．目的語を強調したいときには，それを前置する言い方（OSV）がある．ただし，それには一定の条件があり，それが標記される．中国英語では，次の文のように，ごくふつうの文でも OSV が生じる．

I'm afraid the both languages I can't speak very well.

(5) 名詞構文の多用

中国英語にはいろいろな名詞構文を使う．

an historic leap from having only adequate food and clothing to leading a basically affluent life by the end of the century（20 世紀の終わりを迎え，なんとかやりくりすることから基本的に豊かな生活を営むようになるという歴史的な飛躍．an historic は古風な言い方）

これらはもはや，間違いとか，逸脱とかではなく，中国人学習者のなかで，異文化間適応した結果とみるほうが適切ではなかろうか．もちろん，同じことがニホン英語にも言える．中国英語とニホン英語には共通点（上の 1，3）と相違点（上の 2，4，5）がある．中国語と日本語の類似と違いの反映であろう．

Project 211 [プロジェクト **トゥー** **ワン** **ワン**]

プロジェクト 211. [「**211 工程**」より. 教育部 (Ministry of Education) が 1995 年に開始した国立主要大学強化策. 社会経済発展戦略の一環として研究開発力の向上を目指す. 211 という数字は 21 世紀 100 大学から. 現在, 110 校以上が特別予算措置のもと, この任を負っている] ► Project 211 schools are responsible of training the nation's four-fifths of doctoral students, two-thirds of graduate students, half of students from abroad and one-third of undergraduates. (プロジェクト 211 校は中国の 5 分の 4 の博士課程生, 3 分の 2 の院生, 2 分の 1 の海外留学生, 3 分の 1 の学部生の教育を担っている) **〈中国〉**

Putonghua [プートン**ホ**ワ]

近代標準中国語. [「**普通话**」(普通話) より. Mandarin (華語, 北京官話) とも呼ばれる] ► Putonghua is the standard form of modern Chinese, spoken by the majority of Chinese. (プートンホアは近代標準中国語で, 大多数の中国人が話す) **〈中国〉**

---

renminbi (RMB) [レンミン**ビー**]

人民元 . [中国の通貨. 基本単位は yuan (元). 「**人民币**」(人民幣) より] ► The application fee is payable in RMB. (応募費は人民元で払えます) cf. yuan **〈中国〉**

Spring Festival [スプ**リ**ング **フェ**スティヴァル]

春節. [中国の旧暦の正月 .「**春节**」より. Chinese New Year (中国の新年) ともいう . 一年で最も大切な祝日 . 新暦の正月よりも盛大に祝う . 春節は太陰暦のものなので, 太陽暦での日程は毎年違う . 春節の休みは 1 週間 . 2018 年の春節は 2 月 18 日なので, 春節の休みは, 2 月 15 日から 2 月 21 日の 1 週間だった . この期間は例年帰省ラッシュが交通渋滞を呼び, 社会問題にもなっている . なお, 中国の冬休みは日本より長く, 小中高は春節休みを入れて約 1 カ月, 大学は学校によって違うが１カ月半から２カ月の長期にわたる] ► Chinese Spring Festival, also called Chinese New Year, has more than 4,000 years of history. It is the grandest and most important annual event for Chinese people.（中国の春節，あるいは新年は４千年の歴史をもつ．それは中国国民にとって最も豪華で，重要な年中行事である） cf. Mid-Autumn Festival 〈中国〉

---

three represents ［スリー　リプレ**ゼ**ンツ］

３つの代表．［江沢民元首席が中国共産党の指導精神をまとめた内容の略称．「三个代表」（三個代表）より．中国共産党は，中国の先進的な生産力の発展，先進的な文化の発展，人民の根本的利益の３つを代表するというもの］ ► Cadres at all government levels should grasp every possible chance to make better success at their jobs under the guidance of the important thought of "Three Represents."（すべての政府部局のリーダーは可能な機会をとらえ，「３つの代表」という重要な思想の下で，各自の仕事でより高い成功を収めなければならない） cf. cadre 〈中国〉

Tiananmen ［ティエン**ア**ンメン］

天安門広場．［北京市内にある世界最大の公共広場．正面に毛沢東記念堂があり，毛沢東の肖像が飾られている．「**天安门**」より．Gate to Heavenly Peace の意味．同時に，1989 年 6 月 4 日に起きた天安門事件（民主化を求める学生と民衆のデモ隊と軍や警察が衝突し，多数の死傷者を出した事件）を指す］ ► Twenty years after the June 4 Tiananmen incident, public discussion about what happened that day is almost nonexistent in mainstream society on the Chinese mainland.（6 月 4 日の天安門事件から 20 年経って，その日に何が起きたかについての公の議論は中国本土の主流社会ではほとんどなされていない）〈中国〉

---

work unit ［ワーク　**ユ**ニット］

職場単位．［「**単位**」より．以前は，職場単位で住居，保育所，学校，病院，商店などが備わっており，構成員とその家族の生活の中心であった．現在はその枠を超えて生活する人も増えているが，国営企業では有効な役割を担う］► "What is your work unit?" "Harbin Institute of Technology."（「職場単位は？」「ハルビン工業大学です」）**〈中国〉**

---

xiaokang society ［シャォ**カ**ング　ソ**サ**イアティ］

適度の豊かな生活（moderately affluent life），適度の繁栄（moderate prosperity），快適な生活レベル（comfortable level of life），裕福な生活（better-off life）などと訳されている．［「**小康社会**」より．胡錦濤前主席が 2002 年の第 16 回中国共産党全国会議（National Congress of the Communist Party of China）で述べたことば］► The country is now bracing for an unprecedented mission—the realization of a xiaokang society, or a moderately affluent life for all.（中国は現在，前例のない使命感に溢れている．小康社会，すなわち全国民が適度に豊かな生活を送れる社会を実現することである）**〈中国〉**

---

yuan ［**ユ**アン］

元．中国通貨の人民元のこと．［角（元の 10 分の 1），分（元の 100 分の 1）もある．通貨数量の前に￥（元記号）を用いる．日本の円記号と同じ］► "How much did you pay for this?" "Three hundred yuan."（「いくら払ったの？」「300元」）cf. renminbi **〈中国〉**

---

column 19 ニホン英語のきざし

日本人が英語を使えば使うほど，ニホン英語が発達する．それは日本人学習者が学校や大学で 8 年から 12 年ほどかけて学習し，平均以上の成果をあげたものが産出する英語パターンと定義できる．その特徴は音韻，語彙，統語，意味，そして語用の分野にまたがる．そして広範囲にわたって日本語と日本文化の影響を受ける．そのきざしは次の事例に見られる．

(1) paper driver, hot carpet, washlet, fire flowers, baby car, one-man bus, my number system, taxi service adviser … ニホン英語は日本人の生活を，日本人の見方で表現する．これは日本産品に顕著である．また，日本人は「花火」を fireworks ととっさに出てこないと，fire flowers と言ったりする．もしかしたら，この方がより描写的で，ずっと印象的な表現とさえいえる．興味深いことに，flower fires と言う人はあまり見かけない．つまり，「花火」を直訳しているのではなく，英語のフィルターを通している．Taxi service adviser とは，駅などでタクシーを案内する要員を指す．日本式の婉曲語法でもある．

(2) Thank you for the other day (last night). It was a gorgeous dinner.「このあいだは（昨夜は）どうも」の言い方．これは日本人の礼儀作法にあわせた言い方で，年配の日本人ならどうしても言いたくなる．日本人が英語を使えば，こういう英語表現はどんどん開発される．

(3) I went there (to the meeting). Why didn't you come? これはネイティブ・スピーカーなら，I was there. Where were you? というところ．日本人とネイティブは自分の行動を違ったふうに認識するため，違って表現される．

(4) Today (I) was tired.「今日は疲れた」話し手と聞き手に

暗黙の了解がある要素は省略される．中国英語にも共通点がある．

このように，日本人は多くの独自の方法で英語を使っている．これらをネイティブの英語と違うので間違いと考えるのではなく，世界諸英語（World Englishes）のなかのニホン英語の一部と認識するのが妥当であろう．

column 20 That restaurant is delicious. を考える

次の2文を比べてみよう.

(1) That restaurant is delicious.
(2) Helen is sharp.

日本の英語の先生はたいがい, (1) のことをニホン英語の悪例と言う. ネイティブが言わないからというのが, その理由のようである. たしかに, ネイティブのなかには, "A restaurant is a building, and a building cannot be delicious. So this is illogical and incorrect." などと言う人もいる. そして, (2) はいつも正しいと判断される. ネイティブがそう言うからなのであろう. しかし, 「ヘレンは人間で, 刃物ではない. だから, 彼女は切れるはずがない」ではないか.

よく考えてみると, この2つの文はともに, 「全体」で「部分」を示すメタファーの要素を持っていることがわかる. すなわち, (1) では, that restaurant (全体) が the food (部分) that restaurant serves, (2) では, Helen (全体) が Helen's head (部分) を指しているのである. すなわち, (1) (2) は次の意味なのである.

(1') That restaurant's food is delicious. (That restaurant serves delicious cuisine.)
(2') Helen's head is sharp. (Helen has a sharp head.)
(また, ここでは, 「頭」は「刃物」, さらに「(頭の機能である) 考えること」は「切ること」というメタファーも含まれている)

すなわち, 両文はともに正しい言い方なのである. たしかに, (1) はあるグループの人びとには異様に聞こえるかもしれないが, それと正用法とは別物なのである. 大事なことは, ある文の正用法はネイティブが言うか言わないかで判断してはならないということである．私たちはそのような論理を受け入れてはならない．

私たちは広い心をもち，いろいろな言い方に耳を澄ませてよく聞き，それらを理解し受け入れるという態度を身につけなければならない．世界の英語の話し手が国際コミュニケーションに持ち込む言い方は実に多様であり，興味がつきない．

(3) The Arab street is angry, but the street is honest and sincere and we should listen to it.

もちろん，この原則はネイティブにもノンネイティブにも同様に適用されなければならない．そうしてはじめて，英語は多国間コミュニケーション，多文化間コミュニケーションの言語として重要な役割をはたすことができる．

INDEX

〈インド〉 …………………………… 第１章
〈シンガポール・マレーシア〉 …… 第２章
〈フィリピン〉……………………… 第３章
〈中国〉 …………………………… 第４章
数字は掲載ページを示す.

A

abaca ……〈フィリピン〉196
ABC ……〈シンガポール・マレーシア〉80
accelerate the car〈インド〉12
accident only ……〈シンガポール・マレーシア〉80
accident prone ……〈フィリピン〉196
achievement ……〈中国〉258
actually〈シンガポール・マレーシア〉80
adapter ……〈インド〉12
addict ……〈フィリピン〉196
adhaar card ……〈インド〉12
ADMU ……〈フィリピン〉196
ADO ……〈シンガポール・マレーシア〉80
adobo ……〈フィリピン〉196
advanced ……〈フィリピン〉196
AFP ……〈フィリピン〉196
agak (agak-agak) ……〈シンガポール・マレーシア〉80
aggrupation ……〈フィリピン〉197
ah ……〈シンガポール・マレーシア〉80
ah beng〈シンガポール・マレーシア〉81
ah chek〈シンガポール・マレーシア〉81
ah kwa ……〈シンガポール・マレーシア〉81
ah lian ……〈シンガポール・マレーシア〉81
ah pek ……〈シンガポール・マレーシア〉81
ah soh ……〈シンガポール・マレーシア〉82
aiksy ……〈シンガポール・マレーシア〉82
air firing ……〈インド〉12
aircon (air-con, aircond, air-cond) ……〈シンガポール・マレーシア〉82
air-con ……〈フィリピン〉197
airdash ……〈インド〉12
airpot ……〈シンガポール・マレーシア〉82
aiya (aiyah, aiyo) ……〈シンガポール・マレーシア〉82
aiyo ……〈インド〉12
ajinomoto ……〈シンガポール・マレーシア〉83
alamak〈シンガポール・マレーシア〉83

albularyo …… 〈フィリピン〉 197
allopathy …… 〈インド〉 13
almirah …… 〈インド〉 13
almost complete …… 〈インド〉 13
alphabet …… 〈シンガポール・マレーシア〉 83
alphabets …… 〈インド〉 13
already 〈シンガポール・マレーシア〉 83
also can …… 〈シンガポール・マレーシア〉 83
also got …… 〈シンガポール・マレーシア〉 84
am in the morning …… 〈インド〉 13
amah …… 〈シンガポール・マレーシア〉 84
American …… 〈フィリピン〉 197
American time …… 〈フィリピン〉 197
Americana …… 〈フィリピン〉 198
amok …… 〈シンガポール・マレーシア〉 84
AMP …… 〈シンガポール・マレーシア〉 84
amusement park …… 〈シンガポール・マレーシア〉 84
ang mo (kwee) …… 〈シンガポール・マレーシア〉 84
ang pow …… 〈シンガポール・マレーシア〉 85
angkat …… 〈シンガポール・マレーシア〉 85
ano …… 〈フィリピン〉 198
anticlockwise …… 〈インド〉 14
any doubts? …… 〈インド〉 14
anyways …… 〈インド〉 14
ARMM …… 〈フィリピン〉 198
arranged marriage …… 〈インド〉 14
arroz caldo …… 〈フィリピン〉 198
as per …… 〈インド〉 14
asalto …… 〈フィリピン〉 198
ashamed to …… 〈フィリピン〉 198
at all …… 〈インド〉 14
at the back …… 〈シンガポール・マレーシア〉 85
at the rate …… 〈インド〉 15
@ …… 〈インド〉 15
at weekends …… 〈インド〉 15
ate …… 〈フィリピン〉 199
ATM machine …… 〈インド〉 15
attached to …… 〈シンガポール・マレーシア〉 85
attap roof …… 〈シンガポール・マレーシア〉 85
attorney …… 〈フィリピン〉 199
auntie …… 〈シンガポール・マレーシア〉 85
autorickshaw …… 〈インド〉 15

avail……〈インド〉 15
avatar……〈インド〉 16
avoid……〈シンガポール・マレーシア〉 86
awared……〈シンガポール・マレーシア〉 86
AYE……〈シンガポール・マレーシア〉 86

B

baba not a baby……〈インド〉 16
back……〈インド〉 16
backside……〈インド〉 16
bahala na……〈フィリピン〉 199
bahasa……〈シンガポール・マレーシア〉 86
balikbayan……〈フィリピン〉 199
balut……〈フィリピン〉 199
bamboo clapper……〈シンガポール・マレーシア〉 86
banana……〈シンガポール・マレーシア〉 87
banana leaf……〈シンガポール・マレーシア〉 87
banana notes……〈シンガポール・マレーシア〉 87
banca……〈フィリピン〉 199
bandh (hartaal)……〈インド〉 16
bandobast……〈インド〉 16
bang opposite……〈インド〉 17
bangle……〈シンガポール・マレーシア〉 87
bangus……〈フィリピン〉 200
baon……〈フィリピン〉 200
barang barang……〈シンガポール・マレーシア〉 87
barangay……〈フィリピン〉 200
barkada……〈フィリピン〉 200
baro't saya……〈フィリピン〉 200
baron……〈フィリピン〉 201
barong Tagalog……〈フィリピン〉 201
barrio……〈フィリピン〉 201
based from……〈フィリピン〉 201
basket……〈シンガポール・マレーシア〉 88
basket……〈シンガポール・マレーシア〉 88
batch……〈インド〉 17
batch mate……〈インド〉 17
bath……〈インド〉 17
bed spacer……〈フィリピン〉 201
bedek……〈シンガポール・マレーシア〉 88
bee's wax……〈シンガポール・マレーシア〉 88
beefbun……〈シンガポール・マレーシア〉 88
before……〈シンガポール・マレーシア〉 88
belanja〈シンガポール・マレーシア〉 89
belong to……〈インド〉 17

better……〈シンガポール・マレーシア〉 89
bhava……〈インド〉 17
BI……〈フィリピン〉 201
Bicol Express……〈フィリピン〉 202
bienvenida……〈フィリピン〉 202
bigger……〈シンガポール・マレーシア〉 89
bihon……〈フィリピン〉 202
bike……〈インド〉 17
bill……〈インド〉 18
biodata……〈インド〉 18
BIR……〈フィリピン〉 202
Bisaya (Visaya)……〈フィリピン〉 202
biscuit……〈インド〉 18
BKE……〈シンガポール・マレーシア〉 89
black and white amah……〈シンガポール・マレーシア〉 89
black area……〈シンガポール・マレーシア〉 89
black face……〈シンガポール・マレーシア〉 90
black money……〈インド〉 18
Blighty……〈インド〉 18
blow-out……〈フィリピン〉 203
blue seal……〈フィリピン〉 203
bluff……〈シンガポール・マレーシア〉 90
blur……〈シンガポール・マレーシア〉 90
bobo (bobor) chacha……〈シンガポール・マレーシア〉 90
bodo……〈シンガポール・マレーシア〉 90
boh sia……〈シンガポール・マレーシア〉 90
bok choy……〈中国〉 258
bold……〈フィリピン〉 203
bolo……〈フィリピン〉 203
bomba……〈フィリピン〉 203
Bombay……〈フィリピン〉 203
bond……〈シンガポール・マレーシア〉 91
bong……〈インド〉 19
born……〈シンガポール・マレーシア〉 91
borrow〈シンガポール・マレーシア〉 91
Boss……〈フィリピン〉 204
botak……〈シンガポール・マレーシア〉 91
boy……〈シンガポール・マレーシア〉 91
break the three irons……〈中国〉 258
bring……〈シンガポール・マレーシア〉 91
bring……〈フィリピン〉 204
brownout……〈フィリピン〉 204
buay sai……〈シンガポール・マレーシア〉 92
buaya……〈シンガポール・マレーシア〉 92

buco……〈フィリピン〉204
bugger·〈シンガポール・マレーシア〉93
built-in〈シンガポール・マレーシア〉93
bulalo……〈フィリピン〉204
bull-strength……〈シンガポール・マレーシア〉93
bumiputra……〈シンガポール・マレーシア〉94
bumper sale……〈インド〉19
bundok……〈フィリピン〉205
bungalow……〈シンガポール・マレーシア〉94
bunk school……〈インド〉19
burger……〈インド〉19
burn time……〈シンガポール・マレーシア〉94
bus card……〈シンガポール・マレーシア〉94
bus stand……〈シンガポール・マレーシア〉94
buy one take one……〈フィリピン〉205
bypass·〈シンガポール・マレーシア〉94

C

cabut……〈シンガポール・マレーシア〉95
cacat……〈シンガポール・マレーシア〉95
cadre……〈中国〉258
calamansi……〈フィリピン〉205
calesa……〈フィリピン〉205
call……〈シンガポール・マレーシア〉95
called up……〈シンガポール・マレーシア〉95
camote……〈フィリピン〉205
Camp Crame……〈フィリピン〉205
can……〈シンガポール・マレーシア〉95
can die〈シンガポール・マレーシア〉96
can do··〈シンガポール・マレーシア〉96
can do favor?……〈シンガポール・マレーシア〉96
can or not?……〈シンガポール・マレーシア〉96
canteen……〈インド〉19
cantonment (cantt)〈インド〉19
capitalist roader……〈中国〉259
capitation fee……〈インド〉20
captain-ball……〈フィリピン〉206
CAR……〈フィリピン〉206
car lifter……〈インド〉20
carabao……〈フィリピン〉206
carinderia……〈フィリピン〉206
carnap……〈フィリピン〉206
carpark……〈シンガポール・マレーシア〉96

cartoon …… 〈シンガポール・マレーシア〉 96
cash memo …… 〈インド〉 20
casual leave …… 〈インド〉 20
catch …… 〈シンガポール・マレーシア〉 97
catch no ball …… 〈シンガポール・マレーシア〉 97
CBD …… 〈シンガポール・マレーシア〉 97
Cebu …… 〈フィリピン〉 206
Cebuano …… 〈フィリピン〉 207
cent percent …… 〈インド〉 20
cent percent full value …… 〈インド〉 20
centavo(s) …… 〈フィリピン〉 207
central government …… 〈インド〉 21
centre table …… 〈インド〉 21
Cha-Cha …… 〈フィリピン〉 207
chador …… 〈インド〉 21
challan …… 〈インド〉 21
chalta hai …… 〈インド〉 21
chancing …… 〈フィリピン〉 207
Change Alley …… 〈シンガポール・マレーシア〉 97
channel 5 (channel 8) …… 〈シンガポール・マレーシア〉 97
chappal …… 〈インド〉 22
chawl (kholi) …… 〈インド〉 22
cheat my money …… 〈シンガポール・マレーシア〉 98
chee sin …… 〈シンガポール・マレーシア〉 98
cheeko pek …… 〈シンガポール・マレーシア〉 98
cheh beh …… 〈シンガポール・マレーシア〉 98
cheh cheh …… 〈シンガポール・マレーシア〉 98
chemist …… 〈インド〉 22
cheongsam …… 〈シンガポール・マレーシア〉 98
cheongsam …… 〈中国〉 259
chicharon …… 〈フィリピン〉 207
chicken feed …… 〈シンガポール・マレーシア〉 99
chicken inasal …… 〈フィリピン〉 208
chicken talking to a duck …… 〈シンガポール・マレーシア〉 99
chicken-shicken …… 〈インド〉 59
chicks …… 〈シンガポール・マレーシア〉 99
chili padi …… 〈シンガポール・マレーシア〉 99
chim (chimnology) …… 〈シンガポール・マレーシア〉 100
chin chai (chin chye) ……

……〈シンガポール・マレーシア〉 100
chinaman……〈シンガポール・マレーシア〉 100
Chinese Dream……〈中国〉 259
Chinese helicopter……〈シンガポール・マレーシア〉 100
chintz……〈インド〉 22
chit……〈インド〉 22
chit-chat……〈シンガポール・マレーシア〉 101
chop……〈シンガポール・マレーシア〉 101
chop suey……〈中国〉 259
chope……〈シンガポール・マレーシア〉 101
chopsuey……〈フィリピン〉 208
chow mein……〈中国〉 259
choy……〈シンガポール・マレーシア〉 101
chronie……〈シンガポール・マレーシア〉 101
ciggy……〈インド〉 22
cineplex……〈シンガポール・マレーシア〉 101
CISCO……〈シンガポール・マレーシア〉 102
city folk……〈フィリピン〉 208
clean chit……〈インド〉 22
clerk……〈シンガポール・マレーシア〉 102
client……〈シンガポール・マレーシア〉 102
close……〈シンガポール・マレーシア〉 102
close eye……〈シンガポール・マレーシア〉 102
close (open) the fan (light...)……〈インド〉 23
club……〈インド〉 23
coat……〈インド〉 23
coat……〈シンガポール・マレーシア〉 102
co-brother (co-sister)……〈インド〉 23
COE……〈シンガポール・マレーシア〉 103
coffee house……〈シンガポール・マレーシア〉 103
coffee money……〈シンガポール・マレーシア〉 103
coffee shop……〈シンガポール・マレーシア〉 103
coffeepot face……〈シンガポール・マレーシア〉 103
colegiala……〈フィリピン〉 208
colgate……〈フィリピン〉 208
colgate smile……〈シンガポール・マレーシア〉 104
colonial mentality……〈フィリピン〉 208
colony……〈インド〉 23
color (number) coding……〈フィリピン〉 209

colour……〈シンガポール・マレーシア〉104
come again……〈シンガポール・マレーシア〉104
come again……〈フィリピン〉209
come home……〈インド〉23
come up to……〈シンガポール・マレーシア〉104
coming station……〈インド〉24
commission……〈シンガポール・マレーシア〉104
commission……〈フィリピン〉209
common tao……〈フィリピン〉209
Con-Ass……〈フィリピン〉209
Con-Con……〈フィリピン〉210
condo……〈フィリピン〉211
congee……〈フィリピン〉212
conjee (congee)……〈シンガポール・マレーシア〉104
contacts……〈シンガポール・マレーシア〉105
convent English……〈インド〉25
convent-educated……〈インド〉25
coolie……〈シンガポール・マレーシア〉105
cooling……〈シンガポール・マレーシア〉105
cooling glasses……〈インド〉26
cope up with……〈シンガポール・マレーシア〉105
cope up with……〈フィリピン〉212
corporate……〈インド〉26
correct……〈シンガポール・マレーシア〉105
correct English……〈インド〉26
cot……〈インド〉26
cough blood……〈シンガポール・マレーシア〉105
country made……〈インド〉26
cousin-brother (cousin-sister)……〈インド〉26
cover……〈インド〉27
cow's hide……〈シンガポール・マレーシア〉106
cowboy……〈フィリピン〉212
CPF……〈シンガポール・マレーシア〉106
CR (Comfort Room)……〈フィリピン〉212
creche……〈インド〉27
crib……〈インド〉27
crony……〈フィリピン〉212
crore……〈インド〉27
CTE……〈シンガポール・マレーシア〉106
(-)cue……〈フィリピン〉212
Cultural Revolution……

……〈中国〉 260
cum……〈シンガポール・マレーシア〉 106
cum……〈インド〉 27
cun……〈シンガポール・マレーシア〉 106
cupboard……〈インド〉 27
curd……〈インド〉 28
curi……〈シンガポール・マレーシア〉 106
curi ayam……〈シンガポール・マレーシア〉 107
current……〈インド〉 28
current came……〈インド〉 28
curry puff……〈シンガポール・マレーシア〉 107
cushy……〈インド〉 28
custodial death……〈インド〉 28
cut……〈シンガポール・マレーシア〉 107
cut the call……〈インド〉 28
cut the queue……〈インド〉 28
cutrite……〈シンガポール・マレーシア〉 107

D

dance on……〈インド〉 29
DAP……〈シンガポール・マレーシア〉 107
daw……〈フィリピン〉 213
dazibao……〈中国〉 260
DBS……〈シンガポール・マレーシア〉 107
dearness allowance……〈インド〉 29
death house……〈シンガポール・マレーシア〉 108
debut……〈フィリピン〉 213
deemed university……〈インド〉 29
dekho (dekko)……〈インド〉 29
DENR……〈フィリピン〉 213
dental clinic……〈フィリピン〉 213
departmental store……〈シンガポール・マレーシア〉 108
DepEd……〈フィリピン〉 213
desi……〈インド〉 29
designation……〈インド〉 30
despedida……〈フィリピン〉 213
devi……〈インド〉 30
DFA……〈フィリピン〉 214
DH……〈フィリピン〉 214
dharma……〈インド〉 30
dhoby……〈シンガポール・マレーシア〉 108
dhoti……〈インド〉 30
di ba?……〈フィリピン〉 214
dialect……〈シンガポール・マレーシア〉 108
dicey food……〈インド〉 30
dickey……〈インド〉 30
die……〈シンガポール・マレーシア〉 108

dig one's nose ······ 〈シンガポール・マレーシア〉 108
dim sum ······ 〈中国〉 260
dinner ······ 〈シンガポール・マレーシア〉 109
diploma-holder ······ 〈インド〉 31
dirty ice cream ······ 〈フィリピン〉 214
dirty kitchen ······ 〈フィリピン〉 214
disallow ······ 〈シンガポール・マレーシア〉 109
discuss about ······ 〈インド〉 31
discuss about ······ 〈シンガポール・マレーシア〉 109
discuss about ······ 〈フィリピン〉 215
dismissed from (the) job ······ 〈インド〉 31
diversion ······ 〈フィリピン〉 215
DLSU ······ 〈フィリピン〉 215
DO ······ 〈シンガポール・マレーシア〉 109
do ······ 〈インド〉 31
do one thing ······ 〈インド〉 31
do the needful ······ 〈インド〉 32
do'wan 〈シンガポール・マレーシア〉 109
DOJ ······ 〈フィリピン〉 215
don ······ 〈シンガポール・マレーシア〉 109
Don (Doña) ······ 〈フィリピン〉 215
don' mention ······ 〈シンガポール・マレーシア〉 110
don't have ······ 〈シンガポール・マレーシア〉 111
don't pull a fast one ······ 〈シンガポール・マレーシア〉 111
don't shy ······ 〈シンガポール・マレーシア〉 111
don't want ······ 〈シンガポール・マレーシア〉 111
DOST ······ 〈フィリピン〉 215
double check ······ 〈シンガポール・マレーシア〉 111
doubt ······ 〈インド〉 32
dragon year baby ······ 〈シンガポール・マレーシア〉 111
drama ······ 〈シンガポール・マレーシア〉 112
drawing pin ······ 〈インド〉 32
dress ······ 〈インド〉 32
dress circle ······ 〈インド〉 32
drop ······ 〈シンガポール・マレーシア〉 112
drumstick ······ 〈シンガポール・マレーシア〉 112
DTI ······ 〈フィリピン〉 216
duck's egg ······ 〈シンガポール・マレーシア〉 112
dull ······ 〈シンガポール・マレーシア〉 112
duly ······ 〈インド〉 33

dustbin ……〈インド〉 33
duster ……〈フィリピン〉 216
DU30 ……〈フィリピン〉 216

E

early early don' say ……〈シンガポール・マレーシア〉 112
easy kachang ……〈シンガポール・マレーシア〉 113
eat ……〈シンガポール・マレーシア〉 113
eat my brain ……〈インド〉 33
eat rubbish ……〈シンガポール・マレーシア〉 113
eat snake ……〈シンガポール・マレーシア〉 113
eat-all-you-can ……〈フィリピン〉 216
eating shop ……〈シンガポール・マレーシア〉 113
economic plunder ……〈フィリピン〉 216
ECP ……〈シンガポール・マレーシア〉 114
EDB ……〈シンガポール・マレーシア〉 114
educate ……〈シンガポール・マレーシア〉 114
863 Program ……〈中国〉 261
electronic ……〈シンガポール・マレーシア〉 114
elephant's hide ……〈シンガポール・マレーシア〉 114
eleven number bus ……〈インド〉 33
elocution ……〈インド〉 33
emergency ……〈シンガポール・マレーシア〉 114
encargado ……〈フィリピン〉 216
engaged ……〈インド〉 33
England (Engrand) ……〈シンガポール・マレーシア〉 114
enjoy ……〈フィリピン〉 217
enter into ……〈シンガポール・マレーシア〉 115
enthu ……〈インド〉 34
ENV ……〈シンガポール・マレーシア〉 115
EPF ……〈シンガポール・マレーシア〉 115
ERAP ……〈フィリピン〉 217
ERP ……〈シンガポール・マレーシア〉 115
eskew me ……〈シンガポール・マレーシア〉 115
estafa ……〈フィリピン〉 217
estate ……〈シンガポール・マレーシア〉 115
even ……〈インド〉 34
eveninger ……〈インド〉 34
ever ……〈シンガポール・マレーシア〉 115
everready ……〈シンガポール・マレーシア〉 116

Every cent is like a bullock cart wheel. 〈シンガポール・マレーシア〉 116
excuse 〈フィリピン〉 217
expired 〈インド〉 34
eye power 〈シンガポール・マレーシア〉 116

F

face 〈シンガポール・マレーシア〉 116
face 〈シンガポール・マレーシア〉 261
facing 〈シンガポール・マレーシア〉 117
fag 〈インド〉 34
fair 〈インド〉 34
fall flat for 〈シンガポール・マレーシア〉 117
fat hopes 〈シンガポール・マレーシア〉 117
fellow 〈シンガポール・マレーシア〉 117
feng shui 〈中国〉 262
fetch 〈シンガポール・マレーシア〉 117
fierce 〈シンガポール・マレーシア〉 118
fiesta 〈フィリピン〉 217
fighting film 〈シンガポール・マレーシア〉 118
filial 〈シンガポール・マレーシア〉 118
Filipiniana 〈フィリピン〉 218
Filipino time 〈フィリピン〉 218
fill up 〈フィリピン〉 218
filter coffee 〈インド〉 34
find for 〈シンガポール・マレーシア〉 118
fine stones 〈シンガポール・マレーシア〉 118
finger bowl 〈インド〉 35
finger chip 〈インド〉 35
finish 〈シンガポール・マレーシア〉 118
firangi 〈インド〉 35
fiscalize 〈フィリピン〉 218
five six 〈フィリピン〉 218
five-foot way 〈シンガポール・マレーシア〉 119
fixed 〈中国〉 262
flatted factory 〈シンガポール・マレーシア〉 119
flick 〈インド〉 35
floor 〈シンガポール・マレーシア〉 119
flop 〈シンガポール・マレーシア〉 119
flying voter 〈フィリピン〉 219
flyover 〈インド〉 35
flyover 〈インド・フィリピン〉 219
follow 〈シンガポール・マレーシア〉 119
footpath 〈インド〉 35
for a while 〈フィリピン〉 219

for me〈シンガポール・マレーシア〉120
foreign(-)returned〈インド〉36
form one remove〈シンガポール・マレーシア〉120
Four Comprehensives〈中国〉263
FPJ〈フィリピン〉219
free come over〈シンガポール・マレーシア〉120
free gift〈シンガポール・マレーシア〉120
freeship〈インド〉36
fresher〈インド〉36
freshie〈シンガポール・マレーシア〉120
friend〈シンガポール・マレーシア〉120
front bencher〈インド〉36
fronting〈シンガポール・マレーシア〉121
frus〈シンガポール・マレーシア〉121
frus case〈シンガポール・マレーシア〉121
full house〈シンガポール・マレーシア〉121
full stop〈インド〉36
fun fair〈シンガポール・マレーシア〉121
funda〈インド〉36
fut (small fut)〈シンガポール・マレーシア〉121
fuye〈中国〉264
FVR〈フィリピン〉219

G

gabra〈シンガポール・マレーシア〉122
gangster〈シンガポール・マレーシア〉122
gaokao〈中国〉264
gentry〈インド〉36
geram〈シンガポール・マレーシア〉122
GES〈シンガポール・マレーシア〉122
get down〈インド〉37
get fired〈インド〉37
get up (get down)〈シンガポール・マレーシア〉122
geyser〈インド〉37
GH〈シンガポール・マレーシア〉122
ghee〈インド〉37
ghost money〈シンガポール・マレーシア〉122
GIC〈シンガポール・マレーシア〉123
Gimme (give me) free also don't want.〈シンガポール・マレーシア〉123
gimmick〈フィリピン〉219
girl〈シンガポール・マレーシア〉123

give……〈シンガポール・マレーシア〉123
give (a person) chance……〈シンガポール・マレーシア〉123
give (an) exam……〈インド〉37
give chance……〈シンガポール・マレーシア〉124
glamour……〈シンガポール・マレーシア〉124
GMA……〈フィリピン〉220
go……〈フィリピン〉220
go ahead……〈フィリピン〉220
go back……〈シンガポール・マレーシア〉124
go backwards……〈シンガポール・マレーシア〉124
go down……〈フィリピン〉220
go for a show……〈シンガポール・マレーシア〉124
go marketing……〈シンガポール・マレーシア〉124
go out already……〈シンガポール・マレーシア〉125
go starn……〈シンガポール・マレーシア〉125
go to(for) shopping……〈インド〉38
Go where?……〈シンガポール・マレーシア〉125
Godman……〈インド〉38
godown……〈インド〉38
godown……〈シンガポール・マレーシア〉125
goggles……〈インド〉38
Going where?……〈シンガポール・マレーシア〉125
golden rice bowl……〈中国〉264
gone case……〈シンガポール・マレーシア〉125
gone on (a person)……〈シンガポール・マレーシア〉126
good name……〈インド〉38
goonda……〈インド〉38
goondu, lah!……〈シンガポール・マレーシア〉126
goreng……〈シンガポール・マレーシア〉126
got……〈シンガポール・マレーシア〉127
got over……〈インド〉39
government of India undertaking……〈インド〉39
grandfather's road……〈シンガポール・マレーシア〉127
gratuity……〈インド〉39
grease money……〈フィリピン〉220
green lung……〈シンガポール・マレーシア〉128
GRO……〈フィリピン〉220

GST……〈シンガポール・マレーシア〉128
guanxi……〈中国〉265
guisado……〈フィリピン〉221
gujju……〈インド〉39
gulaman……〈フィリピン〉221
guru……〈インド〉39
gyan……〈インド〉39

H

haciendero……〈フィリピン〉221
halal……〈シンガポール・マレーシア〉128
half-past-six……〈シンガポール・マレーシア〉128
hall……〈シンガポール・マレーシア〉128
halo-halo……〈フィリピン〉221
hamper……〈シンガポール・マレーシア〉129
handicap……〈シンガポール・マレーシア〉129
hanky panky……〈インド〉39
hard drink……〈インド〉40
harmonious society……〈中国〉265
have a wash……〈シンガポール・マレーシア〉129
Have you taken your food?……〈インド〉40
having……〈インド〉41
having……〈シンガポール・マレーシア〉129
havoc……〈シンガポール・マレーシア〉129
hawala transaction……〈インド〉41
hawker centre……〈シンガポール・マレーシア〉130
HDB……〈シンガポール・マレーシア〉130
head bath……〈インド〉42
health conditioin……〈シンガポール・マレーシア〉130
heaty……〈シンガポール・マレーシア〉130
heow (hiao)……〈シンガポール・マレーシア〉131
heowsified……〈シンガポール・マレーシア〉131
hex……〈シンガポール・マレーシア〉131
high blood……〈フィリピン〉221
high nose……〈インド〉42
high tea……〈シンガポール・マレーシア〉131
highway……〈インド〉42
history sheeter……〈インド〉42
HM……〈シンガポール・マレーシア〉131
hoarding……〈インド〉42
HOD……〈シンガポール・マレーシア〉132
holdupper……〈フィリピン〉222
holiday……〈インド〉43

home science ……〈シンガポール・マレーシア〉132
homely ……〈インド〉43
Hongkonger ……〈シンガポール・マレーシア〉132
hor ……〈シンガポール・マレーシア〉132
horn ……〈シンガポール・マレーシア〉132
hotel ……〈インド〉43
house number ……〈シンガポール・マレーシア〉133
house-boy ……〈シンガポール・マレーシア〉133
How can? ……〈シンガポール・マレーシア〉133
How to? ……〈シンガポール・マレーシア〉133
How? (So how?) ……〈シンガポール・マレーシア〉133
HUDC ……〈シンガポール・マレーシア〉134

I

I am like this only ……〈インド〉43
I am not getting you ……〈インド〉43
I tell you ……〈シンガポール・マレーシア〉134
I will just be coming ……〈インド〉43
I'll go ahead ……〈フィリピン〉222
IC ……〈シンガポール・マレーシア〉134
ice kachang ……〈シンガポール・マレーシア〉134
IGP ……〈シンガポール・マレーシア〉134
ilustrado ……〈フィリピン〉222
in service ……〈インド〉44
in the family way ……〈インド〉44
in the same boat ……〈インド〉44
incharge ……〈インド・シンガポール・マレーシア〉44
incharge ……〈インド・シンガポール・マレーシア〉134
inclusive ……〈シンガポール・マレーシア〉135
inconvenience ……〈フィリピン〉222
inday ……〈フィリピン〉222
independent ……〈シンガポール・マレーシア〉135
inflammable ……〈インド〉44
inihaw ……〈フィリピン〉223
intimate ……〈インド〉44
investigate into ……〈シンガポール・マレーシア〉135
invigilator ……〈インド〉45
iron rice bowl ……〈中国〉265

is it? ……〈シンガポール・マレーシア〉135
is there ……〈インド〉45
issue ……〈インド〉45
itchified ……〈シンガポール・マレーシア〉135

J

jack ……〈インド〉45
jaga ……〈シンガポール・マレーシア〉136
JB ……〈シンガポール・マレーシア〉136
JC ……〈シンガポール・マレーシア〉136
jeepney ……〈フィリピン〉223
jelak ……〈シンガポール・マレーシア〉136
ji ……〈インド〉45
jingle ……〈フィリピン〉223
JKR ……〈シンガポール・マレーシア〉136
JLN ……〈シンガポール・マレーシア〉136
join duty ……〈インド〉45
joke only ……〈フィリピン〉223
JT ……〈シンガポール・マレーシア〉136
JTC ……〈シンガポール・マレーシア〉137
jug ……〈インド〉46
jugaad ……〈インド〉46
jump into the sea ……〈中国〉265
jumper ……〈インド〉46
junglee ……〈インド〉46
junior college ……〈シンガポール・マレーシア〉137
just ……〈シンガポール・マレーシア〉137

K

K1 (K2) ……〈シンガポール・マレーシア〉137
kaki ……〈シンガポール・マレーシア〉137
kampong (kampung) ……〈シンガポール・マレーシア〉137
kangkong ……〈フィリピン〉223
kare-kare ……〈フィリピン〉223
karma ……〈インド〉46
kawali ……〈フィリピン〉223
kayu ……〈シンガポール・マレーシア〉138
kebaya and sarong ……〈シンガポール・マレーシア〉138
kerosene lamp ……〈シンガポール・マレーシア〉138
kiasi ……〈シンガポール・マレーシア〉138
kiasu ……〈シンガポール・マレーシア〉138
kikay ……〈フィリピン〉224
kikay kit ……〈フィリピン〉224
kilig ……〈フィリピン〉224
kind attention ……〈インド〉46
kindly ……〈インド〉47
kindly adjust ……〈インド〉47

king……〈シンガポール・マレーシア〉139
kinilaw……〈フィリピン〉224
KIV……〈シンガポール・マレーシア〉139
KK……〈シンガポール・マレーシア〉139
KKB……〈フィリピン〉224
KL……〈シンガポール・マレーシア〉139
Klite……〈シンガポール・マレーシア〉139
knock……〈シンガポール・マレーシア〉139
kodak……〈フィリピン〉224
koochi rat……〈シンガポール・マレーシア〉140
kopi susu……〈シンガポール・マレーシア〉140
kopitiam……〈シンガポール・マレーシア〉140
kosong……〈シンガポール・マレーシア〉141
kowtow……〈中国〉266
KP……〈シンガポール・マレーシア〉141
KTV……〈シンガポール・マレーシア〉141
kundiman……〈フィリピン〉224
kuya……〈フィリピン〉225
kwa chee……〈シンガポール・マレーシア〉141

L

L.C. (low class)……〈シンガポール・マレーシア〉142
labour lines……〈シンガポール・マレーシア〉142
lah (la, lar, lor)……〈シンガポール・マレーシア〉142
lakh……〈インド〉47
lambanog……〈フィリピン〉225
lang……〈フィリピン〉225
language……〈フィリピン〉225
lapad……〈フィリピン〉225
lapu-lapu……〈フィリピン〉225
last time……〈シンガポール・マレーシア〉142
lathi charge……〈インド〉47
lavandero (lavandera)……〈フィリピン〉226
LBC……〈フィリピン〉227
LBM……〈フィリピン〉227
leche flan……〈フィリピン〉228
lechon……〈フィリピン〉228
lembu driver……〈シンガポール・マレーシア〉142
let down……〈シンガポール・マレーシア〉143
letter writer……〈シンガポール・マレーシア〉143
level(-)best……〈インド〉47
LGU……〈フィリピン〉228

liempo〈フィリピン〉228
lift〈インド〉47
lift boy〈シンガポール・マレーシア〉143
like real〈シンガポール・マレーシア〉143
Like that ah?〈シンガポール・マレーシア〉143
link(ed) house〈シンガポール・マレーシア〉144
little〈シンガポール・マレーシア〉144
live-in〈シンガポール・マレーシア〉144
live-in〈フィリピン〉228
LKY〈シンガポール・マレーシア〉144
LLN〈シンガポール・マレーシア〉144
lobang〈シンガポール・マレーシア〉144
local self-government〈インド〉48
lolo (lola)〈フィリピン〉228
lomi〈フィリピン〉229
long〈インド〉48
long bath〈シンガポール・マレーシア〉145
long time ago〈シンガポール・マレーシア〉145
longaniza〈フィリピン〉229
longhouse〈シンガポール・マレーシア〉145
loot〈インド〉48
LOR (LRG)〈シンガポール・マレーシア〉145
lorry〈インド〉48
love letters〈シンガポール・マレーシア〉145
love marriage〈インド〉48
lover〈中国〉267
LRT〈フィリピン〉229
LTA〈シンガポール・マレーシア〉145
Ltd.〈インド〉49
LTO〈フィリピン〉229
lucky thing〈シンガポール・マレーシア〉146
lugaw〈フィリピン〉229
lumpia〈フィリピン〉229

M

mabuhay〈フィリピン〉230
madam〈シンガポール・マレーシア〉146
maha deal〈インド〉49
maharaja〈インド〉49
maid〈インド〉49
mail〈インド〉49
mail ID〈インド〉49
main city area〈インド〉49

makan……〈シンガポール・マレーシア〉146
make a move……〈インド〉50
make broken……〈シンガポール・マレーシア〉146
make don't know……〈シンガポール・マレーシア〉146
make eyes……〈シンガポール・マレーシア〉147
make noise……〈シンガポール・マレーシア〉147
make out……〈インド〉50
make softer……〈シンガポール・マレーシア〉147
make someone to……〈インド〉50
Malacañang……〈フィリピン〉230
Malaysian time……〈シンガポール・マレーシア〉147
Mallu……〈インド〉50
mami……〈フィリピン〉230
mangkuk……〈シンガポール・マレーシア〉147
manila paper……〈フィリピン〉230
mani-pedi……〈フィリピン〉230
mansionette……〈シンガポール・マレーシア〉147
mantra……〈インド〉50
MARA……〈シンガポール・マレーシア〉148
Maria Clara……〈フィリピン〉230
mark……〈インド〉50
market……〈シンガポール・マレーシア〉148
marriage and wedding……〈インド〉51
MAS……〈シンガポール・マレーシア〉148
masala movie……〈インド〉51
master……〈シンガポール・マレーシア〉148
masteral……〈フィリピン〉231
mat salleh……〈シンガポール・マレーシア〉148
(-)mate……〈フィリピン〉231
material……〈インド〉51
Maths……〈インド〉51
matriculation……〈インド〉51
matured……〈シンガポール・マレーシア〉148
MC……〈シンガポール・マレーシア〉149
MCA……〈シンガポール・マレーシア〉149
MCYS……〈シンガポール・マレーシア〉149
MCP……〈シンガポール・マレーシア〉149
medicine shop (medicine hall)……〈シンガポール・マレーシア〉149
memsahib……〈シンガポール・マレーシア〉149

mention about 〈シンガポール・マレーシア〉150
mention about 〈フィリピン〉231
merienda 〈フィリピン〉231
mess 〈インド〉52
mess up 〈インド〉52
mestizo (mestinsa) 〈フィリピン〉231
MIC 〈シンガポール・マレーシア〉150
Mid-Autumn Festival 〈中国〉267
midnight show 〈シンガポール・マレーシア〉150
MIL 〈シンガポール・マレーシア〉150
MILF 〈フィリピン〉231
MIN DEF 〈シンガポール・マレーシア〉150
minus 〈シンガポール・マレーシア〉150
Miss 〈シンガポール・マレーシア〉151
Miss 〈フィリピン〉232
missed call 〈インド〉52
missus 〈シンガポール・マレーシア〉151
mixie 〈インド〉52
MOE 〈シンガポール・マレーシア〉151
Mogul 〈インド〉52
monkey business 〈フィリピン〉232
monkey cap 〈インド〉52
moon cake 〈シンガポール・マレーシア〉151
more like 〈シンガポール・マレーシア〉151
Moro 〈フィリピン〉232
motel 〈フィリピン〉232
mother promise 〈インド〉53
MRT 〈シンガポール・マレーシア〉151
MRT 〈フィリピン〉232
MTUC 〈シンガポール・マレーシア〉152
mug 〈インド〉53
mug 〈シンガポール・マレーシア〉152
mug up 〈インド〉53
mugger 〈シンガポール・マレーシア〉152
must 〈シンガポール・マレーシア〉152
my one 〈シンガポール・マレーシア〉152
my own two eyes 〈インド〉53
MYOB 〈シンガポール・マレーシア〉153
myself is ... 〈インド〉53
myself only 〈インド〉53

N

NAIA 〈フィリピン〉233
nanay 〈フィリピン〉233

nasi goreng……〈シンガポール・マレーシア〉153
nasi lemak……〈シンガポール・マレーシア〉153
NCR……〈フィリピン〉233
NEDA……〈フィリピン〉233
nestea……〈フィリピン〉233
net price……〈シンガポール・マレーシア〉153
never……〈シンガポール・マレーシア〉153
new normal……〈中国〉268
next time……〈シンガポール・マレーシア〉153
NF……〈シンガポール・マレーシア〉154
nice……〈シンガポール・マレーシア〉154
NIE……〈シンガポール・マレーシア〉155
ninong (ninang)……〈フィリピン〉233
nipa……〈フィリピン〉234
nirvana……〈インド〉54
no more……〈インド〉54
no people……〈シンガポール・マレーシア〉154
no?……〈フィリピン〉234
no?……〈インド〉54
non-veg……〈インド〉55
non-veg joke……〈インド〉55
Nonya……〈シンガポール・マレーシア〉154
note……〈インド〉55
Noynoy……〈フィリピン〉234
NPA……〈フィリピン〉234
NS……〈シンガポール・マレーシア〉154
NS man……〈シンガポール・マレーシア〉155
NSCB……〈フィリピン〉234
NSO……〈フィリピン〉234
NST……〈シンガポール・マレーシア〉155
NTU……〈シンガポール・マレーシア〉155
NTUC……〈シンガポール・マレーシア〉155
NUS……〈シンガポール・マレーシア〉155

O

OA……〈フィリピン〉235
OCBC……〈シンガポール・マレーシア〉155
Octoberian……〈フィリピン〉235
off day……〈シンガポール・マレーシア〉155
OFW……〈フィリピン〉235
old one……〈シンガポール・マレーシア〉156
on leave……〈シンガポール・マレーシア〉156
on the upstairs……〈シンガポール・マレーシア〉157
on top of……〈シンガポール・マレーシア〉157

one〈シンガポール・マレーシア〉157
One Belt, One Road〈中国〉268
one by two〈インド〉56
one country, two systems〈中国〉269
one day two times〈シンガポール・マレーシア〉158
one kind〈シンガポール・マレーシア〉158
one screw loose〈シンガポール・マレーシア〉158
only〈シンガポール・マレーシア〉158
onwards〈シンガポール・マレーシア〉158
OPD〈シンガポール・マレーシア〉158
open〈シンガポール・マレーシア〉159
open〈フィリピン〉235
open house〈シンガポール・マレーシア〉159
OPM〈フィリピン〉235
or not?〈シンガポール・マレーシア〉159
orang utan〈シンガポール・マレーシア〉159
order for〈インド〉56
OUB〈シンガポール・マレーシア〉159
out of station〈インド〉56
outstation〈シンガポール・マレーシア〉159
over〈シンガポール・マレーシア〉160
oversize〈インド〉56
owner jeep〈フィリピン〉235
ownself〈シンガポール・マレーシア〉160

P

P1〈シンガポール・マレーシア〉160
pa〈フィリピン〉236
pack〈シンガポール・マレーシア〉160
padala〈フィリピン〉236
PAGASA〈フィリピン〉236
page 3 people〈インド〉56
pain〈シンガポール・マレーシア〉160
paining〈インド〉56
PAL〈フィリピン〉236
Palace〈フィリピン〉236
palm greasing〈インド〉57
pampers〈フィリピン〉236
pan de sal〈フィリピン〉237
panboat〈フィリピン〉237
pandan〈フィリピン〉237
pansit〈フィリピン〉237
pantang〈シンガポール・マレーシア〉160

PAP……〈シンガポール・マレーシア〉160
paper tiger……〈中国〉269
PAPism……
……〈シンガポール・マレーシア〉161
parallel cinema……〈インド〉57
parcels……
……〈シンガポール・マレーシア〉161
pariah……〈シンガポール・マレーシア〉161
pasalubong……〈フィリピン〉237
pasar malam……
……〈シンガポール・マレーシア〉161
pashmina……〈インド〉57
pasko……〈フィリピン〉237
pass by……〈フィリピン〉238
pass out……〈インド〉57
pass up……
……〈シンガポール・マレーシア〉161
passport……
……〈シンガポール・マレーシア〉162
past performance〈インド〉57
pathfinder……
……〈シンガポール・マレーシア〉162
PDEA……〈フィリピン〉238
pedestrian mall……
……〈シンガポール・マレーシア〉162
pedicab……〈フィリピン〉238
pen drive……〈インド〉57
pen off……
……〈シンガポール・マレーシア〉162
pentel pen……〈フィリピン〉238
peon……〈インド〉58
percent……〈フィリピン〉238
petrol pump……〈インド〉58
PG accommodation……
……〈インド〉58
pickle……〈インド〉58
PIE……〈シンガポール〉162
Pilipino……〈フィリピン〉238
PIN code……〈インド〉58
pin drop silence……〈インド〉58
piña……〈フィリピン〉239
pinakbet……〈フィリピン〉239
Pinoy (Pinay)……〈フィリピン〉239
pinyin……〈中国〉269
pipa……〈中国〉269
pizza-shizza……〈インド〉59
plain water……
……〈シンガポール・マレーシア〉162
planter……〈シンガポール・マレーシア〉163
plastic……〈シンガポール・マレーシア〉163
plastic……〈フィリピン〉239
play cheat……
……〈シンガポール・マレーシア〉163
play play only……

……〈シンガポール・マレーシア〉 163
plus 2 ……〈インド〉 59
ply ……〈インド〉 59
PNP ……〈フィリピン〉 239
po ……〈フィリピン〉 239
point (power point) ……〈インド〉 59
point block ……〈シンガポール・マレーシア〉 163
pokai ……〈シンガポール・マレーシア〉 163
political officer ……〈中国〉 269
political status ……〈中国〉 270
politicization ……〈インド〉 60
polo ……〈フィリピン〉 240
polo neck sweater ……〈インド〉 60
poori ……〈インド〉 60
POSB ……〈シンガポール・マレーシア〉 164
potato wafer ……〈インド〉 60
PPP ……〈シンガポール・マレーシア〉 164
PR ……〈シンガポール・マレーシア〉 164
pram (perambulator) ……〈インド〉 60
PRC ……〈フィリピン〉 240
prepone ……〈インド〉 60
presently ……〈シンガポール・マレーシア〉 164
president's rule ……〈インド〉 61
presidentiable ……〈フィリピン〉 241
pretty up ……〈シンガポール・マレーシア〉 164
principle wife ……〈シンガポール・マレーシア〉 164
professional mourner ……〈シンガポール・マレーシア〉 164
Project 211 ……〈中国〉 272
promdi ……〈フィリピン〉 241
promenade ……〈インド〉 61
proper food ……〈インド〉 61
property dealer ……〈インド〉 61
province ……〈フィリピン〉 241
provision (kirana) store ……〈インド〉 61
PSA ……〈シンガポール・マレーシア〉 165
pseudo-secular party ……〈インド〉 61
PSLE ……〈シンガポール・マレーシア〉 165
pucca ……〈インド〉 62
PUJ ……〈フィリピン〉 241
pulutan ……〈フィリピン〉 241
pump ……〈シンガポール・マレーシア〉 165
punch ……〈インド〉 62
puncture ……〈インド〉 62
pundit ……〈インド〉 62

Punju 〈インド〉 62
purok 〈フィリピン〉 241
purse 〈インド〉 62
put a mail 〈インド〉 63
put money paper 〈シンガポール・マレーシア〉 165
put the phone down 〈インド〉 63
put up 〈インド〉 63
put up 〈シンガポール・マレーシア〉 165
Putonghua 〈中国〉 272
PUV 〈フィリピン〉 242

Q

qualified 〈シンガポール・マレーシア〉 165
querida 〈フィリピン〉 242
query 〈インド〉 63
queue 〈インド〉 63

R

rainy season 〈フィリピン〉 242
raj 〈インド〉 63
rasa sayang 〈シンガポール・マレーシア〉 166
RCS 〈シンガポール・マレーシア〉 166
red envelope (red packet) 〈シンガポール・マレーシア〉 166
ref 〈フィリピン〉 242
referee kayu 〈シンガポール・マレーシア〉 166
RELC 〈シンガポール・マレーシア〉 166
relek 〈シンガポール・マレーシア〉 166
renminbi (RMB) 〈中国〉 272
renovate 〈シンガポール・マレーシア〉 167
repeat again 〈シンガポール・マレーシア〉 167
request for 〈シンガポール・マレーシア〉 167
rest is fine 〈インド〉 63
result to 〈フィリピン〉 242
retrofit 〈シンガポール・マレーシア〉 167
return back 〈インド〉 64
return back 〈シンガポール・マレーシア〉 167
reverse the charges 〈インド〉 64
revert 〈インド〉 64
rice bowl 〈シンガポール・マレーシア〉 167
rickshaw 〈シンガポール・マレーシア〉 168
RMAF 〈シンガポール・マレーシア〉 168
RMN 〈シンガポール・マレーシア〉 168
RMPF 〈シンガポール・マレーシア〉 168

rojak……〈シンガポール・マレーシア〉168
rotonda……〈フィリピン〉242
rowdy sheeter……〈インド〉64
RSAF……〈シンガポール・マレーシア〉168
RTM……〈シンガポール・マレーシア〉168
RTW……〈フィリピン〉243
rub……〈シンガポール・マレーシア〉169
rubber……〈インド〉64
running dogs……〈シンガポール・マレーシア〉169
rupee……〈インド〉65

S

sabo……〈シンガポール・マレーシア〉169
sachet……〈フィリピン〉243
SAF……〈シンガポール・マレーシア〉169
sago……〈フィリピン〉243
sahib……〈インド〉65
sale……〈インド〉65
saloon……〈インド〉65
saltish……〈シンガポール・マレーシア〉169
salvage……〈フィリピン〉243
same to same……〈インド〉65
sampaguita……〈フィリピン〉243
samsui women……〈シンガポール・マレーシア〉169
Sandiganbayan……〈フィリピン〉244
sangkut……〈シンガポール・マレーシア〉170
sari-sari store……〈フィリピン〉244
satay……〈シンガポール・マレーシア〉170
Saudi……〈フィリピン〉244
say (said)……〈インド〉65
say again……〈シンガポール・マレーシア〉171
say sorry her……〈シンガポール・マレーシア〉172
sayang……〈フィリピン〉244
scheme……〈インド〉66
schooling……〈シンガポール・マレーシア〉172
schooling……〈インド〉66
scold……〈シンガポール・マレーシア〉172
scolding……〈シンガポール・マレーシア〉172
scotch tape……〈フィリピン〉244
see a television……〈シンガポール・マレーシア〉172
see first……〈シンガポール・マレーシア〉173
see how……〈シンガポール・マレーシア〉173
sell……〈シンガポール・マレーシア〉173

send……〈シンガポール・マレーシア〉173
send off……〈シンガポール・マレーシア〉173
senetoriable……〈フィリピン〉244
serabat stall……〈シンガポール・マレーシア〉174
servant……〈インド〉66
servant's……〈シンガポール・マレーシア〉174
shabu……〈フィリピン〉244
shadow play……〈シンガポール・マレーシア〉174
shake legs……〈シンガポール・マレーシア〉174
shelf……〈シンガポール・マレーシア〉174
shift to……〈シンガポール・マレーシア〉174
shilling……〈シンガポール・マレーシア〉175
shiok……〈シンガポール・マレーシア〉175
shoe-bite……〈インド〉66
shophouse……〈シンガポール・マレーシア〉175
show……〈シンガポール・マレーシア〉175
SIA……〈シンガポール・マレーシア〉175
siau……〈シンガポール・マレーシア〉175
side……〈シンガポール・マレーシア〉176
sien……〈シンガポール・マレーシア〉176
siesta……〈フィリピン〉245
Signal No. X……〈フィリピン〉245
since before yet……〈フィリピン〉245
since young……〈シンガポール・マレーシア〉176
Sing dollar……〈シンガポール・マレーシア〉176
Singapore girl……〈シンガポール・マレーシア〉176
Singapore time……〈シンガポール・マレーシア〉176
sinigan soup……〈フィリピン〉245
siopao……〈フィリピン〉245
sir……〈フィリピン〉246
sisig……〈フィリピン〉246
sitio……〈フィリピン〉246
sleep……〈シンガポール・マレーシア〉177
sleep in the afternoon……〈インド〉66
slippers……〈シンガポール・マレーシア〉177
SM……〈シンガポール・マレーシア〉177
SM……〈フィリピン〉246
smaller〈シンガポール・マレーシア〉177
SMB……〈フィリピン〉246
smoke house……〈シンガポール・マレーシア〉177

SMRT Corporation …… 〈シンガポール〉 177
snap …… 〈インド〉 66
so …… 〈シンガポール・マレーシア〉 178
So how? …… 〈シンガポール・マレーシア〉 178
so pain …… 〈シンガポール・マレーシア〉 178
soft drink …… 〈インド〉 67
solon …… 〈フィリピン〉 246
some more …… 〈シンガポール・マレーシア〉 178
SONA …… 〈フィリピン〉 246
sotong …… 〈シンガポール・マレーシア〉 178
sour face …… 〈シンガポール・マレーシア〉 179
spare tyre …… 〈シンガポール・マレーシア〉 179
spend …… 〈シンガポール・マレーシア〉 179
SPM …… 〈シンガポール・マレーシア〉 179
spoil …… 〈シンガポール・マレーシア〉 179
sports shoe …… 〈インド〉 67
Spring Festival …… 〈中国〉 272
squat toilet …… 〈シンガポール・マレーシア〉 180
squatter …… 〈フィリピン〉 247
ST …… 〈シンガポール・マレーシア〉 180
stall …… 〈インド〉 67
stand from a constituency …… 〈インド〉 67
stand on someone's head …… 〈インド〉 67
standard …… 〈インド〉 68
standby …… 〈フィリピン〉 247
status family …… 〈インド〉 68
stay …… 〈シンガポール・マレーシア〉 180
steamboat …… 〈シンガポール・マレーシア〉 180
stepped housing …… 〈シンガポール・マレーシア〉 180
stick …… 〈シンガポール・マレーシア〉 181
stiff …… 〈シンガポール・マレーシア〉 181
stop talking like a Tamil …… 〈シンガポール・マレーシア〉 181
STPM …… 〈シンガポール・マレーシア〉 181
stress on …… 〈シンガポール・マレーシア〉 181
string hoppers …… 〈シンガポール・マレーシア〉 182
STU …… 〈シンガポール・マレーシア〉 182
study about …… 〈シンガポール・マレーシア〉 182
study about …… 〈フィリピン〉 247
study by heart …… 〈シンガポール・マレーシア〉 182

suaku …… 〈シンガポール・マレーシア〉 182
subdivision …… 〈フィリピン〉 247
suki …… 〈フィリピン〉 247
summer …… 〈フィリピン〉 247
sunk …… 〈シンガポール・マレーシア〉 182
supper …… 〈シンガポール・マレーシア〉 183
sweater …… 〈シンガポール・マレーシア〉 183
sweet …… 〈インド〉 68
SWS …… 〈フィリピン〉 248

T

ta pao (ta pow) …… 〈シンガポール・マレーシア〉 183
table …… 〈シンガポール・マレーシア〉 183
Tagalog …… 〈フィリピン〉 248
Taglish …… 〈フィリピン〉 248
tahan …… 〈シンガポール・マレーシア〉 183
taho …… 〈フィリピン〉 248
tai chi …… 〈シンガポール・マレーシア〉 183
tai-tai …… 〈シンガポール・マレーシア〉 183
tak ngam …… 〈シンガポール・マレーシア〉 184
take …… 〈シンガポール・マレーシア〉 184
take a class …… 〈インド〉 68
take a lift …… 〈インド〉 68
take home …… 〈フィリピン〉 249
take leave …… 〈インド〉 68
take lunch …… 〈フィリピン〉 249
take money paper …… 〈シンガポール・マレーシア〉 184
take tension …… 〈インド〉 69
Taken lunch? (Taken dinner?) …… 〈シンガポール・マレーシア〉 184
talong …… 〈フィリピン〉 249
Tambram …… 〈インド〉 69
tapa …… 〈フィリピン〉 249
tapsilog …… 〈フィリピン〉 249
tariff …… 〈インド〉 69
tashan …… 〈インド〉 69
tatay …… 〈フィリピン〉 249
TCS …… 〈シンガポール・マレーシア〉 185
teh tarik …… 〈シンガポール・マレーシア〉 185
teleserye …… 〈フィリピン〉 249
10 minutes …… 〈インド〉 69
tension …… 〈シンガポール・マレーシア〉 185
terminate …… 〈シンガポール・マレーシア〉 185
terno …… 〈フィリピン〉 250
terror …… 〈シンガポール・マレーシア〉 185
teruk …… 〈シンガポール・マレーシア〉 185

TESDA〈フィリピン〉250
thank you〈インド〉69
the line is engaged〈インド〉70
they are like that only〈インド〉70
thick skin〈シンガポール・マレーシア〉186
thick tea (light tea)〈シンガポール・マレーシア〉186
three generation home〈シンガポール・マレーシア〉186
three represents〈中国〉273
three-inch golden lotus feet〈シンガポール・マレーシア〉186
three-wheeler〈インド〉70
thrice〈フィリピン〉250
Tiananmen〈中国〉273
tickety-boo〈インド〉70
tie-up〈インド〉71
tiffin〈インド〉71
tiffin〈シンガポール・マレーシア〉186
tight slap〈インド〉71
tilapia〈フィリピン〉250
till date〈インド〉71
time pass〈インド〉71
time waste〈インド〉71
Tito (Tita)〈フィリピン〉250
TNT〈フィリピン〉250
today morning〈インド〉72
toiletry〈シンガポール・マレーシア〉187
tomboy〈フィリピン〉251
too〈インド〉72
too good〈インド〉72
top notcher〈フィリピン〉251
topper〈インド〉72
torch〈インド〉72
torchlight〈シンガポール・マレーシア〉187
touch wood〈インド〉72
tow-away zone〈シンガポール・マレーシア〉187
traffic〈フィリピン〉251
transparent〈フィリピン〉251
trapo〈フィリピン〉251
trial room〈インド〉72
tricycle〈フィリピン〉251
trunk call〈インド〉73
tuba〈フィリピン〉252
tube light〈インド〉73
tuition〈インド〉73
tumpang〈シンガポール・マレーシア〉187

turon …… 〈フィリピン〉 252
turo-turo …… 〈フィリピン〉 252
two-wheeler …… 〈インド〉 73

U

ube …… 〈フィリピン〉 252
ulu fellow …… 〈シンガポール・マレーシア〉 187
UM …… 〈シンガポール・マレーシア〉 188
UMNO …… 〈シンガポール・マレーシア〉 188
unauthorized building …… 〈インド〉 73
uncle …… 〈シンガポール・マレーシア〉 188
under …… 〈インド〉 73
under a coconut shell …… 〈シンガポール・マレーシア〉 188
UOB …… 〈シンガポール・マレーシア〉 188
UP …… 〈フィリピン〉 252
updation …… 〈インド〉 74
upkeep 〈シンガポール・マレーシア〉 188
upstairs …… 〈シンガポール・マレーシア〉 188
use and throw …… 〈インド〉 74
UST …… 〈フィリピン〉 252
utang na loob …… 〈フィリピン〉 253

various …… 〈シンガポール・マレーシア〉 189
varsity …… 〈シンガポール・マレーシア〉 189
vernac …… 〈インド〉 74
very less …… 〈インド〉 74
very unique …… 〈フィリピン〉 253
vessel …… 〈インド〉 74
vest …… 〈インド〉 74
veteran …… 〈フィリピン〉 253
viand …… 〈フィリピン〉 253
videoke …… 〈フィリピン〉 253
village …… 〈フィリピン〉 254
visiting card …… 〈インド〉 75
vomit blood …… 〈シンガポール・マレーシア〉 189
vote bank politics …… 〈インド〉 75
vulcanizing shop …… 〈フィリピン〉 254

W

waah …… 〈インド〉 75
wah 〈シンガポール・マレーシア〉 189
waistcoat …… 〈インド〉 75
wala …… 〈インド〉 75

walau…〈シンガポール・マレーシア〉189
walking ticket…〈シンガポール・マレーシア〉189
walk-up flat…〈シンガポール・マレーシア〉189
watch-your-car…〈フィリピン〉254
watchman…〈シンガポール・マレーシア〉190
wayang face…〈シンガポール・マレーシア〉190
weak…〈インド〉75
wet bathroom…〈シンガポール・マレーシア〉190
wet market…〈シンガポール・マレーシア〉190
what…〈シンガポール・マレーシア〉190
What is one to do?…〈インド〉76
What time?…〈シンガポール・マレーシア〉191
What to do?…〈シンガポール・マレーシア〉191
wheatish…〈インド〉76
white money…〈インド〉76
white rice…〈シンガポール・マレーシア〉191
why because…〈シンガポール・マレーシア〉191
Why cannot?…〈シンガポール・マレーシア〉191
wind cheater…〈インド〉76
work unit…〈中国〉273
working holiday…〈フィリピン〉254
workshop…〈シンガポール・マレーシア〉191
would be…〈インド〉76
write an exam…〈インド〉76

X

xerox…〈フィリピン〉254
xiaokang society…〈中国〉274

Y

yaar…〈インド〉77
Yah lah!…〈シンガポール・マレーシア〉191
yam seng…〈シンガポール・マレーシア〉192
yaya…〈フィリピン〉254
yes…〈フィリピン〉255
yesterday night…〈インド〉77
yesterday night…〈シンガポール・マレーシア〉192
you don't only know…〈フィリピン〉255
you nonsense…〈インド〉77

you people……〈インド〉 77
yuan……〈中国〉 274
yucks……〈シンガポール・マレーシア〉 193

Z

zap……〈シンガポール・マレーシア〉 193

主要参考文献

[インド]

Kachru, Braj B., Kachru, Yamuna and Sridhar, S. N., eds. (2008) *Language in South Asia.* Cambridge: Cambridge University Press.

Lonely Planet (2008) *Indian English and Culture.* Victoria, Australia: Lonely Planet Publications.

Mahal, Baljinder K. (2006) *The Queen's Hinglish.* Glasgow: HarperCollins Publishers.

Muthiah, S. (1991) *Words in Indian English.* Delhi: Indus.

Nihalani, Paroo, Tongue, R. K. and Hosali, Priya (1985) *Indian and British English: A Handbook of Usage and Pronunciation.* Delhi: Oxford University Press.

Yule. H. and Burnell, A.C. (1886) *HOBSON-JOBSON: A Glossary of Colloquial Anglo-Indian Words and Phrases.* London: John Murray.

[シンガポール・マレーシア]

本名信行（編）（2002）『アジア英語辞典』東京：三省堂 .

Baskaran, Loga M. (1994) "The Malaysian English Mosaic." *English Today*. 10 (1): 27–32.

Brown, Adam (1999) *Singapore English in a Nutshell.* Singapore: Federal Publications.

Chiang, Michael (1985) *Army Daze*. Singapore: Times Books International.

King, Alistair (2013) "Just don't call it Manglish!" *The Star*

(October 8).

Lee, Su Kim (1998) *Manglish: Malaysian English at its Wackiest!* Singapore: Times Books International.

Low, Ee Ling and Hashim, Azirah, eds. (2012) *English in Southeast Asia: Features, Policy and Language in Use.* Amsterdam: John Benjamins Publishing Company.

Ma, Miel Prudencio (2003) *An Essential Guide to Singlish.* Singapore: Gartbooks.

Miel (2012) *An Essential Guide to Singlish.* Singapore: Talisman Publishing.

Shelley, Rex (1995) *Sounds and Sins of Singlish and Other Nonsense.* Singapore: Times Books International.

TalkingCock.com. (2002) *The Coxford Singlish Dictionary.* Singapore: Angsana Books.

Toh, Paik Choo (1983) *Eh, Goondu!* Selangor: Eastern Universities Press.

Toh, Paik Choo (1986) *Lagi Goondu!* Singapore: Times Books International.

Toh, Paik Choo Sylvia (2011) *The Complete Eh, Goondu!* Singapore: Marshall Cavendish International.

Zuraidah, Mohd Don (2012) *English in Multicultural Malaysia: Pedagogy and Applied Research.* Kuala Lumpur: University of Malaya Press.

[フィリピン]

Bautista, Ma. Lourdes S. and Bolton, Kingsley, eds. (2009) *Philippine English – Linguistic and Literary Perspectives.*

Hong Kong: Hong Kong University Press.

Bautista, Ma. Lourdes S. and Butler, Susan. eds. (2000) *Anvil-Macquarie English Dictionary of Philippine English for High School*. Pasig City: Anvil Publishing, Inc.

Bautista, Ma. Lourdes S. and Butler, Susan, eds. (2010) *Anvil-Macquarie Philippine English Dictionary (Revised ed.)*. Pasig City: Anvil Publishing, Inc.

Cruz, Isagani R. and Bautista, Maria Lourdes S., eds. (1995) *A Dictionary of Philippine English*. Pasig City: Anvil Publishing, Inc.

[中国]

Bolton, Kingsley, ed. (2002) *Hong Kong English: Autonomy and Creativity.* Hong Kong: Hong Kong University Press.

China Daily, ed. (2003) *A Handbook of Latest Chinese Idioms.* Shanghai: 上海社会科学院出版社 .

Chen, Su-chiao (2003) *The Spread of English in Taiwan: Changing Uses and Shifting Attitudes*. Taipei: Crane Publishing CO., LTD.

Pan, Zhangxian (2005) *Linguistic and Cultural Identities in Chinese Varieties of English.* Beijing: Peking University Press.

Xu, Zhichang (2010) *Chinese English: Features and Implications.* Hong Kong: Open University of Hong Kong Press.

編著者・著者紹介

本名信行（ほんな・のぶゆき）

青山学院大学名誉教授．一般社団法人グローバル・ビジネスコミュニケーション協会（GBCJ）代表理事．専門分野は社会言語学ならびにアジア諸英語論など．日本「アジア英語」学会会長（2000-2009），国際異文化間コミュニケーション研究学会（IAICS）会長（2007-2009）などを歴任．主な著書に『世界の英語を歩く』（集英社新書，2003），『英語はアジアを結ぶ』（玉川大学出版部，2006）など．

竹下裕子（たけした・ゆうこ）

東洋英和女学院大学国際社会学部教授．一般社団法人グローバル・ビジネスコミュニケーション協会（GBCJ）理事．特定非営利活動法人グローバル・ヒューマン・イノベーション協会（GHIA）理事長．日本「アジア英語」学会会長．専門分野は社会言語学，異文化間コミュニケーション，国際コミュニケーション，英語教育．主な著書に『広がり続ける英語の世界』（株式会社アスク，2015），『世界の英語・私の英語―多文化共生社会をめざして』（桐原書店，2018）など．

SHARMA, Anamika（シャルマ・アナミカ）

モナシュ大学英語センター講師（Ph.D. in Applied Linguistics）．専門は世界諸英語（World Englishes），インド英語，English as a Lingua Franca，英語教育，学術研究のための英語など．論文 “World Englishes and Confucian Heritage: Towards Taking Ownership in Language and Learning” (*Asian Englishes, 12* (2), pp. 48-75)，著書 *Functional Variations in English: Theoretical Considerations and Practical Challenges*（The Netherlands, Springer, 2018 予定）など．一般社団法人グローバル・ビジネスコミュニケーション協会（GBCJ）アドバイザー．

田嶋ティナ宏子（たじま・てぃな・ひろこ）

聖マリアンナ医科大学医学教育文化部門医学教育研究特任教授．専門は社会言語学，医学コミュニケーション，通訳，翻訳など．日本「アジア英語」学会理事を歴任．企業での海外赴任前セミナーや異文化間コミュニケーションセミナー，医学英語論文翻訳・英文校正は定評がある．主な論文のテーマにシンガポール・マレーシアの英語と言語政策やシンガポール人のアイデンティティなどがある．

小張順弘（こばり・よしひろ）

亜細亜大学国際関係学部専任講師（Ph.D. in Applied Linguistics）．一般社団法人グローバル・ビジネスコミュニケーション協会（GBCJ）理事．専門分野は社会言語学ならびにフィリピン多言語社会など．在フィリピン日本国大使館専門調査員，立命館大学外国語嘱託講師などを経て現職．主な論文テーマにはフィリピン多言語状況（フィリピンの英語，中･南部言語使用実態，ミンダナオ島少数話者言語など）や多言語話者の言語的アイデンティティがある．

新アジア英語辞典

2018年8月30日　第1刷発行

編著者 —— 本名信行・竹下裕子
著　者 —— SHARMA Anamika・田嶋ティナ宏子・
小張順弘
発行者 —— 前田俊秀
発行所 —— 株式会社 三修社
〒150-0001 東京都渋谷区神宮前 2-2-22
TEL 03-3405-4511　FAX 03-3405-4522
振替 00190-9-72758
http://www.sanshusha.co.jp
編集担当 三井るり子
印刷所 —— 港北出版印刷株式会社
製本所 —— 牧製本印刷株式会社

ISBN978-4-384-05897-0 C0082

カバーデザイン — 清岡秀哉
本 文 D T P — 有限会社トライアングル